U0685465

小学家长

东北育才学校一线老师给
家长们的43条妙招

不能忽视

赵晓庆 • 著

的那些事

作家出版社

图书在版编目（CIP）数据

小学家长不能忽视的那些事 / 赵晓庆著. -- 北京 : 作家出版社，2023.9

ISBN 978-7-5212-2377-4

Ⅰ. ①小… Ⅱ. ①赵… Ⅲ. ①小学生－家庭教育 Ⅳ. ①G782

中国国家版本馆CIP数据核字（2023）第119123号

小学家长不能忽视的那些事

作　　者：赵晓庆
责任编辑：郑建华　夏宁竹
装帧设计：青研工作室
出版发行：作家出版社有限公司
社　　址：北京农展馆南里10号　　**邮　　编：**100125
电话传真：86-10-65067186（发行中心及邮购部）
86-10-65004079（总编室）
E-mail:zuojia@zuojia.net.cn
http://www.zuojiachubanshe.com
印　　刷：三河市北燕印装有限公司
成品尺寸：165×240
字　　数：254千
印　　张：19.25
版　　次：2023年9月第1版
印　　次：2023年9月第1次印刷
ISBN　978-7-5212-2377-4
定　　价：48.00元

王璇，复旦大学遗传学博士

卢苡芃，英国剑桥大学生物统计专业研究生

郭泽昊，就读于东北育才学校少儿班，“最强大脑”第九季选手

董易华，就读于东北育才高中高二年级，入选北京大学“物理卓越人才培养计划”，免试进入北大就学

林京芮，哥伦比亚大学法律博士

罗济昂，日本早稻田大学金融专业研究生

吴鑫雨，研究生毕业于康奈尔大学，现就职于华为终端手机软件部

郭瀚夫，美国卡耐基梅隆大学计量金融专业研究生

李宗昱，美国哥伦比亚大学公共管理－能源与环境专业研究生

孙语涔，就职于上海同济规划设计研究院

张恩宁，解放军空军工程大学研究生

王远卓，中科院国家纳米科学中心研究生

许诺，厦门大学英语笔译专业研究生

孔翎羽，研究生毕业于哥伦比亚大学，目前就职于纽约投行

李金益，复旦大学现代物理研究所物理系研究生

目录

第二部分 亲子关系——成也萧何败也萧何

第三部分 全人教育——培养一个幸福的好人

第四部分 关于学习——你家孩子也能成绩好

第五部分 家校合作——一场“封建包办婚姻”

序

晓庆嘱我为其出版的著作写序。发给我这个信息之时，是她生病住院之际。作为她的老师，我深受感动：如此病重，心心念念的依然是她即将出版的著作。

一年前，晓庆发信息给我："老师，我的书稿还在修改中，理想的状态是从案例入手，然后是理论深度分析，最后是具体方法指导，希望您再给我点建议。"她还让我推荐一些理论书籍给她，以便深入学习。我感受到了她的认真！

两年前，晓庆将基本写就的初稿发给我，并说"酝酿多年了"。能够于忙碌的日常教学之中，用心写一本书，是不容易的。我尚未读完，她提醒我"不能拖延症啊"，又将修改稿陆续发给我，自言"道阻且跻"。我感受到了她的诚恳！

三年前，我在公众号"为教师服务"上发表《体悟与道》一文，以表达人与道之关系。晓庆阅后留言："我要去听课"。我感受到了她的努力！

二十年前，晓庆毕业临别之际告诉我，她将到东北育才学校工作。我为她而高兴，因为东北育才学校是国内乃至国际都享有很高声誉的一所学校，到这样一所学校工作，对她的成长一定非常有益；我为她所鼓舞，因为她说这句话时眼神中充满着坚定和希望，她带着这样的精神去工作，也令我对她充满期待。

今天，期待成为现实！她将理论与实践有机结合，书中既有生动有趣的教育案例，又有鞭辟入里的理论分析。其中有术，其中有道！晓庆作为一位认真、诚恳而努力的老师，一位优秀的家长，写就的著作，值得一读！

这本书源自她的自我经历：晓庆是一名从教二十年的小学教师，教的学生大多就读于剑桥大学、北京大学、早稻田大学、复旦大学、中科院大学、厦门大学等国内外名校；也是一位母亲，女儿就读于东北育才学校高中部，全面发展，拥有钢琴和舞蹈特长，还担任学校学长团成员、民乐团大阮乐手等多项兼职。

这本书也源自她的理论思考："在学习的过程中，知识只是表象，是载体，而它承载的是学生的学习能力，比如学习动力、学习品质、学习技能、学习习惯。知识上的内容，只要你想，随时都可以开始，但是学习动力的激发、品质的磨炼、技能的习得、习惯的养成，并非一朝一夕可以实现。""培养一个正能量的小孩，将来他会成长为一个幸福的好人。人生中难免遇到挫折、不如意，而善良的底色、豁达的人格、坚固的道德底线、坚毅的品质等等都能让他柳暗花明又一村。"

这本书更源自她的教育情怀："教育孩子是每个家长一生的事业，对孩子教育的成功是对一个家庭、一个国家最大的贡献。"在俗世纷扰之中，她依然能葆有这份教育情怀，是如此难能可贵！

二十年前，我对晓庆充满期待。今天，她的书稿即将付梓，我对她充满更大的期待！

那就先让各位家长带着彼此的期待，走进晓庆的教育世界吧！

沈阳师范大学教育科学学院研究生导师

基础教育高质量发展研究中心主任

辽宁省基础教育教研培训中心教研员　冯旭洋

2023 年 6 月 3 日

自　序

我热爱教育，学生的成长变化，让我感受到了自己的人生价值。学生的爱戴，让我感到无比的幸福，这种被另一个生命纯粹地爱着的幸福感，是其他职业所不能给予的。我的学生个个都是我永远的骄傲，同时，我也想做他们的骄傲。彼此遇见，并且双向奔赴，爱并被爱着，这就是教育的幸福，亦是幸福的教育。我要告诉家长们：尊重教师，你的孩子是最大的受益者。

我爱我的女儿，是她丰盈了我的生命。全身心地爱一个人，对我自己而言，是一种疗愈。养育她的过程，也是在不断完善自我，让我不断成长的过程。我们携手共进，让我的人生路上不孤单。我要告诉家长们：你的孩子不属于你，他是独立的生命个体，好好去享受做父母。

教育中，我有过迷茫，走过弯路；有自己的心得体会，也总结了一些经验。教育中，我被很多优秀的家长帮助过，我也帮助过很多迷茫中的家长。我愿意通过写作把这些都分享给大家！

第一部分

自我成长

努力活成“别人家的妈”

01 做家长，不是无师自通的

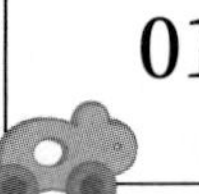

在生孩子之前，很多年轻的父母自己还是家里的宝贝，自己还是个孩子。但是当你有了孩子之后，真的就是“女本柔弱，为母则刚”，以前很多你觉得自己做不到的事情都能做到了，有的父母学会了做饭，有的学会了给宝宝洗衣服，有的学会了兼顾家庭和工作，有的性格更圆润，更耐心了。

你会在养育孩子的过程中懂得责任，理解自己的原生家庭。这种快速成长，我自己的感触也很深刻，有了孩子之后，当我多出了这一重新的社会角色之后，之前的二人世界变成了多口之家，各种问题更是层出不穷，生活给出的这道考题难度骤然上升，这时候只能逼迫自己成长，必须学会兼顾自己的各种角色，因为你没有退路，你只能往前走。这种克服各种困难，应对各种问题的过程也是自我成长的过程。

但这还远远不够，要想成为合格甚至优秀的家长，还需要进一步的学习。我们做很多工作都需要经过学习，并获得职业资格证书才能上岗，比如教师、医生、律师等等。而家长，不是一种职业，却需要你具备多种职业的技能，更像是医院里的综合门诊。

然而，我们做父母时却没有任何强制性的学习，也不需要资格证书，只要把孩子生下来，就直接荣升为家长了。正因为如此，在后续的家庭教育中才会有层出不穷的问题，就像我们没有学过开车，没有驾驶证直接上路，随时出现问题再随时纠正，有些小问题还能纠正，但有些问题一旦出现，也可能很难挽回。所以，会有家长在孩子成年后感叹如果当年我怎么样，今天孩子就不会这样。为了尽量少给自己留遗憾，我们就要在早期多学习。从准备生孩子的时候就开始学习，带着对另一个生命的敬畏，终身学习。

家庭教育的学习和其他的学习一样，也可以分为预习、学习、复习这样几个步骤。

一、预习

凡事预则立不预则废，家长在孩子出生之前就要开始预习。虽然每个孩子都是不同的，我们要尊重个体差异，但是在孩子的成长过程中，还是有一些普遍规律的。如果你能提前知晓这些，在养育孩子的过程中，自己就会多几分从容，少几分焦虑。

比如，我女儿在将近一岁的时候有过一次高烧，除了发烧没有任何症状。新手妈妈慌乱中的第一反应就是去医院，到了医院就在孩子的哭声中开始各种检查，然后开始打点滴，因为孩子小，要在头上扎，孩子哭，我也跟着哭。几天后，孩子退烧了，起了一身红色的疹子，医生说是幼儿急疹。这时候，我上网查才知道大部分孩子在这么大的时候都会出幼儿急疹，一般只需要在家精心照顾，对症治疗就可以。但是由于我之前“预习”不够，对此没有一点儿的了解，才导致了孩子遭罪我糟心的情况。

后来，当我再和朋友提及这件事，朋友劝我无须自责，医生都没有判断出来，你一个非专业人士又如何能判断出来呢。然而我还是不能这样劝解自己，因为医生每天要面对很多病人，在接诊流程方面，医生没有任何问题，都是针对发烧的正常检查、正常治疗。对于孩子的情况，我们做父母的应该更了解，所以说，父母才是孩子的第一责任人，父母才是孩子最好的医生。

从我这个过来人的经验看，家长们对于孩子的成长，提前的预习还是有必要的。孩子一岁的时候，父母要了解一下两岁的孩子通常是什么样的心理状态；孩子学前的时候，父母要了解一下孩子上小学后可能出现的情绪波动；孩子青春期之前，父母要了解一下孩子在青春期通常的表现有哪些。这些未雨绸缪的做法，会让我们的家庭教育更加有的放矢。

二、学习

读书是最方便的学习方式，现在各种网络资源也很多，可谓琳琅满目，但也是良莠不齐，在选择方面给大家几点建议：

首先，读经典。买国内外的那些真正的教育家的书，大家千万不要觉得，有些教育专家无论在地域上还是在年代上，都距离我们太遥远了。你不觉得孔子、老子他们很多思想我们至今受用吗？当我第一次看到苏联著名教育家苏霍姆林斯基的著作时，我特别激动，觉得在那个遥远的国度，竟然有个和我祖母同龄的男人，和我在教育上有那么多的共鸣。所以说，教育不分国界，经典不会过时。

其次，了解作者。主要包括三个方面：学历背景、工作背景，还有就是他自己的孩子的情况。

通过学历背景了解他是否接受过专业的教育方面的学习，现在各行各业的人都涌入教育，而教育是具有很强的专业性的，需要专业的学习。

只有具有一线教育工作背景的人才会看到最真实、最全面的教育样态，比如，他的教育对象如果只是自己的孩子，或者只是数量有限的咨询者，那么他所讲的内容就会过于个性化，不具有普遍意义。

还有就是作者最好要有孩子，并且他的孩子的年龄要尽可能地比你的孩子大一些，因为家庭教育这件事，只有亲身经历过的人才有发言权，否则就像纸上谈兵。他的孩子最好是你理想中的状态，同时又是你的孩子可能达到的状态。比如看完一些清北名校学生的家长写的书，你会觉得他们说得太有道理了，但是有可能是你终不能至的高度。这样的经验也不会适用于大多数家庭。

最后，拓宽读书面。不要仅仅局限于教育类，心理学、医学、哲学等很多方面的书籍，都可能在不同的视角给你不同的感悟。

除了读书之外，最直接的学习方式就是向身边的人学习。向什么样的人学习呢？可以遵循我们刚才选择书籍作者的原则，也可以更宽泛一些，只要他的孩子比你的孩子大就可以。在学习别人的经验的时候，一定要加上自己的思考，关注到孩子的个体差异。也不一定都是向那些优秀的家长学习，我们在见贤思齐的同时，也可以见不贤而内自省也，这样也会让我们绕过一些家庭教育中的“坑”。

还有，多向孩子的老师学习，因为孩子的老师除了了解你的孩子之外，她还了解同龄的其他孩子，老师既教过比你孩子小的学生，也教过比你孩子大的学生，所以在老师的视角，能更清楚更全面地看到你的孩子的过去、现在和未来。并且一线老师比专家更接地气，他们教给你的大多不是理论，而是具体可操作的方法。

只要用心，生活处处皆学问。看植物的生长，我懂得了孩子的成长也有自然规律，无须拔苗助长，按时浇水施肥就好；看动物的争斗，我明白了弱肉强食，与其为孩子遮风挡雨，不如让他强大自己；看星辰大海，我能感受到自己的渺小，对孩子的生命也多一分敬畏，少一点控制。我喜欢看电影，每一部我所钟爱的电影，也会给我的家庭教育带来一点启示。

三、复习

温故而知新，学而不思则罔，家长复习学来的东西，其实就是自己的分析总结，再加工，因为任何人的经验都不能直接照搬，完全复制。一定要根据自己的实际情况去学习，千万别到处拿来主义，最后就会像“邯郸学步”那个故事中的主人公一样，没学会别人，还丢了自己。

我曾经每个月向家长推荐一本教育方面的书籍，要求家长读完并结合自己的孩子写心得体会。要求家长每个学期写一份学期总结，只总结自己，不总结孩子。总结自己半年来在工作上的成绩，在家庭中的付出，对家庭教育的思考以及做法、反思，读过多少本书，与其他家长和老师进行过多少次沟通，下学期有什么样的打算，等等。这些都是家庭教育中很好的“复习”方式。

02 你努力的样子，是孩子最好的榜样

2019 年 10 月 1 日，庆祝新中国成立七十周年国庆阅兵，给每个中国人都留下了深刻的印象。退伍军人张婵，十年前曾作为民兵方队的一员走过天安门。这次，已成为母亲的她，再次参加阅兵。连续三个多月，每天要在烈日下训练十多个小时，她说：“能让我这么坚定的，首先是我的孩子。我希望

我的孩子能看到妈妈特别优秀！”妈妈阅兵时的飒爽英姿，不仅仅会让孩子为妈妈骄傲自豪，也会是他前进的莫大动力。

2019 年 9 月 8 日，广西大学迎来了一名特殊的新生。她就是上海交通大学 49 岁的宿管阿姨——原梦园。她 1991 年从河南信阳师范学院专科毕业后，当过老师、银行职员、全职妈妈，为了给儿子作表率，她于 2016 年经过成人高考，考入了复旦大学汉语言文学专业。为了提高英语水平，她应聘成了上海交通大学留学生公寓的宿管阿姨。2018 年，她和儿子一起准备考研，最终，儿子被复旦大学基础数学专业录取，原梦园被广西大学录取。

可以想象一个只有专科学历的中年女性，再去学习会面对多少困难。作为宿管阿姨，她每天要工作到晚上十点多，并且，人到中年相对稳定安逸的生活，会让人失去前行的动力，缺少了年轻时候的干劲，而懒惰、拖延就像泥潭一样让自己难以自拔。而这位妈妈在陪伴孩子成长的过程中，却是克服了重重困难，实现了自我的又一次成长。

在 2022 年冬奥会中，谷爱凌为中国代表队夺得了两金一银，奥运冠军、学霸、名模，一个妥妥的别人家的孩子，但是当你再去了解她的时候，你会发现，她有一个同样优秀的妈妈。

她的妈妈谷燕毕业于北京大学，后前往美国留学，获得斯坦福大学 MBA 学位。在求学期间，她完成了从分子生物学到金融专业的跨专业逆袭。毕业后，她直接进入华尔街的投行工作，而后还创立了风投公司，开了国内风投行业的先河。可以说，在谷爱凌的成长过程中，妈妈一直是她的榜样。在采访中，谷爱凌曾说：“我的妈妈是世界上最好的妈妈。”

看到有的孩子各方面都很优秀，我们总会说“别人家的孩子”，我们有时也会对孩子说：“你看人家小明，……”“你看人家小红，……”其实，在孩子的内心，也很希望有一个“别人家的妈妈”，孩子的内心可能也会有这样的潜台词："你看人家小明的妈妈……""你看人家小红的妈妈……"当你成了"别人家的妈妈"的时候，可能你的孩子也就成了"别人家的孩子"。

我们经常会在网上看到"不辅导学习，母慈子孝；一辅导学习，鸡飞狗跳"的段子，甚至有新闻：妈妈在辅导孩子作业的时候，突发心肌梗死，还有的家长辅导孩子生气，然后自己吞服大量安眠药。这些听起来让我们觉得哭笑不得的事，却也是很多老母亲的真实生活写照。

我也曾经有过类似的经历，我女儿在小学的前三年也是"小学渣"一枚，老母亲各种"动之以情，晓之以理"都收效甚微。看着孩子学习的时候漫不经心的状态，我感觉全身的血液瞬间都涌到了大脑，用"怒发冲冠"来形容一点儿都不夸张。

孩子上学后，我觉得自己以前一直忙于工作，在学校带毕业班，做班主任，我常警告自己不能误人子弟，却在不经意间，耽误了自己的孩子，因此，内心对孩子充满了愧疚。

从此，我用心管孩子，这也成了自己颓废的借口：没时间读书，我得管孩子；没时间打扮自己，我得管孩子；没时间……从此，除了工作，我的精力都给了孩子。然而，她并没有变化，反而是我在变，我变得焦虑易怒、唠叨琐碎，我变得不修边幅，甚至不求上进。再看看网上的"中年油腻大妈"的标准，觉得好多自己都能对应上。

有一次在因为学习和她发火后，我自己站在卫生间里，看见镜子里的自己蓬头垢面的样子，我被自己吓到了，这还是我吗？

那天，我哭了，不是为孩子，而是为我自己，以爱的名义，我冠冕堂皇地把自己弄丢了。从那天起，我放下对孩子学习的关注，但是没有放弃，依然在做我往常做的事情，只是收起了自己的所有负面情绪，不管风吹浪打，胜似闲庭信步。在闲暇时我放下手机，拿起了kindle，我开始每天看一些优秀教师的教学视频，参加学校的“特色教师”评选，参加市里的优秀课评选……当我拿回一张张奖状的时候，女儿的眼神让我觉得很复杂，有敬佩，有骄傲，同时也有幸福。那句“上天总会眷顾努力的人”的鸡汤似乎也应验了，女儿开始有了变化，上课听讲专注了，写作业认真了，学习主动了，学习成绩自然也有了进步。

其实孩子呈现出来的状态，就是“病症”。而作为“医生”，需要做的不仅是“对症下药”，还要寻找“病根”。而对于大多数学生而言，学习成绩不理想的最主要的“病根”就是缺少学习动力。**成为一个像父母一样努力的人，可以是孩子的学习动力之一的。**

二年级上学期有篇课文《大禹治水》，大禹用十三年治理洪水，曾经三过家门而不入，最终让百姓都过上了安居乐业的生活，我们不得不说他是个英雄。然而就是这样的一位英雄，在他新婚不久就离开自己的家，一走就是十三年，他错过了自己孩子的出生和成长。我问学生，从一个父亲的角度，你会如何来评价他呢？

起初，我认为学生们会觉得这是一位不合格的父亲，但是，他们的回答却出乎我的意料。他们觉得如果这是自己的父亲，能治理好洪水，能让天下百姓摆脱痛苦至极的生活，即使父亲没能陪伴自己成长，他们也一样觉得父亲很了不起，并且会为自己有这样的父亲而感到自豪。我又问学生：“你理想中的爸爸是什么样的？”他们提出了很多自己的想法，总而言之，就是无所不能的，什么都懂的，什么都会的，像英雄一样的人物。

梁启超应该就是这样的父亲，作为戊戌变法的领袖之一、维新派代表人物，想必梁启超应该比我们很多爸爸都忙，他跟子女可以说是聚少离多，并且他还有九个孩子，没有那么多的陪伴，他是如何把孩子培养得个个优秀的呢？

其中有一点一定是他“活出孩子钦佩的样子”。在学习上，他通晓文学、哲学、史学、图书馆学，是孩子心中博学的大师；在志向上，他一生爱国之心不变，是孩子心中永远的英雄；在家庭里，他尊老爱幼、夫妻和睦，是孩子心中道德的标杆。他勤奋努力的样子，爱国爱家的样子，无时无刻不在影响着子女，让孩子们发自心底地敬佩他，从而时时处处以他为榜样。最终，他的九个孩子都成长为国家栋梁，成就了一段“一门三院士，九子皆才俊”的传奇佳话。

这时候我在想，作为家长，我们真正了解孩子吗？“爸爸，我什么都不要，我只要你陪我，一个小时也好。”电视剧里会有这样的桥段，于是，成人的世界就出现了一道选择题：是选择家庭还是选择事业？这时候，会有些家长为了孩子放弃自己的事业，尤其是妈妈，为了孩子不再工作，在家里做起了全职，自称“孩儿奴”。

殊不知，家长努力的样子才是孩子最好的榜样。所以说，家长在任何时候都不能以孩子为理由放弃自我成长，你想想，你的孩子会更喜欢一个时尚漂亮、干练大气的职场妈妈，还是更喜欢一个每天为他洗衣服做饭的保姆式的全职妈妈？在孩子的成长的过程中，你的能力，你的眼界，你的处事方式，都在无形中影响着孩子。孩子需要家长的陪伴，但是他们也更喜欢被自己仰视的家长。

我的学生小震，一个品学兼优的男孩，我不太清楚他父母具体是做什么工作的，只知道他们非常忙，我只会在每个学期的家长会的时候见到他们一次，平时看到的都是爷爷奶奶。就是这样一个看似父母缺席、由隔辈代养的孩子，却是各方面都非常优秀。我经常会听到别的妈妈对小震妈妈有点酸酸的羡慕：“人家的孩子都不用管，就那么优秀，我们家的就差把我累死气死了，这就是有的孩子是来报恩的，而有的孩子就是来讨债的。”

听得多了，我内心似乎都有点认同家长们的想法了，小震就是一个来报恩的孩子。我还是有些好奇，便找小震聊了聊。

“我感觉你的父母，好像很忙。”

“他们的确都很忙，都是空中飞人。”

“他们都没有时间管你，你还这么优秀。”

“吃饭有人做，上学有人送，我就是写写作业，看看书，也没有什么需要别人管的啊。”

经他这么轻描淡写地一说，我愣了一下，如果这么简单，我们这些老母亲累得要死要活的，都在忙什么呢？

“你真行，多少家长包括赵老师都羡慕你的父母，有你这么懂事的孩子。”

“也没啥，就是大家都自己干自己的事呗，爸爸妈妈要工作，爷爷奶奶照顾家，我上学。其实，在我们家，我是最轻松的，他们都比我累。”

“还是你比较自律，多少孩子有父母看着，作业都不好好写呢。”

“看到爷爷奶奶那么大年纪还给我做饭、做家务，爸爸妈妈从早到晚工作，我也不好意思偷懒啊，而且爸爸妈妈在工作中都很出色，我也不好意思给他们丢脸啊。”

“爸爸妈妈是你的榜样，那你不希望他们多陪伴你吗？”

“他们的陪伴其实也不少，我们家平时各忙各的，但是周末都会开个家庭会议，聊聊自己的一周，有时候他们不在家，我们就开视频会议。我妈说我们家像散文，形散而神不散。”

在这个家庭中，我看到了教育孩子和工作可以相互促进，家长和孩子可以各自努力、互相激励。家长用自己的上进、努力，做孩子的榜样，在很大程度上能够给孩子的成长带来巨大的正向影响。我们都希望孩子能成为家长的骄傲，其实，孩子也一样希望家长是自己的骄傲。

这也并不完全与家长的学历、职位相关，只要你让孩子看到你为人的善良正直，你在工作中的勤奋努力，你对待专业的刻苦钻研，你对待家庭的责任包容，我相信你就会得到孩子的敬重。

下班后，多看书，少看手机；多运动，少打游戏；多关心新闻，少追剧。坚持自我成长，自己先努力活成你希望孩子成为的样子，再去教育孩子，一定更有说服力。

家长在学习的过程中最重要的一点一定要明确：你学习的目的，是为了提升自己，努力让自己活成“别人家的妈”，而不是学完别人家的经验，自己一点儿都不改变，回来逼孩子成为“别人家的娃”。

有些家庭之所以出现亲子关系问题，就是随着孩子的出生、成长，家长并没能继续通过学习实现自我成长，或者说是家长的成长速度，没有赶上孩子的成长速度。所以，有的人做了十几年，甚至几十年的父母，依然只是孩子生理上、法律上的父母，而不是孩子精神上、心灵上的父母。

家长的成长，并不是自然发生的，而是需要他们在养育孩子的过程中不断学习，我们不能把所有心思都用来关注孩子的成长，而是要和孩子相互促进，共同成长。家长对孩子的教育过程，也是家长自我完善的过程。在这个过程中，你会感受到自己在唤醒孩子的同时，也在被孩子唤醒。你在不断地成为你自己，孩子也在成为他自己，然后彼此遇见，开启一段完美关系。

03 家长不盲从，要因材施教

电影《银河补习班》中，最打动我的一句是：“对不起，儿子，我是第一次当爸爸。”当时，我听到这句话，内心百感交集。因为我也是第一次做妈妈，在教育孩子的过程中，我也犯过一些错，走过一些弯路。

眼前不禁浮现出了女儿刚出生的画面，她竟然那么小，那么软，以至于我都不敢去抱她。那一刻，我被她的柔软融化了，那一刻，我决定要用余生去爱她。我不想让她受到伤害，哪怕是一点点。我喜欢看她笑，我希望她永远都那么快乐。

在女儿上学后，虽然此时我已经做了十年的教师了，但是我觉得这还不够，毕竟我是第一次做妈妈，没有经验，我必须多学习，我开始购入大量家庭教育方面的书籍，开始了盲目的“照书养娃”。

书上说，人生短短几十年，童年一去不复返，孩子健康快乐最重要，其他都是次要的。孩子的成长不可逆，不能为了明天而失去今天。人生也很长，想学习随时都可以开始，为什么不让孩子有个快乐的童年呢？

想想也对，作为老师，在学校见到过很多在我看来近似疯狂的家长，让孩子没日没夜地学习，最后孩子累了、厌学了。这样的案例像警钟一样时刻在提醒着我。我觉得虽然我拦不住他们，但是我不能和他们一样。我不能只看当下孩子的成绩，我要关注孩子的长远发展，让她始终葆有对学习的热情。

然而，理想很丰满，现实很骨感。

当听到别人家的孩子讲一口流利的英语的时候，当看见别人家的孩子能用各种乐器弹奏出美妙的乐曲的时候，我的内心也起了一点小涟漪。然而，在我内心掀起巨大波澜的还是女儿惨不忍睹的成绩单，自己还是老师，整天教育别人家孩子，整天给别的家长讲教育，而自己的孩子成绩这么差，简直是打脸，我不能再淡定了。

我陷入了深深的焦虑，继续看书，这时，“虎妈狼爸”一类的书籍出现了。我开始对之前的书上快乐教育的理念全盘否定。我觉得在这个“拼娘”的时代，孩子之所以成绩不好，就是被我给耽误了，我和别的妈妈相比简直差太多了。带着这样的自责，我开始带孩子走上了疯狂的学习之旅。于是钢琴、英语、奥数齐上阵，成绩单做成表格，对比每周成绩的变化。从此，“虎妈”上线，孩子周末没有了一点儿玩的时间。

这样学习不能说没有效果，女儿的名字终于从成绩单的底部往上挪了点，但是眼睛近视度数增长的速度却远远大于成绩提高的速度。焦虑再度升级，已如洪水猛兽般将我吞噬。怎么办？还学吗？到底要什么？孩子无助的眼神一次次在我梦里出现。夜深人静，我捋顺了自己的思绪，我本不想让孩子为了学习而失去快乐的童年，而自己无论是内心还是经济实力，还都没有强大到能接受孩子在群体中处于绝对的劣势的程度。这时，我会责怪自己不够强大，才会去要求孩子，思维一度进入死角。

我继续看书，开始找一些清华北大学生、各种状元的父母的经验来读，简直读得如饥似渴。看到一个个案例中的孩子都走进了清北，这给了我很大的鼓舞，于是，我操练起来。有的家长说，绝对不能打孩子，那是不文明的；有的家长说不能让孩子写暴力作业，家长可以代替写。对此，我都深信不疑，照搬照做，感觉清华就在向我招手了，女儿自然是乐在其中。

现在回想起来，当时我是没能完全理解暴力性作业，把它与在学习技能方面的刻意练习混淆了，因此，也忽略了孩子书写技能的培养，结果导致女儿的书写速度远远低于同龄孩子，成绩就更不必提。不用说孩子，几年下来，我觉得我都被打倒了，当时就觉得上天给我一个这样的孩子，我就认命吧。

此时，我已经无奈地接受女儿的学习成绩了，然而她的状态却是让我的心针扎一样疼。我已经记不清她多久没有笑过了，眼神中缺少了灵动，变得目光呆滞。因为成绩不好，她在班级里也没有朋友，时而还会遭到同学的嘲笑。比这些更可怕的是，在她的内心中，她已经认定自己很差、很笨。

是时候该停下来，找个地方喘口气了，反思一下自己以及自己对孩子的教育。孩子的教育我都是亲力亲为，又不停地在学习，我错在哪儿了？孩子目前最主要的问题是什么？孩子出现问题有我的原因吗？我为帮助孩子做了哪些有意义的努力？我还应该做些什么？如果我的孩子由另外一个家长来养育，会是怎么样的？

我不停地追问自己。

几度纠结，几度混乱，几度焦虑，我明白了这几年自己没有明确的教育目标，没有明确的方向，一直在盲目地跟从别人乱跑，一会儿朝东，一会儿向西，像一只无头苍蝇一样到处乱撞，最后撞得头破血流。

找到了自己身上存在的问题，我决定不再盲从，然后客观地全面地分析孩子的问题，并制定具体的目标，一个需要她八分努力能达到的目标，要给她留出一定的余力。所以，衡量一下女儿的学习能力，以及我们要付出的学习时间，我把女儿在学习上的目标定在班级中偏上，也就是如果班级分为四个梯队，能站稳第二梯队就好，也就是班级的 10—20 名，因为在我看来，要达到这个成绩段所付出时间的性价比最高。

这个成绩段的学生还属于粗犷型发展，对于精准度没有那么高的要求，通常只要上课认真听讲，提高课后学习效率，能够养成自主思考的习惯就可以，是花费较少的学习时间就能达到的学习效果。而要想进入第一梯队，除了孩子本身要有很强的学习能力之外，花费的学习时间至少要是现在的二倍。目标定好之后，我和女儿进行了一次推心置腹的沟通，说了我的想法，也听了她的意见，最后达成共识。

找到一个最简单突破口，以点带面，一点点让孩子获取在学习上的成就感，不急于求成，逐步扩大成就感的范围，扶孩子一段，然后再一点点尝试放手。我相信只要方向对了，到达目的地只是时间问题。

具体地说，开始的时候，我只抓两件事。**第一件事是听课，**我要求女儿必须抓住课堂的四十分钟，这也是减少课后学习时间的关键，并且告诉她具体的做法。

首先，在课堂上，眼睛要一直看着老师或者黑板，即使老师是问大家的问题，也要像老师在单独问自己一样去认真回答。

其次，要会抓重点听课，一天八节课，如果每节课都这样高度专注也很难，但是数学课必须不能有一分钟走神，因为数学老师通常在课堂上没有一句废话。

最后，没懂的内容要当天想办法弄懂。但孩子毕竟是孩子，并不是你说清楚了，他就能做明白，所以，家长的监督必不可少。开始的时候，我每周都会向老师询问孩子的听讲情况，针对老师的反馈，对孩子进行相应的表扬或者批评。随着孩子听讲状态越来越好，我会把询问变成两周一次，一个月一次，直到孩子养成良好的听课习惯。这个过程持续了差不多三个学期。

我抓的**另一件事是作业的书写质量，**这时候我不要求成绩，不管对错，只看卷纸上书写的工整程度，因为会与不会还与能力有关，而是否工整则完全取决于态度。因为她写字比较慢，所以我会告诉她，写不完没有关系，但是写上的内容必须是工整的。开始，女儿听到这样的要求还很高兴，觉得这个要求很简单啊，写错没关系，写不完也可以。一旦执行起来，她才渐渐明白，她“上套”了。因为只有认真才会工整，这样其实就大大提高了准确率，以前潦草的字迹背后是糊弄的学习态度，而这样的学习态度之下，准确率就可想而知了。因为听课效率的提升，她会的内容越来越多了，虽然我告诉她可以写不完，但是对于自己会的内容，她又怎么忍心不写呢？于是在工整的基础之上，自己就会加快书写速度。

量变到质变是需要一个过程的，在这个过程中，也并不是一分付出，马上就会见到一分收获的，有的时候会有些不可预知的情况发生，并且教育效果通常都会有滞后性，这时候需要有极大的韧劲去坚持。女儿这样的努力反映在成绩上，大约是在一年之后，并且变化也是逐步的，也有起起落落，但是整体趋势是向好的。

在这个过程中，如果女儿没有认真听课，没有认真完成作业，回到家，我会告诉她，我们定下的学习目标是什么，而你没有达到，所以你要为自己做的事情负责，比如让她自己手抄错题。在这个过程中，无论她出现什么状况，规则都没有弹性。并且每次都是如此，历经几个回合，女儿就领悟出了偷懒的结果只能让自己不舒服。慢慢地，她的听课习惯和作业都越来越好，成绩也达到了我们之前的预期。

在教育孩子的过程中，我们要牢记自己想要什么，我们还要清楚此刻自己在做什么，看住自己不要跑题。因为当你投入太多的感情的时候，会“爱”令智昏。虽然我有十多年的教育别人家孩子的经验，但是做母亲的心路历程我是第一次，本能的母性覆盖了我的理性，让我盲目地跟在别人后面跑，以至于我都忽略了孩子和孩子是不一样的。这时，我想到了孔子教育学生的一个故事。

有一次，孔子讲完课，回到自己的书房，学生公西华给他端上一杯水。这时，子路匆匆走进来，大声向老师讨教：“先生，如果我听到一种正确的主张，可以立刻去做吗？”孔子看了子路一眼，慢条斯理地说：“要问一下父亲和兄长，怎么能听到就去做呢？”子路刚出去，另一个学生冉有悄悄走到孔子面前，恭敬地问：“先生，我要是听到正确的主张应该立刻去做吗？”孔子马上回答：“对，应该立刻实行。”冉有走后，公西华奇怪地问：“先生，一样的问题，你的回答怎么相反呢？”孔子笑了笑，说：“冉有性格谦逊，办事犹豫不决，所以我鼓励他临事果断。但子路逞强好胜，办事不周全，所以我就劝他遇事多听取别人意见，三思而行。”

两千多年前，孔子就在因材施教了。世界上连两片同样的叶子都没有，又怎么会有一样的孩子？双胞胎性格上都会存在一定的差异。这也是我在学校里的教育经验用不到我女儿身上的原因之一，因为在她之前我没有遇到过一个和她一样的小孩。所以，各位家长一定要切记，家庭教育，一定不能盲目地去照搬任何人的经验。

此后，我依然还会读书，但是不像以前那样仅仅是家教类书籍，而是扩大了读书的面，没有了急功近利的心态，读书更是自己的一种休闲方式，不同方面的书，也拓宽了自己看问题、看自己、看孩子的视角。

我还会看一些心理学、医学、大脑、哲学等不同方面的书籍，不仅了解孩子在每个阶段的身体和心理的发育特点，还让我明白了辩证地去看待问题。这样再对孩子进行教育的时候，才能遵循儿童成长发育的客观规律，才可能做到未雨绸缪，才能更加游刃有余。

在工作中，我也遇到过很多像我当年一样盲从的家长，有的能像我一样及时刹车，但是有的家长，却一直跟在别人后面跑，停不下来。

我的学生小叶子，小时候是一个活泼可爱的小女孩，我非常喜欢她的性格。低年级时，她成绩还好，这时候，她妈妈看见别人都学乐器，于是让她将钢琴、琵琶、小提琴一起操练起来。这时候，有音乐老师告诉她，这孩子简直是音乐天才，必须好好培养。小叶子妈妈一听，不惜重金让小叶子去学习音乐。殊不知，在艺术培训遍地开花，狼多肉少的情况下，哪个机构能放下已经到嘴边的肥肉呢？什么级别的大师和家长赞扬孩子是天才的时候，真的是发自内心，而不仅仅是为了招揽学员呢？

由于学习乐器占用时间太多，小叶子成绩下降，她妈妈看见别人家孩子都在努力拼文化课，于是又放弃乐器，开始学文化课。但是文化课落下太多了，孩子自己也不愿意学了，最后只能选择继续学习乐器做艺术生。然而培训机构老师嘴中的艺术天才，在高考艺术加试中并没有通过，无奈只能又转回文化课参加高考。就这样盲目地跟着别人跑，来回折腾了几个回合，最后小叶子只考上了一所专科学校。这就是盲目地学别人，最后只能落个“邯郸学步”的下场。

家长们同时也不要走向另一个极端——固执。在对女儿的教育上，本能的爱让我盲从过，但我从未固执过，因为我不敢。我知道在对孩子教育这件事上，最终为家长的错误买单的是孩子。回首过往，第一次当妈，我并不算优秀的家长，但是还好我能不断反思，虽然也走过不少弯路，但是还算能够及时止损。

在每一次陪伴中，不断感知孩子，读懂孩子，你会发现他的独一无二，看到他成长中的各种变量。这时候，你才会真正明白在家庭教育中不存在放之四海皆准的方法，无论是自己在原生家庭中接受的教育方式，还是你在书中学到的教育理论，抑或是在别人身上得到的经验教训，都仅仅是自己对孩子教育的一个参考而已，而真正的家庭教育是一种亲子共同完成的富有个性的创造性的活动。

04 甩掉虚荣心，目光放长远

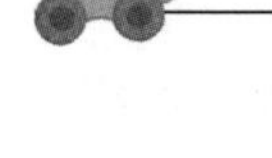

王安石那篇《伤仲永》，大家应该都比较熟悉，故事中的方仲永小的时候“自是指物作诗立就，其文理皆有可观者”。因为“父利其然也，日扳仲永环谒于邑人，不使学”，最后“泯然众人矣”。

在这个故事中，我们看到了一个虚荣的父亲，他是一个“世隶耕”的农民，自己面朝黄土背朝天一年，也未必有多少收成，而小小年纪的儿子随口作几首诗，就能有人请他吃饭，就能赚到钱，他又怎能放弃这样的机会呢？所以说，家长的虚荣心在一定程度上，也是自身的局限性造成的。

中国人讲“面子”，家长更是爱“面子”。亲朋好友一聚会，简直就是孩子们的才艺大比拼，背诵古诗啊，唱歌啊，跳舞啊，有的小朋友在家长的怂恿下，也是爱表现，敢表现，会表现，家长更是笑得合不拢嘴。也有比较腼腆的孩子，家长就会觉得颜面尽失。

在这个过程中，我们把孩子当成什么了呢？是我们私人的作品，还是杂技团的小猴子呢？孩子的感受又是怎么样的呢？他们真的开心吗？我们又给孩子传递的是什么呢？告诉孩子一定要在别人面前把自己会的东西全部展示出去，让别人一览无余吗？这样只是满足了家长的虚荣心，同时也可能养成孩子过度张扬的个性。

孩子小的时候还好，我们会觉得这样的孩子还有点可爱，可是上学后，这些孩子就是老师和同学眼中的“欠儿”。他们会努力出风头，做事的目的就是得到别人的赞美，并且是即时的赞美，否则马上就会灰心丧气。这些孩子可能长大了也不懂什么是内敛，总是第一时间把自己会的东西全部展示出去，然后呢，文通残锦。而那些小时候不敢在人前表演，让父母觉得丢脸的孩子，随着他的成长，内敛稳重的性格会愈加显现出优势。

还有的家长已经不满足于对亲朋好友展示孩子的才艺，还会带孩子参加各种各样的电视节目。偶尔参加一次让孩子体验一下，是对自己前期努力的认可，同时让孩子获取成就感，也会增加孩子在这方面的兴趣，这样还好。但有的家长已经完全不是让孩子体验，或者建立自信、培养兴趣这样的初衷了，而是带孩子走穴一样去参加各种综艺节目。

在节目中，我们会看到很多小朋友能够把察言观色做到极致，看似童言无忌，实则千方百计讨评委开心。还有的孩子在台上总是一副很严肃，甚至严阵以待的样子。还有的综艺节目，当孩子挑战失败时，主持人还一定要让孩子说感受，这时候孩子还要哭着说完家长教的台词，“虽然今天我挑战失败，但是我还会努力，我还会再来”。我想对着那些家长和导演呐喊：“你们放过孩子吧！”这时候，我会很心疼孩子，心疼他们的童年因家长的虚荣而提前结束了。

每一次演出，虽然台上只有那么几分钟，但是台下要花费孩子多少的时间啊，并且经常让孩子穿着华丽的服装站在舞台上去展示，每天面对着鲜花、掌声，孩子的心也会变得越来越浮躁。就像方仲永一样，整天和父亲出去炫耀，赚钱，哪里还有时间学习，哪里还能静下心来学习。

有些节目为了收视率，会搜集甚至打造一些神童。事实上，哪有那么多的神童。儿童的记忆力很惊人，只要家长舍得孩子的时间，只要家长坚持，任何孩子都能背几百首古诗。我女儿在很小的时候就能背《春江花月夜》《琵琶行》，但我不会为了满足自己的虚荣心，而在她本该户外奔跑的时候把她关在屋子里背诗，那样会使她丢掉对诗歌的本真的热爱，在我看来得不偿失。

在工作中，我也遇到过这样的学生，他每个学期都会有一段时间不在学校，在外面参加各种演出，以及为各种演出做准备。而他妈妈除了带他出去演出，就是发朋友圈，并且极其耐心地一一回复朋友圈下面评论中的各种赞美。为此，我劝过他的父母，孩子还小，要以学习为主。但是每次见面，他妈妈都会滔滔不绝地和我讲孩子又上了哪个电视台的节目，又和哪个明星合影了，我说的话，她根本听不进去。

最后，孩子成绩越来越差，并且在外面沾染了一些恶习。这时候，他妈妈后悔了，但是孩子已经静不下心来学习了。

在孩子上学后，虚荣的家长又开始比成绩，孩子考好了，那绝对是母凭子贵，尽情享受着别人羡慕的目光，简直就是王者归来的范儿。孩子如果没考好，那就是没脸见人的感觉。就在家长这样的教育下，孩子对成绩格外在乎。

小夏，一个二年级的小男孩，无论是学习还是纪律都是班级的小标兵。他上课听讲特别专注，作业完成得也特别认真。就这样一个好孩子的形象，在一次平常的课堂听写中，却表现得让我很吃惊。在听写完之后，我让小组长收听写纸，他就是其中的一个小组长，在收别人听写纸的过程中，他发现自己的字写错了，于是就拿着卷纸回到自己座位去改。这一幕恰好被我看到了，我怕这孩子自尊心太强，本不想惊动同学，想课下再找他谈，于是我提醒他："小夏，把你们小组的听写纸帮我拿过来。"然而，他却像没有听见一样，继续改他的卷纸，这时候同学们一起把目光聚集在他那里，并且喊道："你快交啊，这样不公平。"

即使如此，在同学的注视和谴责中，他依然坚持把自己的错字改完才把听写纸交上来。

下课后，我又单独找了他，他立刻哭了，我说："为什么这样呢？""妈妈觉得我考不好，她就没脸见人。""你是懂事的孩子，妈妈希望你成绩好，其实是希望你努力，你已经做到了。同时妈妈也一定希望你是一个诚实的孩子。学习的意义不是为了妈妈，更不是为了妈妈的面子，你放松点，你过得快乐，妈妈就会高兴。"他瞪大眼睛疑惑地看着我："真的吗？"我抱了抱他："真的！"

后来，我与小夏的妈妈进行了沟通，我告诉她你对孩子长期灌输"考不好，妈妈就没脸见人"这样的想法，已经像传销组织的"洗脑"了。孩子之所以能全盘接受你的这个想法，一是因为他还小，二是因为他爱你。我看到了她眼神中划过一丝落寞。

小夏让我想到了电视剧《小舍得》中的子悠。我不禁感叹，艺术真是源

于生活啊！

"看过电视剧《小舍得》吗？"

她冷笑中夹杂着一点无奈。

"老师，自从生了孩子之后，我就没看过电视剧。哪有时间啊，尤其上学后，周末作业、各种补课班、兴趣班，我就像他的经纪人一样。"

"您这样累吗？"

"能不累吗？可是也没办法啊，所有家长和孩子都在拼，我也完全不敢停下来，我自己现在都神经衰弱，每次他考试前我都睡不着。"

我能理解她的焦虑，同时我也能感受到，说服她，并且让她意识到自己的教育方式有问题，并不容易，于是，我想还是慢慢来，迂回一下，让她自己去感受。

"抽点时间看看这部电视剧吧！对你教育孩子会有帮助的。"

大约过了两周，我接到她的电话，电话那边是她的哭声，如同她儿子那天的哭声一样。平静下来，她说："老师，谢谢您提醒我，可能是身边的很多亲戚朋友的孩子成绩都很好，我自己也争强好胜，对于孩子的成绩，虚荣心太强了。"从此，她开始慢慢调整，心态放松了，神经衰弱好了，孩子比以前快乐了，成绩也并没有因此而退步。

只要家长意识到问题了，别的问题自然也就迎刃而解了。

家庭教育中，家长一定不能为了自己一时的虚荣心，只看眼前，要把目光放长远。

宁铂这个名字，可能年轻的家长并不太熟悉，但是中科大少年班大家一定知道。宁铂在十三岁的时候，被中科大破格录取，此后，才有了中科大少年班。他出生在二十世纪六十年代，当时被誉为"中国第一神童"。他不仅成绩优异，而且拥有诗词、医学、围棋等方面的特长，曾与国务院原副总理方毅对弈。他本科毕业后留校任教，在十九岁的时候，成为当时中国最年轻的助教。

然而，就是这样一个神童，一个光芒四射的少年，在他三十八岁的时候，竟然选择了出家！消息一出，无数人为之叹惋。

披上神童的光环除了能暂时满足家长和孩子的虚荣心之外，带给孩子的还有什么呢？想一想宁铂的经历，他在中科大的二十五年，都发生了什么，让他最后选择了宗教？自小聪慧，年少成名，媒体铺天盖地的报道，似乎无论他做什么都要与神童的身份相匹配，无论他做什么都只能成功不能失败。在中科大期间，他曾经三次报考研究生，却三次都没有去参加考试，宁可逃避，也不敢去面对只有一点儿可能性的失败，可想而知，在这一切光环背后，他的内心承受了多么巨大的压力？

同时，我们还要知道神童毕竟还是孩子，他可能会想：我都是神童了，我还用再努力吗？沉迷于盛名之下，很容易不思进取，也容易造成孩子自视甚高，心性浮躁。而无论内心如何煎熬，都要继续把自己武装成一副神童的样子，这样长期下去，会严重影响人的身心健康。

荀子《劝学》中说："不积跬步无以至千里，不积小流无以成江海。"古今凡大成就者，无一不是勤学苦读之人，"天将降大任于是人也，必先苦其心志，劳其筋骨，饿其体肤"。所以，少年得志这样高起点的人生，于孩子未必就是好事，还不如让孩子年少时默默无闻脚踏实地地去努力，在磨炼中一点一点地成长。作为家长，我宁愿我的孩子大器晚成。

又一个现代版的"伤仲永"！我们每个家长都有"望子成龙，望女成凤"的心愿，见贤思齐，见不贤而内自省也，在教育孩子的过程中，我们有没有虚荣心？适当地让孩子展示才艺，锻炼一下自己，提升兴趣，增强自信，是好的。在学习中，鼓励孩子努力，一步步获取成就感，也是对的。但是作为家长，一定不要忘了自己的初心，孩子无论是才艺还是学习，都是为了他自己的成长，都是为了丰盈自己的内心，都是为了让自己更真实，而不是为了别人的目光。

2022年暑假，沈阳市第一个收到清华大学录取通知书的女孩，是我的邻居。近水楼台先得月，我也第一时间对女孩的父母进行了“采访”。去之前，我在想象这个家庭此刻的状态，我头脑中反复出现的就是孟郊的那首《登科后》。然而，却完全不是我想象的样子，这么大的喜事，全家人对此表现得异常平静。我先生开玩笑地说：“曲哥，您真是太低调了，自己事业有成，孩子又这么争气，如果是我，就要找个地方去放鞭炮啦！”

这时候，孩子父亲解释道：“高兴是一定的，在接到通知书那一刻，我们三口人也是紧紧拥抱在一起，也很激动。激动并不是为孩子当下的成绩，而是为她曾经的努力。其实，如果仅仅于孩子而言，于我们父母而言，她考上什么样的大学，并没有太大的本质不同，因为我们相信她的未来都会很幸福，只是幸福的方式不同而已，如今，考上清华，就是将来能对国家和社会做得更多一些。”

孩子的父母都是出色的法律工作者。我问他们，平时工作都很忙，他们是如何平衡工作和教育孩子这二者的关系的，毕竟每个人的一天都是二十四小时，每个人的精力都有限。孩子的母亲和我说：“其实这看似矛盾的事情并不矛盾，因为我们每个人无论是工作还是教育孩子，都是在为国家和社会做贡献，所以，我们把对孩子的教育也当成工作一样，每次我和孩子谈心，和我上庭之前的准备是一样用心的。”

走出他们家，我热泪盈眶，我被深深地感动着，这个家庭是一个流淌着爱的能量场，有夫妻之间的举案齐眉，有亲子之间的互相尊重，更有对国家和社会的大爱。这样温馨的家庭氛围，让人很舒服放松，又充满力量。他们也让我明白了，当格局大了的时候，虚荣心自然也就少了。

健康的身心是一切教育的基础。家长不要着急让孩子赢在起跑线上，人生很长，谁笑到最后，谁笑得最好；人生很短，要让孩子享受不同人生阶段的美好。在孩子成长的路上，家长要有大的格局、长远的眼光，才能克制自己的虚荣心，才能不急功近利地去消费孩子的童年。毕竟，虚荣心被满足的快感只是一时的，而孩子的幸福是一生的。

05 父母不暴躁，平和才有效

2022 年 3 月，随着新冠疫情的波动，学校又一次启动网课模式，我感觉自己摇身一变成了“女主播”。学生们似乎很喜欢这样的上课模式，可以光明正大地使用平时的违禁品——电子产品了，还可以脱离老师的监管，大有“将在外君命有所不受”的感觉。为了达到更好的上课效果，我要求学生在上课的时候要打开摄像头并调整好角度，并且每天上课前我会逐一检查，逐一纠正。

“小明，你的摄像头再远一点，我只能看到你的脸。”

“然然，你的摄像头角度是偏的，只能看到半个身体。”

“小童，我只能看到你的头顶，调整一下。”

……

在上课的时候，我也一直在摄像头中看他们的表现。因为很多家庭并没有家长在家，所以这些小家伙趁我不注意就要干点儿“坏事”，有的甚至拿张自己的照片做背景，然后自己偷偷溜走。

小童的摄像头刚调整好角度，怎么又只能看见头顶，我又提醒了他一次。

以前在学校的时候，小童是一个学习极其勤奋的孩子，勤奋到让我都心疼的程度，他每天中午需要我赶他出去，否则就不出去玩。就是这样的孩子，在网课中也和我玩起了捉迷藏，我心中不禁感慨。

过了半节课，我再看，小童的摄像头里连头顶都不见了，只有棚顶的水晶灯，这是一个自尊心比较强的孩子，我试图开个玩笑提醒他：“小童，你家的水晶灯很漂亮。”他立刻调整了角度，就在我刚看见他熟悉的脸庞的时候，一只手臂出现在了镜头里，直接给了小童一记耳光，小童立刻捂着脸大哭起来。镜头下的这一幕，其实只有几秒的时间，这突如其来的状况，让我呆住了。

“老师，我们听不到声音，是网卡了吗？”

我回过神来，内心五味杂陈，深深地自责是不是自己刚才话说狠了。还好小童那边的音频是关着的，为了不引起其他同学的关注，我说：“今天信号不好，刚才有点卡，电脑旁边如果有家长，请保持安静，不要影响孩子上课。”

下了课，我第一时间拨通了小童妈妈的电话，电话那边传来了她歇斯底里的哭声：“这孩子原来多听话，自从网课开始就像变了一个人，我说啥都不听，今天这个摄像头您都提醒三遍了，他还是不听。我们家三个孩子，他姐姐今年要高考，也在上网课，还有个三岁的弟弟，特别淘气。爸爸在医院工作，已经很多天没有回过家了，我是和领导撕破脸请的假，然后孩子们都不听话，我每天都已经像陀螺一样了，他们还是不能理解我的辛苦，我要被气死了。”

电话接通后，她就没有给我说话的机会，一直很激动地向我哭诉。我已经基本了解了这个家庭的情况，此时，她需要发泄。我没有打断她，直到她说得差不多了，情绪也平静一些了，我对她说：“同为母亲，我特别理解你的不容易，你太累了，这样，今天两个孩子上课的时候，你不用跑来跑去一直关注他们，你自己回房间休息休息，学习不差这一天，你给自己和孩子一点儿喘息的时间。你先睡一觉，起来再出去走走，晚上我们再通话。”

挂了她的电话，我的心久久不能平静，我想到了几年前的自己。

女儿在幼儿园阶段，只要去幼儿园就发烧，然后就得肺炎。三年里，她在儿童医院住院的时间，比上幼儿园的时间都长。她就这样，作为一个零基础的小孩上学了。从此，我和我们家的生活都变了。

作业写不完、找不到卷纸都是她每天的日常，而大呼小叫也成了我的日常。周末，我们再没有任何娱乐项目，书桌上摆满卷纸，整个书房都是一片狼藉，我努力让自己平和，我告诉自己，你是老师，什么样糟糕的学生没有见过啊，你要对她有耐心。

“语文知识清单呢？”

“我带回来了。”

“带回来了，在哪儿呢？”

“不知道。”

……

此时，怒火一级。

“数学卷拿出来。”没反应。

“能快点吗？”

终于，一张褶皱的卷纸，鲜红的68分，出现在我的眼前。

两个小时后，她终于改完了数学错题，外面的天都黑了。

怒火二级，克制啊，我告诉自己。

“休息一会儿，十分钟啊，然后赶紧听写英语单词，一会儿还要练琴。”

“十分钟到了，回来吧。”

“我要上卫生间。”

休息的时间就是纯休息，上卫生间一定要占用学习时间。又一个十分钟过去了，终于从卫生间“移驾”出来了。

强忍住，怒火三级。

结果，考了十个单词，错了八个。

忍不了了，我爆炸了。

在鬼哭狼嚎中，两个小时就过去了。

后来，我冷静下来思考和孩子发火的过程、孩子的感受和心理变化。孩子开始面对自己的错误，还会有一点小内疚，然而随着家长愤怒的升级，这点小内疚便会荡然无存，似乎与她的错误扯平了一样，而第二天太阳照样升起，妈妈照常做早餐。

周而复始，孩子就摸透了家长的套路，而家长在孩子面前已是无技可施。失败的家庭教育就这样开始了，亲子关系日益恶劣，家庭关系同样阴云密布。妈妈会带着这样的不良情绪迁怒爸爸，责怪爸爸不参与孩子的教育；爸爸面对孩子，会觉得妈妈不会教育，会觉得妈妈不够温柔，满眼的厌弃。当敏感的妈妈捕捉到这一眼神的时候，又会将情绪迁怒给孩子，而孩子的情绪也需要一个宣泄口，于是孩子会把情绪指向爸爸。家庭中的每一个人都很焦躁，一个负面情绪场就这样在家庭中形成了。

这时候，理智告诉我，不能再这样下去了。再这样下去孩子就被我给毁了，并且连这个家都岌岌可危了。磨刀不误砍柴工，先让自己休息一下，也冷静一下，我开始思考自己暴躁的情绪背后的根源。

首先是自己的期望，其实就是自己心中的别人家孩子的样子：成绩优异，能自主学习，有良好的学习习惯，对学习充满热情。然而当现实不是这样，甚至相反的时候，自己的内心接受不了。

其次，就是疲惫。谁不愿意优雅，谁不想做个温婉的女子？然而，人到中年，上有老，下有小，那边还要工作，当身心俱疲，达到了自己所能承受的极限的时候，可能情绪就会崩掉了。

晚上，小童妈妈给我打来电话，她已经恢复平静了，对她今天的失态感到很抱歉。我和她讲了我的经历，她很惊讶，老师在教育中也会如此苦恼吗？一向平和的赵老师也会暴躁吗？我告诉她都会的，回首来时路，一把辛酸泪。同样的经历，拉近了我们之间的距离，于是我又给了她几点建议。

第一，给自己和孩子合理的期望值。冷静地想想，自己就是普通人，自己的孩子也是普通的孩子，让自己内心的期望值先降一降。尤其不要总是拿自己的孩子和别人的孩子去横向对比，因为孩子和孩子没有可比性。要在内心真正接纳自己，接纳爱人，接纳孩子。

第二，平时退一退，遇事缓一缓。家长一直打鸡血一样在前面冲锋陷阵，还怪孩子不冲在前面，其实是我们没有给孩子机会。学着往后退一退，作业完不成不催，写得不好不管，再比如前面我提到的找不到语文知识清单，那就不找了，就不复习了，让他自己去承担后果，去承受老师的批评；成绩不好，让他自己去承受同学的目光，因为这都是他自己的选择。冷暖自知，其实每个孩子都有一颗上进的心。不要害怕老师批评孩子，只有疼一下，他才能记得住。

就像在骑自行车的过程中，一直有人在后面推着，他自己就不会去用力蹬车了；当没有人推的时候，他不用力蹬，车就倒了，这个时候，他可能就会自己发力了。家长一定不要带着怒火和唠叨去帮孩子把问题解决掉，那样孩子就不能为自己的错误承担后果，下次他可能还会出现同样的问题。

当你的愤怒一度升级，即将爆发的时候，告诉自己缓一缓，可以出去转一圈，可以回房间躺一会儿，这时候千万不要吝惜时间，你就想把发火的两个小时用来休息，不香吗?

等自己平静下来，要去想解决问题的方法，因为孩子毕竟还是孩子，而家长是成人。孩子有的时候想变好，但是他们需要具体的帮助。当孩子出现问题的时候，不要急于求成，不要面面俱到，先找到一个最容易入手的突破口。比如面对我女儿前面提到的几个问题，我先只提一个要求，放学的时候，带全所有的作业回来，只要做到这一点就可以得到一朵小红花，当她看到一树的小红花的时候，她会很开心，也会相信自己能做好其他事情，这时候我自然也很高兴。就这样，以点带面，我家的小迷糊在不断进步中，学习态度转变了，状态好了，成绩提高便是自然而然的事情了。当然，我的情绪自然也随之一点一点朝着好的方向发展。所以，哪有什么静待花开，家长要静下心来思考花为什么没开，然后去寻找让花开的办法。

第三，学会爱自己。孩子需要的是一个阳光、充满正能量的妈妈，不要只是忘我地付出，然后达不到自己的预期，就变成怨妇。当你会爱自己的时候，你会觉得自己更漂亮、更迷人了；当你会爱自己的时候，你才能能量满满地去爱孩子，你也会更加懂得如何去爱孩子，如何去经营家庭。我们要承担对孩子的教育义务，但是我们的生活也不只有眼前的孩子，还有诗和远方。

我们教育孩子也要有农民的心态，对于我们播下的种子，我们只要按时、按量地浇水施肥就好了，至于秋天收获多少，我们要放平心态，因为是否风调雨顺，不是我们能左右的。其实我们都知道自己种下的是什么种子，但是有的时候我们还有侥幸心理。孩子并不是大自然中的异类，所以，教育也不要违背自然之道，

此时，小童妈妈对自己的暴躁表示后悔，觉得对不起孩子。我提醒她，以后改正就好，这次就将错就错吧，也不用为此向孩子道歉，要让孩子知道他今天这样做是不对的。在愉快的氛围中，我们结束了谈话，她欣然接受了我的建议。

之后的日子，小童没有再让我提醒过摄像头，小童妈妈也会定期和我沟通，遇到瓶颈的时候，我给她以鼓励，慢慢地，我们沟通的次数越来越少了，我知道这是她和孩子的状态都越来越好了。

一个平和的妈妈，对于孩子的成长、家庭的稳定至关重要，她会是一个家庭中的润滑剂，她会是孩子不良情绪的缓冲器。工作中，我接触过各种各样的家长，我发现那些优秀的孩子背后的家长都有一个共性，就是情绪平和。

小陈是个慢性子小孩，有一次写作文，要求把自己比作一种小动物，他把自己比作一只小蜗牛。他基本每天都写不完作业，我和他的家长沟通过，起初，家长平和的态度让我觉得家长对此不重视。但是这只小蜗牛在一点点成长，虽然他还是比别人慢，但是和自己比，他一直在进步中。而他的妈妈就一直在旁边平和地陪伴着、鼓励着。毕业后，我也一直关注着他，在中考后，他以优异的成绩考入重点高中。

情绪暴躁的妈妈居多，爸爸也有。这样的爸爸一般不仅对孩子如此，对其他人也这样。我通常都是先帮他们找到问题的根源，再对症下药。在家庭教育中，家长的情绪管理非常重要，因为不良情绪不仅会影响到自己的健康、家庭的和谐，还会影响到孩子的情绪，时间久了，孩子在潜移默化中也会变得暴躁。

一旦孩子出现不良情绪的时候，家长要控制好自己的情绪，要做孩子情绪管理方面的榜样。所以，家长一定不要被孩子激怒，不要以暴制暴，不要在气头上说一些伤害孩子的话。要避免和孩子硬碰硬地正面冲突，和孩子过招，更多的时候我们要去智取，而不是强攻。

还有些家长特别照顾孩子的感受，在孩子面前会掩饰自己的不良情绪，弄得自己越来越疲惫，时间久了，憋出内伤，对自己对孩子都没有好处。其实，家长大可不必在孩子面前做圣人，可以让孩子看到我们也有不良情绪，只是我们能够管理自己的不良情绪罢了。

06 处理好家庭关系

目前，我们教育中存在很大问题的是家庭教育，而家庭教育的问题很多源于亲子关系。对亲子关系影响最大的是以下两种家庭关系：

一、与原生家庭的关系

我们出生成长、和爸爸妈妈在一起那个家庭是我们的原生家庭。结婚后，我们与爱人组建新生家庭。在我们有了自己的新生家庭之后，就要渐渐与自己的原生家庭分离，这种分离并不是违背孝道，而是自然之道。与原生家庭分离之后，我们要明确我们作为父母是孩子的教育主体，是对孩子进行家庭教育的第一责任人。

在一个大家庭中，越多的人关爱孩子，孩子越幸福；但是越多的人参与到对孩子的教育中来，孩子越混乱。人越多，标准越难统一。比如有的家庭由奶奶带孩子长大，妈妈对孩子严厉一点，奶奶就不高兴，从而引发婆媳矛盾，而孩子更是会把奶奶当成自己的保护伞，这样就会导致各种家庭矛盾夹杂在家庭教育中。长此以往，新生家庭与自己的原生家庭始终混淆在一起，没有边界，也会让新的家庭成员没有归属感，严重的甚至会导致新生家庭关系的破裂，这样更不利于孩子的成长。

又是一年新生入学，小美真的像她的名字一样，太漂亮了。开学一个多月了，别的同学基本都能很好地适应住校生活了，能独立完成学习和生活中的大事小情，可是小美还不能。穿错衣服，系错扣子，找不到文具，是她生活的常态。在学校，老师无数遍地教，同学无数遍地帮忙，每当到了周五刚看到些进步，周末回家两天，她再回来又是“涛声依旧”了。

我尝试着与家长沟通，约小美的父母来学校，结果她家一下子来了四个人，我连忙解释问题没那么严重，就是想了解一下孩子在家的情况。小美姥姥也连忙解释道：“这孩子主要是我和姥爷带，怕她爸妈回家转达不明白老师的话，我们就也来了。以后孩子有什么事儿您可以直接找我来。”

“小美现在主要的问题是生活自理能力还要加强。”

“我就不同意孩子住校，你们看，老师都说了，不行就转学回家附近吧，我照顾也方便。”姥姥没给别人说话的机会。

“不能转学。”小美爸爸的声音。

姥姥瞪了爸爸一眼，又看一眼小美妈妈。显然，小美妈妈很为难，似乎说服不了老妈，也说服不了老公。大家就这样僵住了。

“转学是个大事，希望你们慎重，你们回家再商量。如果继续在我们学校，我们就要一起帮助小美提高生活自理的能力。”

第一次沟通，什么问题都没解决，他们就这样走了。但是我已经看到问题的根源了，平日里，姥姥照顾小美过于细致周到，导致孩子自理能力较差，小美爸爸心有不满，小美妈妈很为难。

晚上，小美妈妈又给我打来电话，和我说了家里的情况，她说小美在家吃饭都是姥姥喂，穿衣服也是姥姥给穿，因此小美爸爸才很坚定地让小美住校。但是看到小美现在的情况，她也很着急，不知道该怎么办了。作为一个过来人，我很理解她当下的心情。这就是混乱的家庭关系给家庭教育带来的障碍。我很想帮助这位年轻的妈妈，也想帮助小美。

我告诉她一个健康的家庭关系应该是丈夫、妻子、孩子，而爷爷奶奶、姥姥姥爷属于这个家庭的外延圈。应该由丈夫和妻子共同支撑这个家庭，并承担教育孩子的责任。我建议小美的妈妈，尝试与自己的原生家庭分离，像小鸡破壳一样。虽然有痛苦，却是成长的必经之路。

她对我很坦诚，她说小美爸爸也一直这样说，但是她一方面担心自己带不好小美，因为自己也是从小被妈妈宠着，到现在也不会做家务；另一方面，姥姥也舍不得小美，自己如果要求分开，自己带孩子，姥姥一定会很伤心的。

“那你想想如果继续这样下去的结果，小美的问题不能解决，你和你爱人因此矛盾会更深，可能也会引发小美姥姥和小美爸爸的矛盾，而在这重重矛盾的家庭之中，小美又怎么能快乐？”

小美的妈妈尝试和姥姥沟通了，过程的确很困难，我又单独和小美的姥姥沟通过一次，我先肯定老人家的付出和辛苦，又和她讲了我认识的一位七十多岁极具艺术修养的老人。刚认识这位老人的时候，大家会对她有着诸多不理解。这么大年龄，退休金应该足够日常消费，两个儿子经济状况都不错，而她周末要坐公交车从早到晚给孩子上音乐课。她会和老伴儿到世界各地去旅游，但是不给儿子带孩子。

受传统文化洗礼的我，开始觉得这是一个有个性的老人，但是在慢慢的接触中，我懂了。她不给儿子带孩子是因为，她说当年没有任何人的帮助，在条件很艰苦的情况下，自己一边工作，一边带大两个孩子，她相信儿子也能带好自己的孩子，并且她自己带孩子的经历也让她明白只有自己亲自带孩子才能知道其中的苦辣酸甜，才能快速自我成长。

举完这个例子，我又说：“阿姨，您就是太无私、太伟大了，养大了孩子，还给孩子养孩子，您没那个义务了。趁着身体还好，您就去做自己喜欢的事，他们年轻人自己的孩子自己带吧。”

小美姥姥瞬间就流下了眼泪。

后来，看到小美妈妈态度也很坚决，姥姥也就放手了。开始的一段时间，这对年轻的爸妈几乎每周都不能给孩子带全东西，这是以前姥姥带小美从来没有发生过的情况，但是随着时间的推移，忘带东西的次数在逐渐减少，慢慢地，小美也能自己整理物品了。

年轻的父母，在你们走出各自原生家庭的时候，你们才成为真正的父母，你们才真正走向成熟。老人带孩子看似是给年轻人减少很多麻烦，其实只是推后了麻烦开始的时间。而且，有些问题会以利滚利的形式，伴随孩子的成长再次出现在你的生活中。

当然，凡事不能一概而论，毕竟每个家庭的情况也不一样，不是只要老人带孩子就都是弊端，也有些老人把隔辈教育得很好。但是，我们作为父母，要尽可能多地去承担属于自己的教育责任。在孩子的成长过程中，身边的人能分工明确，各司其职最好。

当我们在外在形式上与原生家庭分离之后，在家庭教育方面，我们要去审视自己原生家庭给予自己的教育方式。有些时候，我们对孩子的教育方式也在不经意间从自己的原生家庭那里传承着或“反传承”着。比如被父母粗暴的教育方式养大的人，一种会以同样粗暴的方式对待自己的孩子，另一种会走向另一个极端，对孩子无限耐心、民主，甚至溺爱。

我们要通过不断地学习，不断突破已有认知，不断提升自我，让自己能从一个比较高的视角，从第三者的角度去看自己，看自己的父母，从而将原生家庭给予我们的家庭教育方式进行过滤，取其精华、去其糟粕。

二、夫妻关系

养育孩子的过程不仅是自我接纳、自我完善、自我疗愈的过程，也是我们与配偶以及他的成长经历、他的家庭、他的不完美，总之，就是与全部的最真实的他的再一次遇见、再一次接纳的过程。在工作中，我遇到过很多离异家庭的孩子，我注意到有两个离婚的高发期，一是孩子出生后，二是孩子上大学后。

孩子出生后，夫妻双方以及双方的家庭，看似联系更紧密了，其实也是更进一步地 360° 无死角地彼此裸露在对方面前。有些年轻的父母，内心的成长速度完全跟不上生活的脚步，再加上因为要照顾孩子，双方父母加入，这时候各种矛盾会有一个大爆发，也就成了离婚的高发期。这时候，我才明白国家“晚婚晚育”的另一个好处，成熟的父母是孩子的福气，因为自身年龄比较大，经济、阅历都足以让自己去兼顾各个社会角色，也会比较好地把控情绪。

清晨，孩子像数米粒一样地吃着早饭，爸爸还在卫生间慢悠悠地刷牙，看见两人如出一辙的磨蹭，妈妈河东狮吼：“能不能快点？”

工作中，当学生出现的问题比较大的时候，我要把孩子的情况如实反馈给家长，同时也希望更多地了解孩子的情况，并且得到家长的配合，约谈家长是必不可少的。每当我把孩子的问题抛出来时，有些家长会第一时间抱怨另一个家长：“老师，他这个问题其实我早就发现并且教育过了，没有用，因为他爸 / 他妈就这样，我是一点儿办法都没有……”接下来他 / 她就一直以我插不上嘴的语速，向我吐槽他 / 她爱人的种种。

随着孩子的成长，当孩子的某种行为让我们抓狂的时候，我们有时内心会狠狠地说：“和你那个死爹一模一样。”你在孩子身上不仅看到了自己，还会看到对方，看到对方的不足。这时候，我们可能会迁怒，把对孩子的怒火瞬间转移到对方身上，而配偶可能会有“躺着中枪”的感觉，于是恶劣情绪可能会进一步升级。这时候吵架可能就是小事了，严重的情况是觉得孩子已经继承了配偶的不良基因，不能再让孩子去受他不良的后天影响了，从而也会导致婚姻破裂。

“江山易改，本性难移。”很多时候，我们都在婚姻里努力去改变对方，然而很多时候我们都是改造对方的失败者。“金无足赤，人无完人。”我们自己不完美，同时也不能要求爱人完美，孩子完美。完美，只能说是“吾心向往之”，不完美却是对生活的保全。况且凡事都如硬币的两面，需要一分为二地去看待。这时，我们需要用平和的心态去接纳对方的不完美，出现问题的时候多去沟通。改变不了别人的时候，试着去改变一下自己。“严于律己，宽以待人”可能在婚姻中一样适用吧。同时婚姻也需要彼此去经营，我记得我的心理学老师曾经说过这样一句话：“男人是视觉动物，女人是听觉动物。”想想也有一定的道理。

夫妻关系是家庭教育中很重要的一部分，夫妻双方在养育孩子的过程中不断磨合、彼此疗愈，和孩子共同成长，然后再次相爱，那一定是很美好的事情。

如果你在这个过程中努力了，但还是失败了，也无须太过纠结和自责，毕竟有些事情不是只要努力就可以做到的。是否给孩子带来伤害，其实并不取决于离异这件事本身，而是取决于家长对于这件事的善后处理方式。

有的家庭在离异的过程中，父母双方都不愿意承担教育责任，相互推诿，彼此恶语相加，甚至对簿公堂，然后一方或者双方都彻底消失在孩子的生活中。这样的离异无疑会给孩子造成伤害。

同时，我也见过这样的父母，教了他们孩子几年我都不知道他们家是离异的状态，因为父母两个人并没有因为分开而减少对孩子的爱。有的家庭甚至连孩子都不知道父母离异了，直到孩子上大学才知道真相。孩子知道后给我打电话大哭，她心疼父母这么多年为自己的付出，同时祝福父母都能再找到自己的幸福。

还有的单亲家庭，抚养孩子的一方内心阳光，充满正能量，在孩子的成长中看起来好像少了一方的关爱，其实当家庭的人数变少的时候，矛盾也相应地变少了。于孩子而言，生活在看似完整实则阴云密布的三口之家，并不好于快乐阳光的两口之家。

家庭教育的复杂之处，就在于里面夹杂着各种关系，各种剪不断理还乱，各种血浓于水。大家只有把与原生家庭的关系、夫妻关系捋顺了、处理好了，才能更好地去经营亲子关系。我们每个人都不能选择自己的原生家庭，但是我们能选择给我们的孩子一个什么样的原生家庭。

07 反思自己是改变孩子的第一步

曾子曰："吾日三省吾身。"的确，我们每个人的成长，每件事情的成功，都离不开反思，家庭教育也是如此。当孩子出现问题的时候，我们要第一时间去反思自己。因为单纯从孩子的层面去解决问题，只是治标不治本。我们可以尝试从以下两个方面进行反思：

一、透过孩子的问题，反思自己是否也有同样的问题

从某种意义上来说，孩子就如同一面镜子，在他身上，我们能看到自己。所以，当我们发现孩子出现问题的时候，首先要做的不是去指责孩子，而是要去反思自己。小鸡破壳，破茧成蝶，每一种成长都会伴随着疼痛。家长也一样，我们只有透过孩子的问题看到了自己的问题，才能成长，孩子

的问题才能根治。揭开伤疤的那一刻会痛彻心扉，但也只有这样才能彻底治愈。

我有过这样一个学生，长得很好看的一个小男孩，学习成绩很好，平时也是彬彬有礼，但是同学却都不喜欢他。他是一个把“独善其身”做到极致的孩子，自己的事情他都会做得很好，从来不用老师操心。但是他也不会帮助同学，不会关心集体。比如，他同桌的笔坏了，想和他借一下，他是不会同意的；如果同桌比较淘气，学习用品放置很凌乱，他也会很嫌弃。大多数的小孩子都特别热衷于班级的各种活动，甚至给班级干活的事都抢着干，但是他从不参加。

我和他说：“人是一种群居性动物，所以需要彼此相互帮助。”“我不需要别人的帮助，我自己什么都能做好。”起初，我也觉得，即使在成年人的世界，每个人也都有自己的生活方式，有人喜欢热闹，也有人喜欢安静，而他就是比较喜欢这样的生活方式罢了。但是，慢慢地，我发现，他在同学中受到了孤立，这种状态让他并不开心。

于是，我找到了他的家长，他妈妈是一位很精致很优雅的女性，如同空谷中的一朵兰花。同为女性，我被她的气质深深吸引。交谈中，她从容淡定，又温文尔雅，然而随着沟通的深入，孩子的问题，我似乎都在她身上找到了答案。关于她自己和她的家庭，她并不愿意和我多说，但是我能捕捉得到每谈到家庭时，她表情的微妙变化。她柔美的外表之下，是一颗坚强的内心。我没多问，只是和她说：“真正的保护不是远离各种细菌，而是身在其中却能不被传染。高处不拥挤却也多了几分凉意，试着让自己去沾染一点烟火气，你和孩子都会更快乐。”其实，我还想说点儿什么，但是此刻她有些哽咽：“老师，谢谢您，今天的谈话，让我觉得很温暖。”

第二周，孩子上学的时候，拿来了很多好看的笔，要送给同学，他说是他和妈妈一起去选的。他还特别开心地告诉我，周末妈妈请了好几个小伙伴去他家玩儿。那一刻，他的笑容很真实，眼里闪烁着一丝光芒。

在教育孩子的过程中，我有一段时间特别痛苦，这并不是源于对孩子存在的问题而产生的焦虑，而是在她的身上，我看到了那个曾经的未经社会化的自己，看到了灵魂深处已被深深隐藏起来的不想再见到的那个自己。就像尘封了多年的往事，自己已经慢慢淡忘，却又被人提起的感觉。

女儿在幼儿园的时候，经常被一个小男孩欺负，而她自己一点儿反抗的想法和行为都没有，在我们和老师还有对方家长沟通后，也并没有显著的效果。于是，孩子爸爸这样教女儿："下次，他再敢碰你，你就往他脸上挠，或者往他脸上打。"一边说着，还一边拿着一个玩具娃娃做示范，并让女儿练习。女儿特别开心地打着玩具娃娃，爸爸的脸上终于露出一点儿满意的表情。

此刻，作为一名教育工作者，对于孩子爸爸教给孩子这种"以暴制暴"的方式我并没有制止，可能在我的内心中也有同样的想法。虽然我在学校里也见过很多曾经挨欺负的小孩，在学会反击之后便开始认同了用暴力解决问题的方式，从此再也不能收手，但还是宁可"饮鸩止渴"，也希望孩子学会反击。

然而，在家练习后，到了幼儿园，女儿还是不能去实践。爸爸生气地问："你为什么不还手打他呢？""可是我打不过他。"女儿很真诚地说。听到女儿这句话，泪水模糊了我的眼睛，往事清晰又模糊地在眼前浮现。

我上小学的时候，没有家长接送，只是和几个小伙伴相约同行。几个淘气的男孩开始的时候会突然带着几个女孩从我身边跑开，就剩下我一个人。慢慢地，他们的行为愈演愈烈，他们往我的书包里装石头。而当时的我，不敢告诉老师，不敢告诉家长，甚至不敢自己把石头掏出来，每天都是默默地背着一包石头，在快要到家的时候，找个没人的地方把石头扔掉，还很怕被家长发现。就是被他们欺负之后也是自己偷偷地哭，不告诉任何人。

这段经历，是我内心深处的一道深深的伤疤，多年来，我一直在努力地忘记，却总是做不到。当时我一直不明白，那么多女孩，为什么被欺负的是我。现在想想，我当时年龄比他们小只是原因之一，女儿的那句“我打不过他”，就是我当时内心深处的声音，是我的懦弱，我的不懂反抗，甚至不会求助，一步一步纵容了他们。当这段回忆又一次浮现在记忆中的时候，我的内心还会很疼。这么多年后，类似的事情又发生在女儿的身上，让我明白了，对于那段痛苦的记忆，我不能只是选择尘封，而是要打开治愈。我要先去接纳自己性格中的懦弱，才能更好地理解孩子。

有一天，我鼓足勇气，把我心里多年的伤疤揭开，讲给了女儿听。她问我，那后来怎么样了，我告诉她后来被姥姥姥爷发现了，他们找了那几个孩子的家长，找了学校，以后他们不敢再欺负我了。“再后来呢？”“再后来，我学习成绩越来越好，小孩子都特别尊重学习好的同学。上初中、高中、大学，一路学习，一路努力，妈妈就是现在的样子啦！”“妈妈，你现在很勇敢，我们在上学的路上，有个叔叔开车撞了我们的车，就跑了，你还找了警察叔叔。”“是的，你也会很勇敢，长大了遇到问题，就可以向警察叔叔求助。”

后来我又和女儿讲：“要学会保护自己，学会捍卫自己的权利，宽容不等于懦弱，我可以谦让你，但是你不可以欺负我。发生任何事情要第一时间告诉妈妈，妈妈不仅不会批评你，还会帮助你。”

我拥抱了她，在我温暖的怀抱中，结束了这件事，结束了这次谈话，完成了我们彼此的一次疗愈，实现了彼此的一次成长。奥地利心理学家阿德勒说：“幸福的童年可以疗愈一生，不幸的童年要用一生来疗愈。”这句话刺痛过无数成人的内心，其实一切的疗愈都源于爱。在对孩子的教育过程中，你会感受到你和孩子之间深深的纯粹的爱。这种爱不仅可以教育孩子，还能疗愈自己。在养育孩子的过程中，我感到了幸福，一种全身心付出的幸福，一种被一个纯粹的心灵纯粹地需要着、爱着的幸福。这种幸福不仅会一点点抚平内心的伤疤，还会促进新的细胞再生。

这样的例子还有很多，有些暴力小孩在家里也是经常遭到暴力。有些比较自我的孩子，你会发现他们的家长也不懂得“幼吾幼以及人之幼”的道理。当我把这些问题揭开告诉家长时，很多家长自己第一时间都会比较难接受，有怀疑，有悲伤，甚至有恼羞成怒。但是给他们时间，让他们自己冷静下来去思考，他们通常就会慢慢接受了。而当家长发生了改变之后，孩子的问题也就解决了一大半。

二、透过孩子的问题，反思我们的教育方式

当孩子出现问题时，我们要自我反思。如果发现我们自身并不存在这样的问题，这时候我们就要去反思我们的教育方式。

“老师，他们不带我玩。”

“为什么不带你玩啊？”

“我也不知道，他们就说谁都别和我玩。”晨晨一边说，一边就流下来了眼泪。我赶紧安慰他，然后找来了其他同学调查一下情况。

“同学之间要团结，不能故意去孤立任何一个人。”其他几个同学显然对我的批评不服气，小声嘟囔着：“他还好意思先来告状。”

“那你们说说吧，你们为什么不和他玩？”

“老师，我们一起玩球，说好只能用手抢球，可他还是用脚踢球。”

“老师，他还用头顶人。”

……

孩子们七嘴八舌地一起向我投诉晨晨，这时他突然“哇”的一声大哭起来：“我在家就这么玩的，凭什么规则就由你们来定啊？”

我听懂了。晨晨在和同学一起玩的时候，因为不遵守规则，而受到同学的排挤。

“孩子们，规则是人定的，但是大家众口难调，这时候就要遵从大多数人的意见。对于违反规则的同学，我们可以提醒他一下，但是不能去孤立他。你们还一起玩，好吗？”

“老师，和他说根本就没用，他一直都这样，玩什么都这样。”

“我没有！”

刚刚平复情绪的他，又哭了起来。

每个孩子无论多小都是有独立思想的个体。这时候即使我勉强那几个孩子和他玩，也是治标不治本。并且这样的事情也不是第一次发生，要想根治还得从这个孩子自身去找解决办法。

等他情绪平静下来，我和他聊了起来：“平时在家谁陪你玩啊？”

“爷爷。”

“爸爸、妈妈呢？”

“爸爸、妈妈都上班给我赚钱去了。”

“你和爷爷都玩什么啊？”

“我就喜欢和爷爷玩都是我发明的游戏。”

我明白了，这是一个由老人带的孩子，在家里，一切游戏规则都是由他来制定的。我想找孩子的家长来学校聊一聊。我给孩子妈妈打了电话，讲述了事情的经过，孩子妈妈很礼貌地感谢了老师对孩子的关注，但是她和孩子爸爸都在外地，暂时都回不来。她想让孩子爷爷来学校，开始我是反对的，经验告诉我和老人沟通孩子的问题真的很难。后来孩子妈妈和我说，希望尽快帮助孩子解决自己的问题，并且孩子的爷爷很通情达理的，但是，平时对孩子有些溺爱，也希望我能劝劝老人。作为老师，为了学生，我勉为其难地答应了。

第二天中午，我刚一进办公室，就见到一位颇有学者风度的老者站在我办公桌前，看我进来，目光中似乎带着一股杀气，也没有和我打招呼。

“晨晨爷爷，您好！”

“老师，我就想问问你，了解实际情况吗？你知不知道就是你班那个小李同学一直在挑事儿，就不让别的孩子和我们家孩子玩。你这件事处理得就不对，你应该把那个孩子的家长也叫来一起解决，我们是受害者，知不知道？”

这家长也不是来沟通的啊，这气势简直就是要打架。

“今天请您过来是想和您一起帮助孩子解决自己的问题，别的孩子如果有问题，我也会和他的家长一起对孩子进行教育。”

听我说完，老人家似乎平静点了，我请他坐下，了解了一下孩子父母的工作情况，以及孩子在家的表现。

“这孩子很不容易，从小父母就不在身边，他特别懂事，一点儿都不让我操心，写作业都是自己写，写完我帮他检查一下。并且这孩子从来不看任何电子产品，头脑特别灵活，总能想出各种游戏，还能把游戏规则表达得特别清楚。我觉得这也是对孩子表达能力的一种锻炼。”

“您的这种教育方式的确不错，这孩子平时表达清晰、有逻辑。只是在家的时候游戏规则都是由他来制定，您来配合。但是，在学校，别的孩子还会像您这样，把制定规则的权利都给他，然后无条件地配合他吗？”

听了我的话，晨晨爷爷终于沉默了。

“你说的这个问题，我还真没考虑到。”

“您已经是一位很了不起的爷爷了，孩子的成长出现点问题是正常的。”

这位爷爷也很有办法。后来，他在周末陪孩子玩的时候，游戏规则由两个人轮流制定，爷爷制定的规则，孩子也要去执行。慢慢地，在学校和同学们一起玩的时候，他也懂得了要遵守大家制定的游戏规则，同学们也慢慢地接受他了。这就是随着家长教育方式的改变，孩子的问题也就随之解决了。

老师和妈妈的双重身份，使得我时常会把学校的教育案例当成一面镜子来照一照自己。我发现这样的问题在我家也一样存在。老师说女儿在学校吃东西不懂得谦让别人，因为家里就这样。比如炖鸡的鸡腿，姥姥姥爷都给女儿吃，大家都觉得，大人还能和孩子争吗？

家里的“爱幼”就这样变得习以为常。老师还反映她值日的时候挑活干，自己作为组长，会把脏活累活分给别人。我想到了她在家吃橘子，她怕橘子水沾到手上会黏糊糊的，就让我给她剥皮，我嘴里告诉她“己所不欲，勿施于人”，手上还是继续给她剥着橘子皮。

每年春节打扑克，女儿也是经常自己改变规则或者不遵守规则，而姥姥姥爷，则是完全遵从她的规则。所以，每次女儿来奶奶家，和她的那些兄弟姐妹一起打扑克的时候，我也是经常会收到别人的投诉。她还振振有词“我姥爷和我就是这样玩的”，还要打电话给她姥爷求证。这时，别的孩子就会反驳她：“我姥爷还说像我这样玩呢，怎么就得听你姥爷的？”

经过反思，我也意识到了我在家庭教育方式上出现的问题，从此，家里的鸡腿要先给家长，大家一起吃；橘子皮要自己剥；游戏的规则由大家一起制定，一起遵守。

家长要及早地让家庭规则与学校规则、社会规则同步。否则，家里的小霸王到了学校也不会成为善解人意的谦谦君子。当孩子离开家庭来到群体中，别人不可能像家人那样去无条件地迁就他。久而久之，孩子就会在群体里中不受欢迎。与其这样，不如让孩子早点儿适应，在家里不给孩子搞特殊化，真正地实现平等。因为你能宠他一时，不能宠他一世。你能宠他，社会不能宠他。

家长的行为方式和教育方式都会直接影响孩子。虽然说没有完美的孩子，我们也不是完美的父母，但是我们应该一直走在努力的路上，不断反思、不断修正。

第二部分

亲子关系

成也萧何
败也萧何

01 空洞的表扬夸不出自信

总有家长和我说："老师，我家孩子特别不自信，麻烦您在学校多表扬表扬他。"可是我表扬孩子什么呢？凭空的"你真棒"有意义吗？自信是靠夸出来的吗？

小张同学每天都不能完成作业，面对这样一个自暴自弃、家庭又没有温暖的孩子，我对他虽然有气愤，但更多的还是怜爱。他的人生刚刚开始，我不能让他这样下去，多次的谈心都收效甚微，我尝试着去表扬他：

"你今天的作业写得不错啊！"

"老师，你开玩笑呢吧！"

"真的，和你之前的作业比好多了。"

"是，我原来写得比这还差呢。"

"其实你很聪明，只是学前学得太少了，所以暂时落下了。"出乎我意料的是，他朝我冷笑一下，然后很平静地对我说："我哪里聪明啊，我都没考过倒数第二。"他如此清醒的反驳，令我刚才那句虚伪的表扬显得那么苍白。

我哑然。

事后我反思一下，空洞的表扬不但没有任何意义，还会给孩子造成伤害。从此，对于小张，我不再以比别人低一点的特殊标准去对待他，因为那样他并不会觉得是老师对他的包容，而是老师对他的不信任，甚至轻视。

就像你的领导对你说，“小张，你今年的业绩必须得第一啊，第二我都不满意”。言外之意是对你的重视和认可。如果领导说，“小张啊，你今年的业绩别倒数第一就行”。你这时候心里舒服吗？如果你的业绩是倒数第二，领导表扬你，“小张进步很大啊”。这时候，你是不是觉得是在讽刺你？对孩子也是同样的道理。虽然他们还小，但是他们并不傻。

真正地想帮助孩子，应该先让他感受到你的信任，再给他提供具体的做法，从简单的事情开始，带着他去做，去努力，当他取得一点成绩的时候再给予他鼓励。让孩子在体验成功的过程中建立自信。

于是我给他定了一个具体的小目标，然后坚定地告诉他：“你能完成！”这四个字一定要说得铿锵有力，每个字都掷地有声，不能让他有一丝的怀疑。第二天，他拿着作业给我看，期待的眼神像是等着宣判一样，虽然我能看出他的努力，但是我依然说：“我觉得还能更好！”他就这样每天都为了“更好”一点点努力着，成绩自然有了提高。我没有单独表扬他，但是我在班级里和所有同学说：“所有的努力都特别值得尊重。”这时，我看到他眼中有了光芒。

与其空洞地说“你真聪明，你真棒！”，不如给孩子具体的指导，心平气和地带着孩子脚踏实地地去努力。对于分内的事情无须表扬，就像你每天去上班，还需要领导表扬你一下吗？表扬太多会让孩子为了表扬去做事，而不清楚做这件事的真正意义。作为学生，学习就是分内之事，当他把努力作为常态的时候就不觉得这是需要表扬的事情了，而是在遵循自己的内心去做更好的自己。

女儿在成长过程中，也有过这样的经历。在小学低年级的时候，她学习成绩很不理想。那时候我也焦虑过，最让我焦虑的还不是成绩，而是她对自己的定位。

小张的经历让我明白了，空洞的表扬没有一点儿意义，孩子自己都不会接受。于是，我先和女儿讲了几个我以前学生提高成绩的例子，我也提到了小张，我自信地告诉她:“妈妈这么多年教过那么多学生，也有成绩很差的，但是只要他自己想变好，我就一定能让他提高成绩。”对于这一点她还是相信的，因为我举例的几个孩子她都认识。

“别人的孩子我都能教好，我自己的孩子还教不好吗？”其实，我也是硬着头皮给自己“造势”，因为于我而言，教自己的孩子真的是要难于教别人的孩子。但是我不能表现出来，因为我的坚定才能给她力量，才能让她感觉到希望。家长的自信、家长对建立孩子自信所表现出的自信，对孩子而言如同一股强大的力量，能够直接增强孩子的“内功”。此时，她对我说的虽是半信半疑，但是能看得出她也想试试，因为当时她糟糕的状况让她自己也不开心。

接着我和她说，我们先找个突破口吧，先确定从哪科开始去提升成绩，她说语文。听写是每周的必考内容，也是相对比较简单的，以前她总会错几个，这次周末我带她反复听写，以前她一定会很排斥。这次在听写过程中，她也有点倦怠，我努力保持态度温和，坚持让她把所有字都写对。我感觉到在她把生字都练会的时候就有一点小喜悦了，但是我并没有马上表扬她，因为万一结果不好她会失望的。

下周的听写如期而至，没有意外，她得了满分。“妈妈，我告诉你一件好事，我的听写是满分。”我依然没有太多表扬，只是说了一句:“看来真是一分付出一分收获啊。”她用力地点了点头。就这样，我带着她一步一步地去努力，去实现一个一个的小目标，她也越来越自信，成绩自然也越来越好。

从语文学科开始慢慢延伸到数学和英语，在这个过程中，我只是如愚公移山一样一点一点地去做，移走一点，她就能感受到一点成就感。我一直没有什么表扬的语言，每次都是就事论事，肯定努力。因为我知道行胜于言，事实胜于雄辩。努力是会被看见并被尊重的，一点一点的努力，一次又一次的进步，她也得到了老师由衷的赞许。

没有空洞的表扬，只有脚踏实地的努力。老母亲陪伴并且见证了女儿的成长，在这个过程中，让我欣慰的不仅是她成绩的提高，而且是随之而来的一系列变化，当她成绩提高了之后，她在集体中能找到自己的位置，比以前自信了，比以前开朗了，比以前爱笑了，整个人的精神面貌就完全不一样了。接着，她通过了舞蹈、钢琴、中阮的十级考试，小学毕业后，她以优异的成绩考入了东北育才初中部外语特长班。进入初中后，她一直成绩优异，她说她知道成绩不好的感受，没有一个成绩不好的孩子是快乐的，只是为了自己的面子不能把痛苦表现出来而已。

如今她已经是一名高中生了，已经知道了自己为什么学习、该怎么样学习、该学什么。此时的她还是在乎别人的认可，但是真正让她快乐的并不是别人的表扬，而是努力过程中内心的踏实感，和努力之后的充实感、成就感。

自信不是盲目地夜郎自大，是建立在自身实力的基础之上的。自信不是坐在那里空想，自我安慰，而是要脚踏实地地去努力。自信是在一次次的努力后，不断自我实现的过程中形成的。当我发现我女儿不自信的时候，我找到的突破口就是学习成绩，除此之外，健康的体魄、出众的特长、广博的见识等都可以是孩子自信的资本。

孩子在运动场上英姿飒爽、在舞台上多才多艺也会赢得同学们羡慕甚至崇拜的目光，正所谓“台上一分钟，台下千日功”，这是孩子平时努力的结果，也有助于孩子自信心的建立。还有的孩子对昆虫特别感兴趣，成百上千种的昆虫他都认识并了解其习性；有的孩子对军事感兴趣，国内外的先进武器他都有所了解；有的孩子对历史感兴趣，历朝历代的皇帝他都能侃侃而谈；有的孩子喜欢旅游，经常和同学讲述世界各地的风土人情。在学习这些知识的过程中，在和别人交流的过程中，孩子的自信也在一步步建立。所以孩子需要“读万卷书，行万里路”。

除此之外，家长在帮助孩子建立自信的过程中，还要注意以下几点：

第一，目标合适，对手相当。目标设置太高，和对手太强大的结果是一样的，都会增加孩子的挫败感。

在孩子小的时候，家长可能都带孩子做过贴纸书，也就是把贴纸贴在对应的边框内。我女儿小的时候也很喜欢贴纸，开始的时候就是自己贴，每次贴完她都挺开心的。但是孩子由于手部力量弱，在贴的时候总是不能正好贴进边框。我看她贴歪了就去提醒她，可是她还是贴不好，我就给她示范。当她看见我贴得那么好，才发现自己贴得太歪了，于是就揭下来重新贴。可是她还是贴不好，就很着急，甚至会急哭了。经历过几次这样的过程和对比，她越来越觉得自己贴不好，以后也不愿再玩这个贴纸书了。

当时我并没有意识到自己存在问题，后来剪纸的时候也是这样的，本来她没觉得自己剪得不好，当我和她一起剪的时候，她看见我完全能沿着图中的虚线剪下来，一点儿也不会偏，而她剪得不是多一块就是少一块，她在我面前不敢再剪纸了，而是要求我帮她剪。后来我才慢慢地意识到这对孩子是不公平的，我是一个成年人，她还那么小，当我向她展示我的水平的时候其实是深深地打击了她的自信。

还有些时候，家长和孩子进行一些竞技性游戏也要考虑彼此实力悬殊的问题。有的家长总是故意让着孩子，孩子只是赢从来没有输过，慢慢地，孩子接受不了失败，只要一输就会闹情绪。还有的家长恰恰相反，为了让孩子感受挫折，绝不手下留情，比如下象棋的时候两步就给孩子将死了，严重挫败孩子的自信心。这两种做法都不对，可以让孩子和与他年龄相仿的孩子一起玩，如果家长参与就要把握好尺度，要把自己的水平把控在和孩子相仿的水平。就像我给孩子剪纸就应该剪得比孩子水平高一点点，让她努力就能达到，而不是剪得近乎完美。

第二，不要让孩子打没有准备的仗。很多时候为了帮助孩子建立自信，家长都愿意给孩子一些展示的机会，比如带孩子参加一些演出。这种时候家长一定要让孩子提前做好充分的准备，否则适得其反。

女儿在学习钢琴的过程中，我也带她参加过比赛。她第一次参赛的时候，老师和我说不用太多练习，正常演奏就可以，下面的观众就是选手的家长。于是我也就抱着带孩子去玩玩的心态参加，也是因为她第一次登台有些紧张，演奏的过程中屡屡出错。从台上下来她就哭了，我还安慰她没什么大不了的，就是一次很普通的演奏。

后来回想起来，因为我没有设身处地，所以根本做不到换位思考。无论下面有多少观众，无论观众都是谁，毕竟她是在舞台的正中央，在演奏的几分钟内，她是大家关注的焦点。因为准备得不充分，演奏出错，打击了孩子的自信心。有了这次的教训，以后再有任何活动我都会和她一起认真准备，准备得越充分，她的临场发挥越稳定，孩子越能体会到努力后的成就感，这种成就感也会给孩子带来愉悦感，从而使她建立自信。

第三，表扬无须刻意，顺势而为就好。我们带着孩子遇见了熟人，或者大家一起聊天，孩子得到别人表扬的时候，有些家长会表现得很“谦虚”：

“你家孩子可真懂事。”

“懂事啥啊，你是没看见他在家啥样。”

“你家孩子成绩怎么那么好呢？”

“好啥啊，这次考试都退步了。”

“你家孩子可真有礼貌！”

“有啥礼貌啊，在家天天和我顶嘴。”

可能你也只是随口一说，可是你想过在你身旁的孩子的感受吗？孩子此时的心情一下子就会从高处跌到谷底。即使孩子在外面的表现好于在家里也说明他在成长，他的社会属性在不断凸显。很好的教育机会，家长不但没有抓住，还会让孩子很尴尬、心里很不舒服。试试这样呢：

“你家孩子可真懂事。”

“嗯，他的确不太用我操心。”

“你家孩子成绩怎么那么好呢？”

“是，他一直挺努力的。”

“你家孩子可真有礼貌！”

“对，他这方面的确让我挺欣慰的。”

他山之石可以攻玉，家长这样借助他人之口，不经意间的认可会给孩子很大的触动，帮助孩子建立自信。

第四，家长对孩子无条件的爱是孩子自信的源泉。自信的孩子才有安全感。如果我们说，个人通过努力获得的个人实力是建立自信的种子，那么来自原生家庭的对孩子的无条件的爱和尊重，便是孩子建立自信的土壤。

什么样的爱是无条件的爱？就是我爱你与你的外在条件没有关系，不是因为你的优秀才爱你，不是因为你在北大才爱你，即使你没有考上大学，对你的爱也并不会因此而减少一分。你所有的努力都是为了自己，而不是为了得到我的爱。我们常说安全感，什么是安全感？安全感是你永远有路可退，即使自己在外面打拼输得一败涂地，依然有个温暖的灯光在等候你；安全感是在你山穷水尽的时候有人可以求救。而这一切都应该来自父母。

我和一个女学生的妈妈聊天，这个女孩在美国读书，我问妈妈，孩子独自身处异国他乡，是如何帮助她建立内心的安全感的？她说告诉女儿："你在外面遇上什么高兴的事情都可以和你的朋友分享，但是你一旦遇到自己解决不了的困难，一定第一时间找父母。回头看看，我们一直就站在你的身后，也能随时出现在你的身边。"

这位妈妈的话也让我更加理解了父母如何才能带给孩子安全感，我们要用语言和行动让孩子知道，即使没有在一起，父母的爱也一直在身边萦绕。让孩子感到无论何时何地、无论发生了什么，他永远不是一个人。

一切美好的品行都是相通的。通过自己的努力能达成目标，会使人自信，自信会使人乐观，乐观会使人宽容，宽容会使人善良，善良的人更懂得让自己去努力。从此，又进入一个良性循环。

02 相信孩子，但是不能全信

周末，一个好朋友给我打电话，告诉我她刚和女儿的班主任通过电话，这个老师对她女儿非常不好，刚才的沟通也很不愉快，她心里很不舒服。她女儿叫苗苗，五年级。

“老师怎么苗苗了，你为什么认为老师对苗苗不好？”

“没打没骂，是没怎么样，是冷暴力，语言暴力啊。孩子在学校被同学追摔倒了，疼得都起不来了，老师看见了竟然都没管。别的孩子也没管，孩子就这样自己在地上躺了差不多半小时才强忍着疼痛起来，一步一步挪到老师的办公室。老师没有一点儿关心，很冷漠地和孩子说，如果想回家就给家长打电话接走。”

“疼得都起不来了，去医院了吗？医生怎么说？”

“谢天谢地啊，CT 都拍了，医生说骨头没事，但是软组织有点损伤，需要休息几天。”

“没事就好，老师为什么对苗苗冷漠呢？”

“她就觉得孩子是装的，你说孩子那么疼能装出来吗？上周肚子疼，老师也觉得她是装的。”

“肚子疼去医院了吗？”

“也都检查了，医生说可能着凉了。唉，有些病医院也看不出来。”

我基本上听懂了。

“我觉得孩子的话有时候也不能全信，她大了会有自己的想法，你还是应该多听听老师的意见。”

“你也觉得孩子是装的？我女儿从来不说谎，疼是能装出来的吗？”

此刻，我再说什么她也是听不进去的。后来苗苗因为各种疼痛回家的次数越来越频繁，医院看不出问题就看心理医生；心理医生还看不出问题，就开始看“大仙”了。就这样，因为经常缺课，孩子的成绩越来越差。

很多时候，家长真的未必了解自己的孩子。**我们要相信孩子，但是不能毫无原则地相信。**现在的孩子很聪明，也很善于察言观色，当大人对孩子盲目信任的时候，有些孩子也很善于利用家长的盲目信任，他们会为了达到自己的目的而进行表演。

这样的事，在工作中还有很多。

一天，小飞说他的手表放在书桌膛里，他中午回来就找不见了。午休时间，我和同学们说了这件事。我一边说，一边观察这些孩子，小马的眼神有点游离，不太敢与我对视。没有人主动找我承认，当他们去上体育课了，我开始在教室里找，手表果真就在小马的柜子里。

我找来小马家长和家长讲了这件事。家长顿时翻脸，觉得自己像是受到了奇耻大辱：“不可能！我们家有的是钱，孩子怎么能拿别人的东西？”这时候孩子一听，马上顺势而为，委屈的眼泪奔流而出：“妈妈，我真没拿，在地上我捡起来想交给老师，就忘了。”现在的很多小孩都是影帝级别的，看到亲儿子这样委屈地哭诉，家长的心偏向哪里已经不言而喻了。但是作为老师，我不能这样纵容孩子的恶习。我说咱们调监控吧，家长也自信满满地要调监控，但是此时的小马已经低下了头，一边哭一边说：“妈妈，我错了。”经过这件事之后，小马再也没拿过别人的东西，他妈妈在教育孩子这件事上也得到一些启示。

很多时候，老师像警察一样去破案并不是为了丢东西的孩子，更多的是为了那个拿别人东西的孩子。

就像电影《少年的你》里面那个用残忍手段欺凌同学的魏莱，在家长面前就是一个乖乖女。如此的双重人格，她的父母并不了解，其实这一切，归根结底就是被爱蒙蔽了心智的家长纵容了孩子的小聪明。

一个不善于观察、过于轻信的家长常常会被孩子蒙蔽。家长无底线地信任孩子，这非但不是爱孩子，而且是在害孩子。家长被孩子欺骗成功一次，就是助长孩子说谎一次，就是让孩子离正确的道路又远了一步。之所以要欺骗一定是这件事本身就是不应该做的。有了第一次撒谎后，如果你一直没发现，他们的行为会一直持续下去，就很难收手。长此以往，表里不一，将会形成表演型人格，内心阴暗多疑，严重影响孩子的人际关系和心理健康。

大家千万不要小瞧现在的小孩，他们活得特明白，我觉得我半辈子才悟出的道理他们现在都懂。他们活得很真我，不会太在意别人的评价和感受。但是为了让自己的舒适最大化，他们会找到成人的心理按钮，使自己在与成人的关系中处于上风位置。有的家长爱听孩子说感动的话，有的家长喜欢看孩子卖萌，有的家长受不了孩子委屈，这些都没问题，小家伙们都会分分钟把家长搞定。成人看似成熟未必真成熟，儿童看似单纯未必真单纯。

我们班里也有个小机灵鬼，每当犯错误的时候就会对他妈妈说一些特别感人的话，这样不仅能躲过妈妈的批评，还能把妈妈感动得稀里哗啦。但是他对我从不会这样，因为他知道这样对我没有用。

考试成绩出来之后，即使成绩不理想也很少有孩子会为此难过。但是在看到家长的瞬间，他们立刻戏精上身，“小影帝”们一脸凝重，甚至泣不成声："妈妈，我没考好！"家长一看孩子都这样了，别说啥了，赶紧安慰吧："没事的，宝贝，下次努力！""妈妈，我以后一定……"

哈哈，这就搞定啦，就这么轻松。也会有家长一脸蒙地和我反映："老师，我发现每次他承认错误态度都特别诚恳，但是并没有一点儿改正呢！"家长都看明白这点了，还是想不到或者不愿相信孩子会欺骗自己。

在我们学校曾经有过这样一个学生，她会突然昏倒，她第一次昏倒的时候把老师吓坏了，直接打了120，到医院却没有检查出什么问题，医生说可能天热中暑了。可是后来她还会突然昏倒，有时是在被批评之后，有时是在和同学发生矛盾之后，也有的时候没有什么原因，到医院还是检查不出问题，总是这样折腾，家长已经崩溃了，但是他们还是没有怀疑过孩子。后来校长约了孩子的父母，希望他们到权威医院给孩子做一次全面体检，如果没有问题，孩子再昏倒的时候，敢不敢尝试一下不去医院。家长迟疑了，但是他们也懂了校长的意思，表示回家考虑一下。起初他们并没有同意，后来孩子越来越厉害，几乎是每周一都会昏倒，然后一周不来上学，此时家长实在没有办法了，他们决定试一试校长的想法。

学校为此做了充足的准备，到了周一，校医和救护车都准备到位，家长在校外等候，就等着她昏倒了。果然，她又昏倒了，这时候没有人去理会她，老师和同学都像没有看见她一样，她自己躺了一会儿，实在躺不住了就起来了，起来后一副不知道发生了什么的样子。而这一切都被摄像头记录下来了，她自己并不知道。家长试过一次发现孩子并没有什么事，接下来，她又昏倒两次，都是同样的处理办法，从此她再也没有昏倒过。不用说，是她不喜欢上学，根据她的经验，周一昏倒了，一个礼拜就不用来了，所以她一再昏倒。

我也曾经被小家伙们的演技蒙蔽过，但是我很快就会识别出他们的小把戏。而有些家长是孩子永远的观众，他们想不到孩子会欺骗他们，也想不明白孩子为什么欺骗他们。

究其原因，其实就是趋利避害。有的孩子，为了得到关注而在老师面前表演；有的孩子，为了不上学而在父母面前表演；有的孩子，是犯了错误，为了推卸责任而表演……

我这样说并不是说孩子爱撒谎，而是小孩子也懂得趋利避害，这是生物的本能，也是人类与生俱来的本能。正如墨子所说："利，所得而喜也"，"害，所得而恶也"。

接着我们来想想孩子趋的利是什么，避的害又是什么。孩子趋的利也就是他们此次表演的目的，如果孩子的要求是合情合理的，我们又何必麻烦孩子表演一番呢？如果孩子的要求是不合理的，比如没有任何原因就不想上学，这时候也要让孩子明白表演是徒劳的。所以说孩子趋利行为的表演，也能直接反映出我们家长在教育孩子方面存在的问题：不能满足孩子的合理要求，同时又对孩子没有原则。

而孩子的避害行为就是为了逃避责任。如果说孩子犯下的不是什么原则性错误，只是一次小失误，比如一次考试没考好，又何必追责呢？如果家长不追责了，孩子还有什么可逃避的呢？如果孩子犯下的是原则性错误，也应该让孩子意识到为此承担责任是无论如何也逃避不了的。孩子避害行为的表演反映出家长在教育方面存在的问题：家长对孩子时时处处高标准严要求，同时还没有给孩子构筑起坚固的道德底线。

孩子欺骗家长的背后，我们看到的是孩子对家长的不信任和家长对孩子的不理解、不尊重。孩子和家长之间没有建立起真正的亲密关系。家长一旦遇到这样的情况，不要一味地指责孩子，多去自己身上找原因，尽量给孩子一个宽松的成长环境。

家长要从根本上解决问题，比如孩子不想上学，要明白孩子为什么不想上学，是成绩不好还是和同学关系不好。了解到原因，家长再对症下药，这样才能从根本上解决问题。

智慧的家长在教育中除了多在自身找原因之外，为了避免被孩子蒙蔽，还可以注意以下方面：

首先，我们信任孩子，但是也要对孩子有心理防线。有些家长是工作中的精英，平时也是阅人无数，什么大风大浪、什么江湖险恶都经历过，但就是不能识别自己孩子的那点小把戏。其实不是他们识别不了，是他们对自己从小看着长大的孩子在内心是不设防的。

其次，要多听听别人对自己孩子的看法，尤其是老师的看法。有时候，孩子在家里和在学校判若两人；不要随便否定老师对孩子的评价，很多时候，老师是站在一个旁观者的角度更清醒地观察孩子。孩子的有些问题只有在群体中才会显现出来。比如，有的孩子在学校拿别人东西、和同学打架等等，这些问题都是在家里不可能发生的事情。家长要对能和自己说真话、能告诉自己孩子存在问题的人真诚地表达谢意，这样，下次他作为旁观者，再看到孩子问题的时候还会提醒你。如果家长只愿意听别人表扬自己的孩子，不能听实话，不能接受别人说自己孩子的缺点，久而久之就没有人愿意告诉你孩子存在的问题了。

家长要做孩子身边的有心人，既不能一味盲目地相信孩子、排斥所有其他人对孩子的看法，也不能总带着怀疑的眼光看待孩子。正确的做法是要广开言路、用心观察。孩子毕竟还是孩子，孙悟空终究是逃不出如来佛的手掌心的，但是前提是家长要把自己修炼成如来佛。**智慧的家长会让孩子觉得你很信任他，同时也让孩子深知自己没有能力去欺骗你。**

03 有一种爱叫作放手

我经常会在小区看见有的妈妈在训斥孩子跑得太快、爬得太高。作为家长，我们考虑孩子的安全是对的，但是一定不能过度。因为除非你一直牵着孩子，否则他总会有摔倒的可能性，我们不能因为这一点点的可能性就对孩子一直不放手。

作为小学老师，我会经常见到学生摔骨折或者摔断牙齿的，我觉得在我们小时候，那些淘气小子们比现在的孩子还要淘气几倍。他们上树爬墙，也经常会摔得遍体鳞伤，但是却很少有摔骨折或摔断牙齿的。他们爬到树上掏鸟窝，掉下来就继续爬，摔破皮也没关系。一般也没有家长老师干预，在多次的实践中他们就能摸索出经验了，即使再摔着的时候，他们也懂得保护重要部位。

还记得我读小学的时候，班级有个淘气的男孩和别人玩捉迷藏，竟然踩着几个桌子钻进了教室的天花板顶棚里，由于有一块天花板破损，他从三米多的棚顶里掉了下来，竟然毫发未损。后来他又上去过，但是没再掉下来过，因为他有经验了。而现在的孩子，走平路都能被自己绊倒然后骨折，他们不会自我保护，每一次摔倒都摔得很实在，身体与地面硬碰硬撞击，这样以卵击石，又怎么能不骨折呢？这就是因为家长平时总是怕孩子受伤而过度保护，不让孩子去做任何有一点儿风险的事情，然而这种自我保护并不是家长和老师能用语言教会孩子的，必须是自己在实践中练就的。

女儿小时候看过一个绘本《米莉茉莉》，故事讲了一个小女孩在玩单杠的时候摔下来了，摔疼了屁股，老师找来了校医（男性）帮她检查，被女孩拒绝。她说，我的身体是我的，别人不许碰。最后是女老师帮她检查了一下。但这个故事最打动我的不仅是小女孩的自我保护意识，还有老师检查之后告诉她没有什么大事，这时候，她问老师："我还能去玩单杠吗？"老师竟然微笑着对她说："当然可以。"

生活中有些家长的做法可能是截然不同的，他们会生气地制止孩子："怎么这么没记性，刚摔完，还去玩，你怎么想的？"甚至会要求她近期都不许再玩单杠了。这就是我们现在教育中的因噎废食。而这位老师不仅允许孩子再去玩单杠，同时也没有多余的担心式的嘱咐，因为她相信小女孩刚刚从单杠上摔下来，接下来她一定会自己格外小心。她的做法非常值得我们学习。

孩子上学后，家长对孩子的保护欲不仅仅限于身体，而是全方位的。然而随着孩子的成长，家长的这种保护欲给孩子的感受不是爱，而是控制，是压抑。

我曾经遇到过这样一位家长，我一度被她为孩子的付出而感动，对她非常敬佩，只要是为了孩子，她什么事情都可以做，没有一点儿纠结。她曾经也是一位职场精英，在孩子上学后就毅然决然地辞职了，成了一位全职妈妈。她为孩子所做的一切，同为母亲的我都自愧不如。在低年级的时候，我让她作为优秀家长在家长会上交流教育孩子的经验，她说哪有什么省心的孩子，都是家长看管出来的。孩子的所有事情从每餐每食的营养搭配，到每件衣服的精心熨烫，再到每科作业的完成，她都是亲力亲为。孩子阅读的书，她都是自己先读一遍，孩子每周的错题本，她都手写，像印刷的一样，连语文的阅读题她都会给孩子重抄一遍。每周孩子上学后，她就用五天时间在家准备孩子周末的饮食、学习内容，孩子的成绩也非常优异。

然而，随着孩子年级的升高，孩子的成绩却在不断下滑，孩子甚至不愿意回家。我和孩子谈心，孩子对我说，由于妈妈的高标准、严要求，时时监控，处处紧逼，以及这样“忘我”的付出让她很压抑。一旦哪里做得不好，她就会觉得对不起妈妈。她在学校每天闭上眼睛都是妈妈在厨房煲汤的背影，都是妈妈那双一直盯着她的眼睛，这种感觉压得她喘不上气来。

“我和你妈妈谈谈。”

“没用的。”

“相信我。”

我抱了抱她，她哭了。

接着，我和她妈妈进行沟通，做这么多年老师让我觉得孩子的问题很大一部分来自家庭，然而想改变家长比教育孩子要难太多了，又必须得去做，因为如果不去转变家长的理念，直接教育孩子，有时就是隔靴搔痒，效果也是事倍功半。的确，她很固执，开始我并没能说服她。

后来她说:“我天天这么管着，她成绩还这样呢，如果不管，那不更差了。”于是我将计就计:“你怎么知道更差，你试过吗？”她终于沉默了。

“孩子还小，你和她都有时间可以试错，更何况我们还不能确定适当地放一放就是错的，并且你目前的教育方式效果并不理想。又何必一条路跑到黑呢？你放一放，给孩子一个喘息的时间。你自己也放松一点儿，休息一下。”

“她现在和我也不亲近了，以前她不是这样的。”她喃喃地说。“因为以前她还小，她要依恋你，但是现在她在慢慢地长大了，你们是两个独立的人，她需要有成长的空间。”“是的，孩子长大了。”此时，能感受到对于孩子的成长，她似乎有些失落。此刻，我完全能理解这位母亲的感受。

她虽然同意了我的建议，但是接下来她也的确挺痛苦的，这么多年陪着孩子、照顾孩子已经是她的习惯，似乎像是成瘾了一样，而现在就像戒瘾一样。

这时，我又和孩子沟通：“妈妈已经同意在你学习的时候不在旁边看着你了，接下来就看你了，自由就在前方，努力去争取吧！成绩再下滑，我也会被你株连的。”“放心。”果然，期末考试，她的成绩取得了很大的进步。后来经过一段时间的调整，这位妈妈又重新去工作了，孩子的状态也越来越好了。

家长要给孩子独立成长的空间，有些风雨是他早晚要去经历的。李嘉诚先生曾说：“眼泪会教你做人，后悔会帮你成长，疼痛才是最好的老师，人生该走的弯路，其实一米都不能少。”如果我们不希望孩子是弱不禁风的小苗，就要学会放手。

我很喜欢纪伯伦的一首散文诗：

致孩子

你的孩子，其实不是你的孩子
他们是生命对于自身渴望而诞生的孩子
他们借助你来到这个世界
却非因你而来

他们在你身旁，却并不属于你
你可以给予他们的是你的爱
却不是你的想法
因为他们有自己的思想
你可以庇护的是他们的身体
却不是他们的灵魂
因为他们的灵魂属于明天
属于你做梦也无法达到的明天
你可以拼尽全力
变得像他们一样
却不要让他们变得和你一样
因为生命不会后退
也不在过去停留

过多地干预孩子的成长无异于给孩子画地为牢，家长如果一直对孩子时时关注、处处紧逼的话，会造成不良后果。

首先，不利于孩子自主性的培养。很多时候，我们家长抱怨孩子学习主动性不够，想一想是不是我们根本就不给孩子机会，还没等孩子主动家长就给安排好了。家长要明白我们的孩子是独立的有思想的生命个体，他不属于我们。

其次，会严重影响亲子关系。在孩子小的时候还好，然而随着孩子的成长，他的自我意识觉醒，他越来越需要独立的成长空间。这时候，家长对孩子越束缚，孩子就越想挣脱，亲子矛盾就产生了。这就像用手用力握住一把沙子的道理是一样的，越想抓住，越抓不住。

所以家长只有放手，才会不断享受到孩子成长的红利。

我从不质疑任何一位家长对孩子的爱，那是天性，也是本能。我自己也一样，自从女儿出生之后我就一天也没有离开过她，我觉得我是在全身心地爱她。

女儿上学后，她住校了，之前我一直期盼着这一天，似乎自己终于可以解放了。想象着她住校后我去健身，去美容，去读书，总之太多美好的事情在等着我。然而，当她真的去住校后，我却什么都没有做，整个人像是被掏空了一样，尤其是到了晚上，我会各种担心她。直到生活老师在班级群里发来了孩子的照片，我的心才安定一点，然后反复地看照片。

真是不设身处地很难换位思考，自己没有孩子的时候特别不理解家长，送完孩子也不走就在学校门口站着，直到保安一遍又一遍地催。还有坐班车的，班车开动后，家长的大队伍就跟在班车后面跑。这一切，现在我都懂了。以前一直和家长说对孩子要学会放手，轮到自己放手的时候，才真切感受到，放手是一种撕裂的痛。

终于盼到她回家的日子，当看到她满心欢喜的样子，我内心似乎是失落的，怎么会这样呢？看见她很好，我应该放心了，应该很高兴的，为什么会失落呢？我还是忍不住试着问一下，你有想我吗？她很轻松地回答，有啊，不过我得马上去想别的高兴的事，就不会想你啦。这么小的孩子，她竟然能够自己调节情绪，我内心感到很欣慰，同时心情也跌落到了谷底。这些天我失魂落魄般地想念，而她却如此淡定。

仔细想想，我才明白我们在全力爱孩子的同时也在享受着孩子对我们的依恋，我们在孩子对我们的依恋中找寻自己存在的价值。所以对孩子有时甚

至是一种发泄式的爱。为人父母比爱孩子更难的是适当地控制对孩子的爱，因为凡事过犹不及。

尽管我自己也懂得放手的道理，但是很多时候也会不由自主。女儿步入高年级之后，我们之间的冲突似乎也越来越多。我印象最深刻的一次，冲突的原因都已经记不清了，我只记得女儿歇斯底里地朝我吼叫，眼前的她和我差不多的身高让我觉得如此陌生，我的大脑一片空白、眼前发黑。我踉踉跄跄地回到卧室，没有哭，泪水却一直不停地往下流。

迷迷糊糊中，我好像睡着了，我梦见了一颗蛋，里面还有一只未破壳的小鸡，我听见蛋壳在给小鸡讲故事，夜晚的时候，蛋壳拥着小鸡入眠，好温馨好幸福。然而小鸡越来越大，它伸不开腿、抬不起头，它烦躁得不再想听蛋壳讲故事。任凭蛋壳怎么去安慰小鸡都无济于事，蛋壳只能黯然神伤，小鸡越来越想要出去，它开始使劲地啄蛋壳，它每啄一下，蛋壳都很疼。蛋壳忍着疼痛依然劝阻小鸡，因为它知道外面有风霜雨雪，有危险困难，它愈发担心小鸡。然而小鸡并没有停止，终于小鸡眼前一亮，它看到了外面的世界，它破壳而出，蹒跚着走出了蛋壳，它大口地呼吸着新鲜的口气，朝着远方走去了。突然它又转身回来拥抱了蛋壳，然后又朝远方走去了。而此时，蛋壳内心五味杂陈，伤感于小鸡的离开，又欣喜于小鸡的成长，它就站在那里默默地望着小鸡离开的方向。

醒来后，我似乎明白了什么，我把这个梦记录了下来，时刻警醒自己。开家长会的时候我也把这个梦讲给了家长们，很多家长听得泪如雨下。听了我的经历，家长们的内心也是五味杂陈，我相信其中也一定会有他们自己的反思。

弗洛姆在《爱的艺术》中说道：“孩子必须长大，必须脱离母体，必须成为一个完整的、独立的生命。母爱的真正本质在于关心孩子的成长，这也就意味着也关心母亲和孩子的分离。在母爱中过去是一体的两个人分开了。母爱不仅应该允许这一分离，而且还应该希望并促进这一分离。”

作为家长，我们要给予孩子大爱，我们要爱自己，爱身边的人，爱这个世界，那将是你爱孩子的更高一层境界。在2020年年初，七十三岁的李兰娟院士前往武汉，她的儿子去机场给她送行，几度哽咽，不难看出，他既支持母亲的工作，又心疼年迈的母亲。而此时，母亲的这种大爱就像阳光一样温暖着所有人，也照耀着自己的孩子。

有一种爱叫作“放手”！**放手是我们的教育目标，是我们对孩子用心陪伴的教育结果；放手是随着孩子的成长，家长不断调整自己对孩子爱的一种方式。**

但是放手绝对不是家长自己“躺平”、任由孩子自由生长，因为自由生长起来的大多是野草。放手是一个过程，需要家长先扶后放。孩子在蹒跚学步的时候，需要我们搀一把；孩子在有可能摔倒的时候，需要我们拉一把；当孩子步子越走越稳的时候，这不正是我们期待的吗？我们就默默为他喝彩吧！

04　别怕孩子犯错

2019年4月21日，轰动一时的“北大学子弑母案”嫌疑人吴谢宇在逃亡了一千三百八十天后在重庆江北机场落网。

我们先来看看他的成长经历。这个孩子简直就是乖巧与聪明的化身，传说中的“别人家的孩子”。全国初中应用物理知识竞赛一等奖，北京大学自主招生提前录取，北京大学廖凯原奖学金获得者。除了学习，他还喜欢打篮球，对待同学热情耐心。在所有认识他的人的心目中，他是一个学习成绩出类拔萃、品行优良、极端自律的完美形象。

在吴谢宇弑母的消息传出之后，所有认识他的人都觉得不敢相信，大家对此内心充满疑惑，他为什么这样做？

我们再来看看他的家庭，吴谢宇的父亲因病去世了，他的母亲独自抚养他。他的母亲是一位教师，她对自己要求严格，时刻注意自己的言行。并且在丈夫去世后，她拒绝任何人对他们母子的帮助。她似乎把所有的心血都倾注在了自己优秀的儿子身上。

而在杀死母亲后，以前从不犯错的吴谢宇，开始犯母亲生前绝对不允许他犯的各种错误。其实大家看到的吴谢宇就是他母亲希望他成为的样子，甚至是所有母亲希望自己孩子成为的样子，但是这不是他真实的样子。母亲的希望对他无异于枷锁，让他压抑着自己。然而每个人都是有极限的，不在沉默中爆发，就在沉默中死亡。我们认为他所毁掉的一切其实都是他早已厌倦的。一直活在别人的希望中，他迷失了自己，他想挣脱，他想去寻找。他逃亡的几年，也可以说是他对生活叛逆的几年，也是他找寻自我的几年。

像吴谢宇这样小时候总不犯错误的孩子过于在意别人的看法，压抑自己，情绪得不到释放。而这种情绪压抑时间久了就像海面看起来风平浪静，实则下面已经是波涛汹涌了。这样的孩子活得太不真实，他只剩下在别人眼中的样子而不知道自己真实的样子，慢慢地，戴面具的自己和真实的自己越来越远，他还会表现出不喜欢自己。

同时，这样省心的孩子其实也容易被成年人忽略他的情感需求。因为成年人在孩子犯错误后会与孩子有带着情感的交流，这种交流不仅能帮助孩子修正行为，还能促进彼此之间的情感。而不犯错误不被批评的孩子因为缺少这样的沟通，会让家长和老师对他的了解不够深入。这样的孩子总是乖乖的，不给成年人带来麻烦，同时也容易被忽略；长大后也很难接受别人的批评，甚至不同意见。

还有一些这样的孩子，虽然没有做出像吴谢宇这样偏激的事情，但是进入大学后，当他们脱离了老师和家长的约束，并且他们的世界一下子变大了，他们开始报复性打游戏、追剧、谈恋爱，总之各种叛逆，各种不学习，这被他们自己称为“迟到的青春期”。

金无足赤人无完人，我们自己不是完美父母，也不要求孩子完美。儿童由于身心都未发育成熟，认知有限，而对未知有无限的好奇心，自控力也相对较差，所以就经常会犯各种各样的错误。其实孩子犯的有些不能称之为错，有些只是他们对未知世界的好奇和探索而已，有些只是成人认为的错误而已。因为在做之前他们并不知道这是错的。所以我们要允许孩子犯错误。

首先，家长要明白孩子的成长中出现问题是正常的，这是孩子成长中不可或缺的一部分。而且孩子在成长中出现问题不一定是坏事。犯错误是孩子对事物的最直接的体验，孩子会在犯错中不断认识世界，不断纠正自己的行为。人的一生不可能时时处处都如履薄冰，小心翼翼，与其成人后还是一张白纸一样，不如趁着未成年的时候，在一定可控的范围内允许孩子通过犯错误形成自己的直接经验，而不是在成人那里获取间接经验。如果说每个人的一生总要犯些错误，那么有些错早犯好于晚犯，这也是在为他进入成人世界做准备。随着孩子年龄的增长，孩子的心智有一个自然生长和矫枉过正的过程，所以父母需以包容的心态和发展的观点看待孩子的犯错。

其次，孩子犯错误恰好是家长教育孩子的契机。因为孩子犯错误就是在暴露问题，要让孩子明白错在哪儿了，为什么错了，找到问题的根本原因，总结教训，吃一堑长一智，对同类事件举一反三。还有一个很重要的环节——让孩子对自己的行为负责，不仅仅是道歉，以后要明白做事情要想后果。从这样的角度来看，孩子犯一次错误也是一次成长。

孩子犯错误也会暴露家长的问题，包括家长自身存在的问题、家长的教育方式存在的问题，所以我们也要好好反思，这也是我们家长在家庭教育方面的一次成长。同时在和孩子沟通的过程中，也能增进我们和孩子之间的情感。

再次，总不犯错误的孩子过于追求完美，过于在意别人的看法，压抑自己，情绪得不到释放。时间久了会有两种情况：要么压抑自己按大人的要求戴着假面具去生活，活得很痛苦；要么当压力到了一定的时间点就会爆发，不管不顾，最后出现难以预料的结果。

最后，引导孩子建立鉴别是非的能力。我们的生活不是真空，我们的生活里也不全都是善良的人，并且我们生活中那些我们称之为坏人的人也不像童话故事里有那么明显的标志。我们总是怕孩子学坏，控制孩子不去接触我们认为不好的人或者不好的事。但是我们控制得住吗？孩子不会一直生活在无菌室内，有些事情他迟早会知道，我们还是应让孩子学会去辨别。在这个过程中，自己去建立是非标准，学会承担责任。

允许孩子犯错误，不是允许孩子犯任何错误。家长不要走极端，一定要灵活把握尺度。无论多大的孩子，道德底线的错误都不能触碰。孩子一旦犯了这样的错误，家长一定要讲原则，有态度，并即刻制止，不许再犯。

我想到了我的一个学生，一个淘气小子，他父母是做生意的，没有太多时间管他。在小学的时候，他每天就是到处惹事。我和他的父母交流过，每次他们都很配合，损坏了什么就积极赔偿。但是基于孩子的表现，我感觉他的父母只是表面在应付老师，并不觉得问题很严重，几乎每次都是看似严肃，实则轻描淡写地告诉孩子别再犯这个错误。他倒是听话，这个错误是不会犯了，只是会继续犯下一个。他是变着花样犯错误，基本不重复。比如这次是去菜地摘黄瓜，下次一定不会犯了，但是没几天就去砸鸟窝，诸如此类。

然而有一次，他妈妈的态度却和以往大相径庭。他在学校拿了别人的电子表并且拆了。依照惯例，家长赔偿吧，因为他几乎每天都会惹事，我都有点麻木了，然而他妈妈却一改往日的风轻云淡，拿个衣架直接赶往学校，见到孩子二话不说，直接一顿揍。当时我对他妈妈的表现很意外，连忙劝阻："这个电子表不贵，您还是像往常一样赔偿就行。"说实话，我对家长一直以来对孩子犯错误的态度也有些不满意，所以有点说风凉话的感觉。但是他妈妈很严肃地说："老师，这次必须打，性质不一样，拿别人东西是绝对不可以的。"

我懂了他妈妈的做法，错误的性质是不一样的。这个妈妈看似大条，在孩子一直惹事的情况下让我这个老师都麻木了，但是她却一直关注着孩子犯错误的性质，不涉及品行的她不太在意，但是一旦涉及品行，决不姑息。

他一直成绩不太好，后来出国了。儿行千里母担忧，老师也是一样的，他出国前，我们见了一次。在那些要出国的孩子里，我对他却是最放心的，因为他一直在以试错的方式成长，在直接经验下建立了自己的是非标准。

我发现越是强大的家长越不怕孩子犯错误，反之，越是自己脆弱、缺乏

安全感的家长控制欲越强，越害怕孩子犯错误，因为他们自己的内心承受不了。他们很害怕生活中的不可预知，很害怕生活的不可控。

有个家长，她儿子表达能力不是特别强，和别人发生冲突的时候，总是说不过别人，然后就会动手。发生这种情况的时候，我就会给她打电话沟通一下。后来有一次孩子爸爸给我打电话，说以后孩子有问题让我和他沟通，孩子妈妈接到我的电话就会紧张，现在甚至听到电话铃声就会紧张，严重失眠。这个是我没有想到的，我也有些自责。

解铃还须系铃人。家长会后，我把这位妈妈单独留下来，我们聊了很多。她是一个全职妈妈，在孩子上学前每天忙得不可开交，现在孩子上了寄宿学校，她每天就是各种担心，担心孩子被欺负，担心孩子打坏别人，上网去查寄宿制学校对孩子心理的影响，总之越想越焦虑。这时候如果再接到我的电话，那就成了压垮她内心的最后一根稻草。

她甚至想过给孩子转学，但是孩子不愿意，孩子很喜欢学校。交谈中我也了解到这位妈妈自己有一个幸福的原生家庭，大学毕业不久就结婚生子，辞掉了工作，老公对她也非常好。她一直在家人的呵护下顺风顺水地生活。孩子住校已经是她目前遇到的最大的事了。我理解了她的焦虑，这样的情况和她讲道理是没有什么用的，我建议她去工作，分散一下注意力，生活中的事情多一点，她对孩子的担心和焦虑就会少一点。她听了我的建议。她是学幼教的，去做了一名幼儿教师，再见她的时候，她和之前完全不一样了。经历了自己的成长，再去面对孩子犯错误的时候，她也变得平和淡定了。

很多时候，孩子犯错误就像得一次感冒一样，对感染过的病毒，可能以后就免疫了。相反，有些不经常感冒的人，可能生病就会是比较严重的病。

所以，家长不要总是“剧透式”地试图把自己的人生经验都给孩子以减少他犯错。虽说人生是一个从 A 到 B 的过程，但我们让孩子走一条直路就好吗？这样会让他错过人生中的很多风景，要知道人生就是体验，经历就是财富。只要他不走上歪路邪路就好，偶尔绕个弯走几个小岔路并不会影响什么，殊途同归。无论是作为家长，还是作为老师，我都希望孩子的人生是有趣的，是丰富多彩的。

05　试着把孩子当客户

在我的教育生涯中，有一个让我很骄傲的案例。

我新接手一个五年级的班级，当我第一次走进教室的时候，她正拿着拖布在教室里追着一个男同学打，追得很投入。我在门口站了一会儿，她才发现我。看见我之后，她停了下来，然后用力地把拖布摔到了讲台上，气冲冲地回到了自己的座位上。那个男孩捡起拖布放回了柜子，这时候，他在座位上大喊：“不就看老师来了吗？真能装。”我一直安静地站在门口看着发生的一切。当时，我并没有处理这件事，简单自我介绍后就直接上课了。

其实，我之前就对这些孩子有一些简单了解，应该能对号入座出来，她就是这个班的女一号——小王。对于我的冷处理，我能感觉到她有点疑惑，但是她并没有因此而收敛。平时班级里有几个淘气小子觉得她像鞭炮一样，就故意去点燃她，然后听她爆炸的声音。她也不怎么听课，作业写得也不好。我这样默默观察了她两周，同时也在同学那里了解一些她的情况，她在班级人缘还不坏，如果有男孩欺负女孩，她立刻拔刀相助；我们班学生如果和其他班学生发生矛盾，她不分青红皂白直接就去打。

两周后，我把她叫到办公室，罗列出她这两周的“罪行”。她毫不否认：“对，老师，都是我干的，找家长就找吧，大不了再打我一顿，反正我也不怕打。”她直接亮出底牌。

“你经常挨打？”

“男子单打，女子单打，男女混合双打，给你看看。”说着，她撸起袖子，胳膊上一块块瘀青。

我愣住了，这是什么样的家庭呢？怎么对孩子下这样的狠手呢？

“我会找你的家长，但不是告状，是告诉他们不能再打你了。”

她冷笑了一声：“没有用。我在我们家的地位还不如我家那条狗呢，他们想打就打想骂就骂。”

我用温柔的目光看着她：“让我试试。”

我约了她的父母一起来学校，他们竟不是经她描述后我所想象的样子。他们是南方人，在这边做生意，生意做得还不错。她爸爸不太爱说话，她妈妈长相有南方女子的温婉，说话也很柔声细语。

“你们平时经常打孩子。”

“老师，我们也不想打她，不怕您笑话，这孩子，我们实在是没有其他办法了。”

此时小王妈妈在旁边默默流眼泪，同为母亲，我感受到了她的无助与心痛。

……

这个家庭中，夫妻关系没有问题，父母虽然文化程度不高，但是很明事理，只是孩子从小缺少陪伴，性格顽劣，父母教育方式粗暴。

“我只提一点要求，从现在开始不要再打她。靠暴力和高压是解决不了根本问题的。你们两个也控制好自己的情绪，让你们自己先柔和下来，家庭的氛围先柔和下来，孩子也会慢慢变得柔和。”

“好的，老师，我们听您的。”

父母走后，我又把她叫到办公室，我上下打量她，她被我看得有些不舒服。“你爸妈根本不是你和我描述的那个样子，你妈妈很温柔。”

“他们太能装了。”

“我要求他们不要再打你，他们同意了。”

“鬼才信。”

“如果他们做不到，我会继续找他们。但是你也要答应我一件事，明天的听写要满分。”

“老师，你开玩笑呢？”

“今晚的其他作业你可以不写。”

“真的吗？那好。”说着，她欢天喜地地跑出了我的办公室，我觉得她像《朝三暮四》里的那群小猴子，因为我知道，虽然减少了她作业的数量，但是要听写全对并不容易。第二天早上，同学都和我说自习课她竟然没有闹，白天的听写也是满分（批阅她的卷纸，我为了鼓励她适当放松了要求）。然后我在班级里表扬了她，她没有高兴，反而很不好意思。下课了，她来找我：“老师，求您别在班级表扬我，受不了，别人还以为我不正常了呢。还有，今晚我正常写作业，我不想再练听写了，太累了。”“跟我来办公室吧！”我拨通了她妈妈的电话，并且放了免提。

“您好，我是赵老师。”

“老师，孩子又犯错了？”

“没有，她进步很大，今天的听写得了满分。”

电话那头立刻泣不成声，无论我怎么安慰都停不下来。

“老师，我太久没听过关于她的好消息了，我太激动了，我这就打电话给她爸。”

挂了电话，我问她：“你今晚练听写，还是写所有作业？”

“还是练听写吧！”

这个嘴硬的小家伙语气中有点无奈，但是我能感受到她内心的喜悦。再狡猾的狐狸也逃不过猎人的眼睛，虽然顽劣，但她毕竟还小。其实刚才的电话是我和她妈妈提前沟通过的，她妈妈也和我配合得天衣无缝。她就这样一步一步地进入我的“圈套”了。接着，我一边在学校鼓励她，一边和家长保持沟通，对她教育的过程也不是一直都很顺畅，其中还有很多很多的事情发生，但是我和她的父母都一直坚持着。差不多一年的时间，她发生了很大变化，成绩也有了很大的提高，小学毕业，她考进了我们学校的初中部。

当我告诉小王妈妈小王的成绩的时候，她哭了，简直都不相信她女儿能变成这样。后来她又专程到学校来感谢我，说我改变了孩子的人生。那一刻我也真切地体会到了教师的职业幸福感，这大抵就是我工作的意义吧！

在她的案例中，我们更多地看到的是孩子的变化，其实更让我有触动的是她父母的变化。她的父母没读过多少书，很小就走入社会，生意由小做到大。但是在教育孩子方面，小的时候没有时间管，大了管不了就使用粗暴打骂的方式。之前他们虽然做了很多年父母，但教育能力没有太多提升。两年的时间里，他们成长得很快，我一方面给他们具体的指导，另一方面每个月都会向他们推荐一本书，然后要求他们写读后感，每个学期写一份总结，总结孩子的一个学期以及相对应的自己的一个学期对孩子的教育。这对父母开始的时候每个月的总结写得都很少，甚至还有错别字，但是慢慢地随着自己对孩子教育的深入以及孩子的变化，他们也是渐入佳境，读后感不仅字数写得越来越多，而且质量也越来越好，虽然语言质朴，但是情真意切。我更坚定了自己之前的想法，要想改变一个孩子，要先改变他的家长，同时家长一定要通过学习来提升自己的教育能力。

当这件事过去了很多年之后，我的女儿也长到了小王的年龄，她的班主任和我反映，她在教室拿着拖布追着男生打，男生还给她取外号“移动的炸药包”，真是有点让我大跌眼镜。我女儿平时虽然算不上乖乖女，但也还算文静，自从成绩变好之后的确是比原来开朗了很多，我也为此感到欣慰呢，怎么现在能这样呢？

“班主任和我说，你在学校经常追着男孩打。”

“是他们先撩闲。”

“为啥就撩你呢？”

“因为他们有病。”

“我没有批评你的意思，我是想说，还有没有其他的解决方法。”

“没有。”

“比如……”

“好了，我要写作业了。”

……

晚上睡觉前，我又试图和她沟通。

“姑娘，我觉得吧……”

“你觉得啥，我不想说了，说了你也不明白，我要睡觉了。”

忍了一天的火，终于忍不住了：

“我教过那么多学生，我啥不明白，你那是解决问题的方式吗？女孩能不能有个女孩的样子？为啥只撩你，你怎么不从自身找找原因，我看你也像移动的炸药包。”

“对，我就是炸药包，谁惹我，我就炸死谁。”

……

一阵枪林弹雨，问题并没有解决，她哭着去睡觉了。

下周到学校，她的表现变本加厉了，真的像她自己说的那样简直是要炸死别人的感觉。这孩子怎么能变成这样，我想不通，每天晚上都失眠。

拿着拖布在教室追着男生打，这一幕怎么这么熟悉，是小王！想想小王打架骂人不学习，女儿的行为不及她的冰山一角，然而当年我都成功征服了这只小怪兽。面对小王的种种，我没有焦虑过，甚至都没有生气过，只是在冷静地想“对付”她的办法，然后一步一步让她进入我的“圈套”。现在面对自己的孩子，怎么就玩不转了呢？

夜深人静，我陷入深深的思索。小王是我的学生、我的工作对象，面对小王的时候，我是导演，我没在戏中，我能在局外清楚客观地看到剧中的各个人物；而面对女儿的时候，我就是身在戏中的角色，我看不到我自己，面对女儿出现的令我挠头的问题，我也很难做到那么理智、那么平和，就更不要提和她讲平等了，可能更多的就是高高在上的训斥。

周末，我还是要解决这件事，但是，我没有像上次那么鲁莽，先买了一堆她爱吃的小零食，她很兴奋，小孩子的快乐其实很简单。趁着她情绪尚好，我继续锦上添花。

“上周是我不对，不应该和你发脾气。”她愣了一下，抬头看了我一眼，她也比较了解我：嘴硬，不轻易向别人认错。“看在小零食的分儿上，我原谅你了。”我知道她这样说是有意缓和一下我的尴尬，此刻的氛围让我可以确定接下来我说的话，即使她不认同至少也不会和我翻脸。

“别人都说你很像我，是个文静的女孩，但我知道你和我不一样，我只是单一的一种颜色，而你是彩虹。”对我的表扬，她虽然有点儿不好意思，还是心里美美的。

“姑娘，我想你对待男孩的态度一定是有原因的，你不是不讲道理的孩子，能和妈妈说说吗？”

房间里很安静，我并没有催她回答。

“他们说我低年级学习倒数，是笨蛋傻瓜。”

“可是你现在学习成绩已经很好了。”

“可是他们还是提我的过去，我想把它忘了。”

她的声音很低，却让我的心很疼。

“我在网上看到过这样一句话，不许笑啊，如果你太在意别人的想法，那么你的生活就像一条裤衩，别人放什么屁你都得接着。”她笑得前仰后合。气氛到了，这个时候我再讲道理：“我们都没有办法左右别人，爱说什么就让他们说吧，即使你通过暴力让他们闭嘴了，你也不能控制他们的想法。如果你能从一个笨蛋变成现在这么优秀，更加能证明你很牛。而且在我心中你一直是我的骄傲，过去现在和将来。”

从此她再也没有追着男生打过了。这个问题就这么简单地解决了，看似

简单，其实也是像我上课一样是有教学设计的，从导入开始，为了达到教学目标，一步一步展开教学环节。

我们常说要平等地对待孩子，其实这挺难做到的，年龄差、身高差、阅历差等等，让我们都会不自觉地就高高在上，而这种高高在上还是家长自己所感受不到的，因为我们已经习惯了。家长也会不自觉地把自己的职场身份带回家里，所以我们嘴上说平等，其实很多时候并不能顾及孩子的感受，还是习惯了把孩子当下属。而孩子当然是不愿意接受的，于是亲子关系矛盾重重。

在工作中我也发现一个现象，做销售的家长和孩子的沟通大多比较顺畅，对孩子教育成功的比较多，因为做销售的人通常目标明确，就是要把自己的产品销售出去，为了实现这个目标，他们会想很多办法，做很多努力。在教育孩子的时候也是一样的，他们清楚地知道自己想要的是什么、对孩子的培养目标是什么，然后再去想具体的实施办法，他们能把孩子当成客户一样去对待。

家长们可以尝试一下，当你对孩子的表现很无奈，自己也很无助的时候，想一想你的工作，就假想他不是你的孩子，更不是你的下属，而是你的工作对象，你的超级 VIP 大客户，那你该如何搞定这个难缠的客户呢?

首先，你要全面客观地了解客户的特点、他的喜好，以及他的需求，甚至他的软肋，做到知己知彼。

其次，站在他的角度去思考问题，去努力理解并满足他的需求，总之就是想尽办法打动他、征服他，以达到自己的目的。这个时候无论他多么不可理喻，只要你想做成这单生意，你是不是都不会和他急，还会耐着性子和他周旋?所以，对孩子也是一样的，无论孩子多么让你生气，你都不要冲动，要有智慧，无论使用了什么方式方法，最后达到你的教育目的你就是成功的。

我对小王的教育就是这样。我的目的很明确，就是改变她的不良行为，提升她的成绩；接着，我通过了解她的家庭去进一步了解她，了解到她的需求是不再挨打，是关爱和鼓励；然后，我千方百计去满足她的需求，最后达到我的教育目的。

我对待女儿的时候，开始只顾自己的感受，基本没有效果；后来改变了策略，把她当客户，先了解她的喜好——小零食，投其所好，然后共情理解她，接着进一步用幽默的方式将愉悦的气氛推向高潮，最后再讲道理。

其实，当你把孩子当客户的时候，你也就放下了自己作为家长的高高在上的姿态，你也就能以一个旁观者的角度去看待孩子，也就能真正平等用心地对待自己的孩子了。**尝试着把孩子当客户，你可能会有意想不到的收获。**

06　孩子的暴脾气需要对症下药

我的一个好朋友给我打电话求助，她侄子上小学六年级，这个孩子有点儿不顺心就和家长发脾气，一顿饭做得不合胃口，他妈妈就会重新再给他做。他最近开始喜欢篮球鞋，一双都是一两千的，买了几双了还要买，父母就是普通工薪阶层。好朋友问我怎么办。

“还能怎么办，这孩子就是惯的啊，以后不爱吃就不吃，饿了，他自然就吃了。鞋可以买，但是不能买那么多双。”

“是惯的，可是从小就这样啊！不答应就发脾气啊，大喊大叫，还砸东西，嫂子怕孩子有心理问题，这不找你咨询一下。”

“我不能判定孩子有没有问题，我觉得是你嫂子该心理咨询一下了。孩子这样，家里没人管吗？”

“上次被我哥揍了然后就离家出走了，嫂子急得要和我哥离婚，从此我哥也不敢管了。”

这个孩子的问题已是“冰冻三尺，非一日之寒”。后来，我和朋友的哥嫂见面聊过一次，发现这个家庭本身就存在问题，对孩子的教育方式更是存在问题。

导致孩子不良情绪的原因通常有这样几种情况：为了达到自己的目的而发泄不良情绪、自己主观的不良信念导致不良情绪、大脑线路图。

经过我和孩子的父母一起分析，这个孩子就是第一种原因：**以不良情绪的发泄来达到自己的目的。**其实这种类型是最好解决的。所以这孩子看似十分暴躁，其实还是可教化的，只是家长未能掌控得了他反而被他掌控了而已。

接下来，我告诉他们面对他家孩子这种类型的暴脾气，有几种不合适的处理办法。

第一种，割地赔款型。“别哭了，妈妈带你去游乐场。”“别哭了，给你买冰淇淋。”“别哭了，我们看一会儿动画片吧！”千万别觉得孩子小，正所谓“人小鬼大”，孩子因为尝到了甜头，所以有了第一次就一定会有第二次的，发脾气甚至成了他和家长提要求的手段。这样的处理方式虽然暂时缓解了孩子的情绪，但是并没有从根本上解决问题，并且会使孩子的脾气越来越大。

第二种，以暴制暴型。孩子的不良情绪像导火索一样，点燃了家长的情绪，导致家长的情绪进一步失控。“还哭，是不是找打？”家长一边歇斯底里地训斥，一边打。还有的家长把孩子关在一个房间：“哭，你就在里面哭吧，什么时候不哭，什么时候让你出来。”更有甚者把孩子推出门外：“再哭，你就出去哭。”总之，一系列的不理智的行为在家长的情绪发泄之后，通常产生两种情况：一种是脾气大的孩子哭抽过去了；另一种是孩子被家长吓到了，夜里睡觉都会不断惊醒。

第三种，唠叨说教型。面对孩子的不良情绪，家长会不停地唠叨、抱怨，如洪水猛兽般奔涌而出。“就知道哭，你还会干点啥……”几年前的事都能翻出来，有的没的，一律用绝对概括的方式直接给孩子定性。这样的处理方式除了让孩子的情绪更加不好之外，也会让孩子和家长之间的隔阂越来越深。亲情没有我们想象的那样固若金汤，也需要互相经营，也容不得彼此伤害。

朋友的哥嫂表示，在孩子的成长中，以上不合适的做法正是他们一直以来对孩子的全部教育手段。这是他们的第一个孩子，也是唯一的孩子，很多时候，他们真的很迷茫。

接着，我给他们提出一些具体的建议，让他们去尝试一下。

在孩子情绪很好的时候，家长可以心平气和地和孩子讲清楚情绪管理的必要性和重要性，让孩子明白其中的利害，让孩子能在主观上去认同并接受。人偶尔有不良情绪是正常的，但如果经常被不良情绪左右，就会严重影响自己的心情，影响自己的身体健康，影响同学关系，也会影响自己在同学老师面前的形象。

不良情绪像一个磁场，还会影响周围人的情绪，在集体中就会影响人际关系。在学校，这样的小孩通常朋友很少。其实成人也是一样，对于整日都很烦躁或是愁苦、抱怨的人，这样的负能量场，我们也不愿意接近，因为我们喜欢情绪愉悦的人，就像我们喜欢阳光一样。长此以往，不良情绪过多的人就很难改变了，就如俗话所说，“江山易改，本性难移”。

在孩子发脾气的时候，先是在气势上不要输给孩子，这个气势不是强悍，不是硬碰硬以暴制暴，更不是依靠很大的声音，而是让孩子看到你的沉着冷静，看到你平和的神态之下的力量。家长和孩子之间其实也有心理战，不要把自己的无奈和无力表现出来，控制好自己的情绪，让自己做冲突事件的主导者。无论孩子怎么样，家长都要控制好自己的情绪，要有“千磨万击还坚劲，任尔东西南北风”的精神，这样也是给孩子树立一个正面的榜样。一定不要被孩子激怒，不要在气头上说一些伤害孩子的话，更不要去刺激孩子，避免和他硬碰硬地正面冲突，但是要温和地坚持自己的原则。要在刚看到孩子情绪出现苗头的时候就采取措施，以减少孩子发脾气的次数。

不发火不代表着退让，对于孩子明显无理取闹的情况，绝对不能迁就纵容。家长要让孩子觉得他怎么闹都没有一点儿意义，他自然就停止了，并且以后也不会这样了，记住，一定不要给他希望，并且家庭成员之间也要保持态度一致。但是也要注意兵无定法，一定要具体情况具体分析，要观察孩子的情绪，然后随机应变，不要让孩子做出过激行为。

家长需要做的就是给他安静的时间和空间，不去打扰他，让他自己慢慢去消化自己的情绪。等他情绪平复的时候，如果孩子愿意再去和他沟通，如果孩子在一段时间内出现这样的情况次数比较多，可以与老师进行沟通，了解孩子在学校的情况，同时也去争取老师的帮助。

大概一年多的时间，我们沟通过多少次我记不清楚了，但是沟通的频率在逐渐降低，在这个过程中，孩子发生了巨大的变化。作为“导演”，孩子的变化在意料之中，让我很惊喜的是家长的变化。

这一类型的孩子，一般从三四岁就会开始，我们有时会看见一些小朋友因为自己的要求没有得到及时满足，而在外面大哭大闹，甚至坐在地上哭、打滚哭的。这样的孩子家长越哄，他越严重，家长更不要因此而去满足他的条件。这个阶段在心理学上也被称作第一个叛逆期，哭闹是他们达到目的的手段，这个阶段如果没有改过来，他长大也是一样的，更不好管理。我朋友的侄子就是这样的情况，从三四岁开始，然后愈演愈烈。

第二种导致孩子出现不良情绪的原因——**孩子自己的不良信念。**我女儿就是这种类型的孩子，你作为旁观者去看她就如同是在作茧自缚。

“为什么要留这么多作业？是要累死我吗？”女儿在烦躁地大喊。其实这个时候，并不一定就是作业真的多，而是她内心认为作业多。在还没有开始写作业时，她就被笼罩在作业多的阴云之下，情绪又怎么能好呢？

这时候，面对孩子的不良情绪，最适合的方法就是倾听。他们有时并不在意倾诉对于解决问题的意义，只是想要倾诉，其实这就是一个情绪宣泄的过程，当他说完的时候，如果他的情绪平复了，能开始写作业了，那家长就不用干预。

如果倾诉之后他的情绪还不能平复，甚至有愈演愈烈的趋势，就不能再这样继续下去了，要趁火势还不凶猛的时候赶紧灭火。

“你认为的多，是和谁横向对比出来的多吗？”

“我不想和谁比，我就是认为多。”

“既然那么多就不写了。”

“不写，老师不批评我吗？”

“没关系，我去和老师解释。”

“不写，我能会吗？”

“那就是你认为写还是有意义的。”

“有意义，但是我就是觉得多。”

“多与少都是相对的，我现在把你的作业和你身边的任何一个同龄的孩子对比一下，我们看看到底多不多！和你班的小张比不多，和外校的小王比也不多。当你内心接受这件事，不认为作业多的时候，作业就不多了，很多事与其坐在那里愁，不如直接撸起袖子就干。”

当我纠正了她的不良信念之后，她的不良情绪自然也就消除了。

在这个过程中，家长要注意自己不要被激怒，如果当时我的信念是“作业本不多，你不应该认为作业多，更不应该为此发脾气”，那么我可能也会发脾气了。而我之所以能耐心地去解决这件事就是因为，我当时的信念是“孩子的学习压力很大，抱怨、发泄一下也是正常的”。

第三种导致孩子发脾气的情况——**“大脑线路图”**。所谓大脑线路图，就是什么事情都必须按原线路图（计划）进行，如果被打乱，情绪就会焦躁甚至发脾气，这样的孩子内心缺失安全感，害怕生活会失控。

我们班上的小丁也是这样的孩子，计划性很强，但是计划一旦变化，他的情绪就会非常不好。二年级的时候，学校要开运动会，孩子们提前做好了各种准备，前一天晚上都兴奋得睡不着。虽然之前学校也看了天气预报，但是第二天早上却下雨了，运动会只能推迟了。这时候，我观察孩子们的表现，他们开始都很失望，但是有的觉得这是自己也改变不了的事，很快就调整过来了。这时候小丁突然大哭起来，任凭同学怎么劝都没有用。看到他伤心的样子，我知道此时语言是苍白的，还不如肢体更直接。我抱住他，抚摸着他的头，过了一会儿他才渐渐平静下来。

事后，我联系了他的妈妈，小丁妈妈说，在家的时候也会有这样的情况，我也了解了这个家庭，父母离异了，孩子跟妈妈，爸爸已经很久没有出现在孩子的生活里了。此刻对小丁，除了怜爱，我还要去帮助他，也给了他妈妈一些建议。

首先，要给予他无条件的爱。让他的内心有归属感、安全感，即使生活不可控，即使发生最坏的事情，即使一败涂地，依然会有人爱他，这样他就不会对于生活中出现的意外事件变得那么不安。对于离异家庭，有些问题是改变不了的，比如小丁的爸爸的那种情况，这时候妈妈只有让自己更强大，其他家庭成员也多去关爱他，同时多给孩子制造与人交往的机会。

其次，要在生活中给孩子逐渐脱敏。对于一个比较大的计划先尝试着改动其中的一点，让他逐渐适应，慢慢地，在孩子所能承受的范围内，再改变多一点，最后达到完全脱敏。也就是让孩子面对事情发生了根本变化的时候，依然能以一个很好的心态去接受。比如计划一次家庭旅游，在行程中可以改变一下出行交通工具，改变一下行程中的景点。最后能做到即使取消这次旅游，孩子也依然能接受。

最后，家长要在愉悦的氛围下，教给孩子管理情绪的具体方式。其实我们每个人都在不断地寻找适合自己的方式，我们不妨多给孩子一些选择。比如在自己情绪不好的时候可以先通过深呼吸调节自己的气息，如果条件允许，到室外呼吸几口新鲜空气，或者向着开阔的地方眺望。这时候，自己其实很像一辆疾驰的汽车，先让自己停下来，不说话，不做事，冷静几分钟。因为在那种情况下容易说伤人的话，容易作出错误的决定。我们可以建议孩子找个安静的地方和自己对话，可以是内心交流，也可以写日记、画画。可以找个好朋友去倾诉一下。还可以去做运动。

面对孩子的暴脾气，家长要对自己有信心，对于未成年的孩子，只要我们用心，耐心，再加上恒心，大多数情况都能达到我们的教育目的。教育孩子是一项大工程，家长要懂得运筹帷幄，很多时候，围魏救赵不失为良策。

07 这样沟通才有效

沟通是一种能力，也是一门技巧，家长能与孩子之间进行顺畅并且有效的沟通，是家庭教育中最关键的一环。那么，如何实现与孩子之间的有效沟通呢？

一、别总对孩子说“不”

女儿小的时候，我给她买过一套绘本，其中一本名字叫《大卫，不可以》。大卫是个让妈妈头疼的小男孩，他会站在椅子上，去拿壁橱最上层的饼干，会玩得一身泥巴跑回家，会在洗澡的时候弄得满地都是水……妈妈总对他说：“大卫，不可以。”

当时，我买绘本是想把大卫作为一个反面的例子，告诉孩子哪些事情不可以做。然而女儿看后却完全没有达到我想要的效果，她甚至喜欢上了这个淘气惹祸的大卫，每次都是边看边哈哈大笑。

女儿的反应也引发了我深深的反思。孩子对未知充满了无限的好奇，什么都想去尝试、去感知。家长要允许孩子在安全的情况下去探索、去玩耍。孩子玩得脏一点、乱一点，可能会给家长增加一些劳动量，但是在这个过程中，孩子享受到了探索的乐趣。同时我们也可以要求孩子自己去收拾残局。

而我们现在的孩子，尤其是男孩，已经被家长管得太规矩了，我们家长就像大卫的妈妈一样，这也不行，那也不行。他们长大会是什么样，干干净净的文弱书生吗？男孩子应该有点男子汉气概，有点血性。很多小孩子之所以喜欢大卫，可能就是因为大卫所做的事情都是他们想做又不敢做的。

一个暑假，我和我先生的朋友几家人一起出去玩，其中有一个妈妈，就总是拒绝孩子的要求。孩子对她说："妈，帮我拿一下这个包。""你不会自己拿吗？"帮孩子拿一下只是举手之劳的事情，而这样拒绝却让孩子很难堪。在孩子经历难堪之后，她又去拿了。慢慢地，我发现她经常用反问句去拒绝孩子。吃饭的时候，孩子们都喝一点饮料，这个孩子说："妈妈，我也想喝。""那么甜，怎么能喝呢？"晚上孩子都光着脚去海边玩，这个孩子说："妈妈，我不想穿鞋。""多凉啊，不穿鞋怎么可以呢？"

几天的时间，她就像大卫妈妈一样，我的耳边每天都回响着她的反问句。而每次被她生硬地拒绝之后，我都能看到她儿子眼中有一束光闪过，不仅是不高兴，甚至还带着一点敌意，甚至有点让人发冷的感觉。而她似乎没有注意到，或者她已经习惯了孩子这样的眼神。我试图和她沟通，她却对我说："你们太惯孩子了，小孩子不能什么要求都答应。"

家长为什么总是拒绝孩子呢？是为了树立自己的权威吗？可是你有没有想过这样被人生硬地拒绝是什么感受？那种感觉会很尴尬，很难堪，很窘。当孩子对我们说“不”的时候，我们会说孩子太叛逆了，可是你记得你对孩子说过多少“不”吗？只是有些人意识不到自己的问题，对孩子的要求甚至是条件反射式地说“不”。

后来，这个孩子到了青春期的时候出现了严重的逆反，在他心中做事没有标准，就是和他妈妈反着来，最后干脆都不上学了。

还有些孩子比较聪明，了解了家长之后学会了用自己的方式应对家长。有一次在语文课上，提到了口头语，学生们兴致特别高，纷纷去说自己熟悉的人都有什么样的口头语。我们班的小孙就站起来，滔滔不绝地给大家讲起来：“我妈的口头语就是‘不行’，我说啥她都说‘不行’，后来我就想到一个办法，我都把我的想法反着说，我的目的就达到了。”同学们哈哈大笑。

如果孩子的要求不是什么原则性的问题就不要去拒绝，比如今天穿哪双鞋，晚餐吃什么，晚饭后可以骑自行车吗，作业可以先写语文吗，今晚可以和妈妈一起睡吗，等等，诸如此类的问题，家长大可尊重孩子。

家长总是拒绝孩子，最直接的后果，就是导致亲子关系的恶化。虽然亲情是世间最稳固的情感，但是也没有我们想象的那般固若金汤。如果家长长期不顾及孩子的感受，总是拒绝孩子，无论你的初心是怎样的，孩子都会反感，甚至怀疑父母对他的爱。这种拒绝会被孩子理解成是一种不认可，他会心有不服，心生怨气，随着他年龄的增长，这种反感就会变成他对家长的叛逆。同时，对家长的“不”产生免疫，以后遇到什么原则性问题，你真的不同意他做的时候，你可能都拦不住他了。

家长经常说“不”，会严重影响孩子的自信，甚至导致孩子自卑。当总被拒绝之后，孩子以后再想向父母提要求的时候，就会小心翼翼，甚至内心纠结挣扎，因为很大的可能就是不仅得不到满足，还会被数落。他们很想得到满足，但是又很害怕被拒绝，当孩子最终决定再试一次的时候，如果他又失败了，他以后就很可能不会向父母提要求了。同时他也很难再敢向别人表达自己的想法，因为在他的内心中，对拒绝有了深深的恐惧。一些心理调适能力差的孩子甚至会把这种恐惧升级为怨恨，做出不理智的行为。

同时，长期在这样的家庭环境之下，孩子也会受影响，他也会不自觉地经常对别人说“不”。从对家长这样开始，可能慢慢地也会以同样的方式去对待身边的其他人。这就是原生家庭给我们每一个人带来的影响，很多人很讨厌自己的原生家庭，但在不知不觉中，甚至在抗争中还是长成了父母的样子。

还记得女儿小的时候，家里包饺子，她也想试试，姥姥急忙阻拦，然而越是阻拦，她就越想试试。最后她都要急哭了，眼巴巴地看着我。我赶紧向姥姥求情，姥姥终于同意了，女儿高兴坏了，向我投来感激的目光。她也学着我们的样子，放一点饺子馅，然后去捏，但是小手就是不听使唤，结果弄得奇形怪状。不过看着自己的劳动成果，她还是很开心，说要吃自己包的饺子。

还有一次，我带女儿去我的一个同学家里玩，她儿子小伟和女儿差不大，一开门我就惊呆了。说是一片狼藉一点儿不夸张，简直就是把厨房搬进了客厅，锅碗瓢盆，米面油啊，地上还有各种豆子。“你家这是不过了吗？”她哈哈大笑：“等孩子上学了，再重新收拾一下。”“你家玩什么都可以吗？”“只要安全，只要不太过分，我一般不拒绝他的要求。”听着我们的谈话，小伟朝着妈妈会心一笑，就在他们母子眼神碰撞上那一刻，一种暖暖的感觉在我的心中升腾。而女儿玩得头都不抬，天黑了还不想回家，第二天还喊着要去阿姨家。

当时我想，这种玩耍方式在我家是绝对行不通的，孩子现在是挺开心，上学后可能也会让老师操心。如我先前预料的，小伟的确会经常惹各种小麻烦，但是他的成绩尤其是数学成绩特别好，数学老师说他是一个有创造力的孩子。并且同学都特别喜欢他，因为他脑子里有着千奇百怪的想法，也能发明各种玩具，自创各种游戏。用班主任老师的话说，这是一个内心阳光又有创造力的男孩。

满足孩子的合理需求是父母爱孩子的一种方式。每当女儿的合理需求在我这里得到满足的时候，我能感受到她目光中的感激和幸福。这时候，我再去对她提要求的时候，她通常也会欣然接受。家长尝试着少对孩子说点“不”，孩子也同样会少对你说点“不”。尤其是在众人面前，家长更要给孩子留面子，尊重都是相互的。

但是家长们一定要把握尺度，满足合理要求，不是满足所有要求，不是无原则地纵容孩子。有些家长可能会问，什么算合理，什么算不合理。这需要家长清楚自己的原则和底线在哪里，同时也需要家长和孩子达成共识，爱在生活，严在规则。

二、有话好好说

生活中，有些家长喜欢说问句。

“你说你怎么就听不懂我说话呢？”

“你真的明白了吗？”

“这么简单还不会呢？”

类似的话，你说过吗？你有运用这样句式的语言习惯吗？这种上扬的语调、加快的语速会让说话人自己感觉到更自信，更有权威。他已经预设了立场和观念，让人无法反驳。同时也伴随着对对方的质疑。

“你真的明白了吗？”

言外之意就是：“我觉得以你的智商是明白不了的。”这样的表达方式让人很不舒服，家长如果这样对孩子说话，还很容易激怒孩子。“你说你怎么就听不懂我说话呢？”孩子可能气急之下就会说：“我就是听不懂。”

有时候，同样一件事，换一种语言表达的方式，可能会收到意想不到的效果。

孩子：“妈妈，我要吃棒棒糖。”

妈妈：“宝贝，家里的棒棒糖已经被你吃完了。”

孩子：“我就要。”

妈妈：“我不是和你说没有了吗？吃点儿别的吧！”

孩子：“不，我不吃别的。”

妈妈（火冒三丈）：“你是不是听不懂话……”

我们试着这样说话：

孩子：“妈妈，我要吃棒棒糖。”

妈妈：“宝贝，家里的棒棒糖已经被你吃完了。”

孩子:“我就要。”

妈妈:“听得出你很想吃，真希望能给你变出一盒。可是这么晚了，超市都关门了，怎么办呢?”(把问题抛回给孩子)

孩子:“那就吃点别的吧!”

这就是语言的魅力，和孩子沟通的时候有话好好说，这其实是一种以退为进。美国畅销书作家塔勒布说过这样一句话:世界上有两种人，一种人想赢，另一种人想赢得辩论。我们有些时候为了赢得辩论而忘记了自己的初心。在第二段对话中，妈妈虽然没有赢得辩论，但是她已经赢得了自己想要的结果。

有些人不会好好说话，喜欢用“刀子嘴，豆腐心”来洗白自己，殊不知你的刀子嘴已经伤到别人的心了，这时候他们可能就感受不到你的豆腐心了。

三、与孩子共情

“共情”就是感受和理解对方的情感，并给予相应的积极反馈，让对方体会到你真正理解他，能触摸到他心底的柔软之处。

说起来容易，但是做起来还是挺难的，因为当你没有设身处地的时候，是很难换位思考的，但还是有些小技巧的。

首先还是倾听，专注而真诚。当孩子和你表达他的情绪的时候，你一定要从眼神到表情都能让孩子感受到你的真诚，设身处地地把自己代入进去，以不断激发他倾诉的欲望。

其次，可以尝试重复他的话，等他的情绪能够平复一些，你再很简要地提出你的建议。

女儿在小学三年级的时候，有一次回家之后就一直闷闷不乐，我就问她怎么了，她什么都不说，突然“哇”的一声就哭了出来。我有点吓着了。我赶紧抱住她，什么都没有说，就一直抱着她。等她情绪平复一点，我问她：“和妈妈说说，发生了什么？”“小王的钢笔丢了一支，她就说是我拿的。”这时，我拉着她的手，目光真诚地注视着她：“那么多同学，为什么说是你拿的呢？”“因为她的钢笔和我的一样，然后她就把我的钢笔拿走了。”“你有告诉老师吗？”“没有，我也不能证明那个钢笔不是她的啊！”说着，她又哭了起来。我又抱住了她：“没事了，她怎么能认为是你拿了她的钢笔呢？（重复她的话）妈妈能证明那支钢笔是你的，我们想想办法。你有什么想法吗？”在我这里得到了理解和信任，她已经不哭了。“妈妈，那你给小王的妈妈打个电话啊，和她说钢笔是你买的。”

此时，我知道孩子在乎的并不是这支钢笔，而是自己的尊严，并且我也要教会她如何维护自己的权益和尊严。于是，我拨通了小王妈妈的电话，还没等我开口，小王妈妈便说：“小韩妈妈，太不好意思，我正要给您打电话，我刚才给孩子收拾东西，发现多了一支钢笔，孩子说是你女儿的。并且她还误会了小韩，真的很抱歉。我女儿想和小韩说几句话。”不一会儿，我就听见电话里传来了阵阵的笑声。

遇到这样的情况，家长一定不要这样说话：“你回来和我哭有什么用，你在学校怎么不告诉老师啊，就在家里有本事，下周你必须把钢笔给我要回来。”

与孩子共情，帮孩子把问题解决了。孩子的内心都是敏感的，她是能感受到你对他的爱的。

一次语文课（二年级），同学们都在认真地在田字格本上写生字，这时我发现小孙同学正在急赤白脸地用橡皮在本子上用力地擦，一边擦一边嘴里还发出烦躁的声音，小脸都憋红了。这是一个很淘气、看起来有点脏乎乎，但是写字的时候很追求完美的小孩。我把他叫过来，为了和他在同一高度，我蹲下来拉着他的手，目光真诚地看着他，我什么都没说。他自己便开口了："我总是写不好，还擦不干净。""总是写不好啊（重复他的话），可是老师知道你已经很努力了。""我没有你写得好看，我想和你写得一模一样。""不能这样比较的，我像你这样大的时候，写的字还没有你现在写得好看呢。做任何事情都要一点一点地进步。"他朝我使劲点了点头。

我知道，他此刻那个褶皱的本子已经让他心生反感了。"老师再给你换一个本，这次我们慢一点写，如果觉得写得不好就轻轻地擦，好吗？"他拿着新本子高兴地回座位了。当孩子得到了理解和关爱之后，他会特别容易地接受你的建议。

我见过很多青春期的孩子，和家长的关系很紧张，甚至让你觉得他们彼此已经不爱对方了。其实这一定是沟通出现问题了，堵塞了彼此爱的通道，如果没有及时疏通，堵塞会越来越严重，等到完全堵死的时候，情况就不好控制了。所以，大家要经常通过反思的方式去检查一下我们和孩子之间的沟通渠道是否顺畅，有问题及时解决。

家长们少对孩子说点"不"，有话学着好好说，多与孩子共情，不断去摸索，找到适合自己和孩子的沟通方式。用心去经营和孩子的关系，让孩子能感受到我们的爱，教育才会事半功倍。

08　少点唠叨，多点宽容

我工作在一所寄宿制学校，其实孩子并不像家长们想象的那样想家，有些孩子甚至周末都不想回家。什么原因都有，其中有大一部分原因是讨厌家长的唠叨。孩子们和我说，周五回家基本上是夺命连环问，从学习到生活。周日返校前嘱咐的基本都是周五他们提问的标准答案。就这样，每周都是重复着隔着一个周末的设问句式。

时间久了，孩子自然也是回答得越来越不走心。有些家长就会很着急地问我："老师，一周见不到孩子，他在学校到底怎么样啊？回家问什么也不和我说啊，真是急死我了！"

"你都问什么了啊？"

"我就问：你在学校过得怎么样啊？成绩怎么样，进步了还是退步了？老师对你怎么样？和同学相处得怎么样？吃得好不好，晚上睡得好吗？……"

"他没有回答你吗？"

"我问这么多，他就回答两个字：挺好。"

"那你希望他怎么回答呢？"

"说具体点啊，当然是越具体越好。"

"现在我用同样的问题问你，你回答我一下吧！"

对方一时语塞。

"你是不是也会回答我'挺好'？"

家长和孩子的沟通要聊天式的，而不是提问式的，甚至唠叨式的。就像刚才这种情况，家长似乎需要得到的是一份孩子的一周学习生活总结报告。而且有些时候如果没有什么特别的事情发生，这周和上周和大上周似乎也没有太大的区别，所以孩子就回答了“挺好”。

家长要学着会聊天，而不是一味唠叨，先创设一个轻松愉快的氛围，让孩子在一种很放松的状态下进行。可以自己先说，讲一讲单位发生了什么奇怪的事、有趣的事，总之是要让孩子能提得起兴趣的话题，一旦他的兴奋点被你点燃，接下来他就会滔滔不绝了。

我有个学生小李现在上初中了，一个非常优秀的女孩。前一段，她妈妈给我打电话说：“赵老师，这孩子以前什么事情都和我讲，现在怎么什么都不讲了，麻烦你帮我和她聊聊。”“你现在生活中的所有事情都会和你母亲讲吗？”“当然不会。”“这就是啦，孩子长大了。”安慰完孩子妈妈，我并没直接和这个孩子沟通，因为我觉得还是见面沟通更方便些。假期，我们约了一个咖啡厅，和长大了的学生像朋友一样聊天，对我来说是一件很幸福的事。我们天南海北地聊了很多，虽然聊得很兴奋，但是我并没有忘记自己的任务。

“我发现自己随着年龄的增长，话越来越多了，是不是要更年期了呢？”

“老师，您这可不算更年期，我妈才是真正的更年期了呢！”

“是吗，更年期什么症状，快给我讲讲，我一直很恐惧更年期的。”

“话多，莫名其妙地担心。”

“那你遇到问题会和她讲吗？”

“以前会，现在一般不会了。”

“为什么？”

“因为她也帮不上忙，反而增加她的担心啊，而且她还会没完没了地唠叨。”

后来，我又和这位妈妈进行了沟通。我告诉她，随着孩子的长大，我们能为他们做的越来越少了。当孩子和我们讲一些事情的时候，我们尽量给出建议，仅仅是建议而已，如果没有好的建议，我们就做好的听众，让孩子能倾诉一下也是对他们的帮助了。这是一位不固执并且很有悟性的妈妈，后来在和这个女孩聊天的时候，她和我说妈妈变化很大。

《墨子》中有这样一段：“子禽问曰：‘多言有益乎？’墨子曰：‘虾蟆、蛙、黾，日夜恒鸣，口干舌擗，然而不听。今观晨鸡，时夜而鸣，天下振动。多言何益？唯其言之时也。’”这段话就是告诉我们多说话没有什么好处，而在切合的时机抓住关键，一语道破才是明智的。我们在给孩子提一些建议的时候，能用一句话说明白就别用两句话，说太多反而没有重点了。

家长对孩子的唠叨一般会同时伴随着自己的不良情绪，唠叨只是一种表象，究其根源可能是内心隐含着不合理信念。依据美国心理学家埃利斯创建的情绪 ABC 理论分析日常生活中的一些具体情况，我们不难发现人的不合理信念常常具有以下三个特征。家长在教育孩子的时候也可能会出现这样的问题。

首先，绝对化的要求。人们常常以自己的意愿为出发点，认为某事物必定发生或不发生。比如，有些家长觉得自己给孩子该补的课都补了，孩子该学的内容都学了，就应该什么都会了，就应该像别人家的孩子一样优秀。自己为孩子付出那么多，孩子就不应该和自己顶嘴。然而当事实不是自己意愿中的样子的时候，他们就会在恶劣情绪的带动下，开始唠叨。

其次，过分概括的评价。以偏概全地把“有时”“某些”过分概括化为“总是”“所有”等。“你写作业总是这么慢，你总是把房间弄得乱七八糟，你总是……”对于这样的概括，孩子是不能接受的，于是孩子就会抓住家长这样概括性的字眼进行反驳，从而发生冲突。

最后，这种悲观情绪在身体里如洪水般泛滥，糟糕至极的信念开始登场。认为自己所遇到的就是最糟糕的事情，生活简直看不到希望，一片灰暗。“你也就这样了，朽木不可雕也，我也不管了，你长大就捡破烂去吧……”

可想而知，家长这样的不合理信念产生的唠叨，会多么招致孩子的反感，会多伤孩子的心啊！

见贤思齐，见不贤而内自省也，我也在反思我自己，我发现很多女性随着年龄的增长，表达的欲望越来越强烈，话越来越多，总怕别人不能很好地理解自己的意思，然后再反复给自己的话加注释。对待孩子更是如此，总是担心孩子记不住自己的要求，然后反复唠叨，说得越多，孩子越不走心；孩子越不走心，家长就会说得越多。

“吃完午饭，一定记得戴牙套。”

“妈，别再说了，说了一百遍了，我知道了。”

“说了一百遍了，还记不住，我说少了能行吗？”

我深知言多无益，深知唠叨的危害，有的时候，也会不自觉地，甚至不能自控地唠叨几句。后来我发现对于我这样的叮嘱，女儿先是厌烦，后来就自动屏蔽我的声音了。现在我时刻都在警醒自己，即将张嘴唠叨的时候，及时将唠叨的苗头扼杀掉。

当孩子能主动和家长沟通时，家长一定要认真倾听并给予回应。对于孩子能够主动和你说的事情，只要不是大的原则性问题，就不要在这个时候进行批评教育：一来会破坏当下和谐温馨的氛围；二来，孩子会觉得很后悔和你讲，并且以后不会再和你讲了。

还有些时候，如果孩子犯了错误，主动向家长承认并来求助的时候，家长一定要真诚并热情地给孩子以帮助，不要唠叨式地批评。

有一次，女儿回来和我说："妈妈，你能给我再买支钢笔吗？""你的钢笔不能用了吗？""是我借了小王的钢笔，又被小凡借去了，结果被小凡弄坏了。""姑娘，你现在很大气啊！""是小凡不敢和她妈说，她说她妈如果知道了，会一直唠叨个没完。"我瞬间觉得幸福感爆棚，我是一个没有被孩子拒之门外的妈啊。我买了钢笔给她，然后告诉她："建议你以后借别人的东西，在未经人家允许的情况，不要再转借给第三个人。"她欣然接受了我的建议。

对于孩子出现的问题，只要他自己能认识到并清楚如何改正，我们就达到了教育目的，我们的教育就要及时刹车，不要再唠叨。

我们常说沉默是金，有时候得理不饶人的唠叨，反而不如点到为止的宽容。对于孩子的非原则性错误，宽容对他所产生的内心震撼有时会大于批评。过激的语言、没完没了的唠叨会抵销孩子因犯错而带来的自责。

我新接手一个月的班级，一次语文课上，孩子们都在认真地朗读课文，只见小王同学的语文书在桌面上立得直直的，以至于我都看不见他的脸。于是我悄悄绕到他身后，原来语文书里藏着一本课外书，他看得很投入，都没有发现我。我站在他面前，把他吓了一跳，一松手，课外书直接掉到了地上。他的眼神中充满了胆怯，我看了他一眼，便回到了讲台上继续讲课。我的冷处理似乎让他心里更没有底，他一直看着我，像是等待宣判一样。我一直没有批评他，在我下班前，他来到我办公室。

“老师，我错了，我不应该在语文课上看课外书。”

“下不为例，走吧！”

“老师，这就完了？”

“你还想怎么样？”

“谢谢老师，谢谢老师！”

“老师，您是怎么发现的啊？”

“欲盖弥彰，回去自己查词典吧！”

这件事之后，这个孩子再也没有在语文课堂上看过课外书，过了很久，他还把这件事写进了作文里。我真的没有想到这样一件小事，在他心里还留下了这么深刻的印象。后来我问他，他说：“老师，您知道吗，在课堂上看课外书这么大的事，当时您叫我去办公室，我的内心中都帮您想好了几大篇的台词，我都准备好，让我的耳朵代我受刑了。没想到，您一句话就完事了，当时我就蒙了，然后就是觉得太对不起您了，我要是再这样，那就会天理不容。”

教育有的时候，真的是此时无声胜有声。试想一下，这件事如果我换一种教育方式，读完他帮我想好的几大篇台词，他的内心会有这么大的触动吗？还会达到这样的教育效果吗？而现在这样的处理方式不仅花费的时间成本低，同时也拉近了我们之间的情感，学生永远都是亲其师，才能信其道。

唠叨不是教育，家长唠叨的背后，有自我焦虑的情绪发泄，有事无巨细的追求完美，也有对孩子的不信任。唠叨对于解决问题没有一点帮助，只能降低个人的人格魅力。家长要在这一点上时刻反思自己，管住嘴，能少说尽量少说，能不说尽量不说。只要能让孩子感受到我们的立场和态度就可以了。

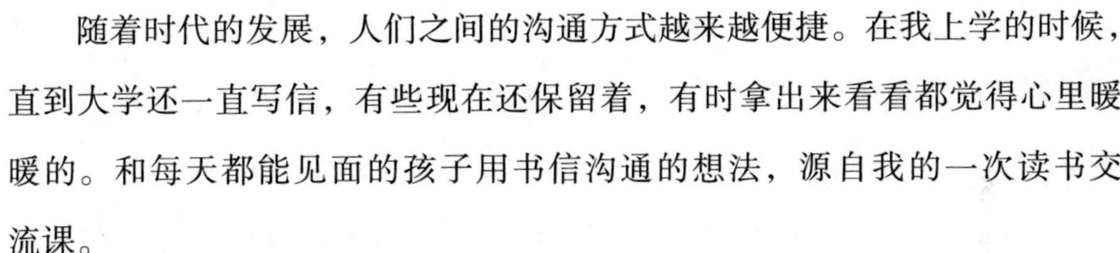

09 给孩子写封信吧

随着时代的发展，人们之间的沟通方式越来越便捷。在我上学的时候，直到大学还一直写信，有些现在还保留着，有时拿出来看看都觉得心里暖暖的。和每天都能见面的孩子用书信沟通的想法，源自我的一次读书交流课。

那时候，我带毕业班，其中有一些孩子，即使成绩不错，也是在家长的监管下来完成学习，缺少学习的主动性。我想：如何来激发一下他们学习的内在动力呢？道理他们听得已经很多了，于是，我想：带他们读一本书吧，也算是毕业前我送给他们的最后一个礼物。我选了《你在为谁读书》这本书，书中的主人公是一个家境优越，但是父母工作都很忙，学习成绩不理想的男孩，比较贴近他们的生活实际。男孩的爸爸以陌生人的口吻，给儿子写信，逐步引导儿子提高了学习成绩。我自己读完这本书之后，觉得仅仅是读这样一本书，还是比较单薄，于是我想做一次读书交流活动。我先给家长写了封

信，建议家长在孩子毕业前也给孩子写封信。

亲爱的家长朋友们：

大家好！

子在川上曰："逝者如斯夫，不舍昼夜。"随着岁月的流逝，我们越来越喜欢回忆。那一刻的美好，那一刻的感动，那一刻的温馨，依然能定格，我们的嘴角依然会浮现出笑容。

还有几个月，孩子们就要结束六年的小学生活了。在六年的时光中，我们留给了孩子们哪些回忆呢？生活没有那么多的不期而遇，点滴的美好也需要我们用心去营造。接下来，让我们一起为孩子们送一份特殊的礼物，给孩子留一段美好的回忆吧！

书信几乎已经是被我们遗忘掉的一种沟通方式。它因为费时费力，而渐渐被现代人所摒弃，被现代化的通信工具所取代。然而，这种费时费力又何尝不是一种恰到好处的小火慢炖，有心有爱。这样的味道是快餐永远不可企及的。

读一读《你在为谁读书》这本书，感受那位有心有爱的父亲。读完这本书，我们也学着书中的那位父亲，尝试着拿起尘封的钢笔和信纸，给孩子写封信吧！在孩子收到惊喜的同时，或许您也会收到一份更大的惊喜。这封信的内容，可以从成人的角度，告诉孩子为什么读书；从父母的角度，谈为什么让孩子读书；从个人的成长经历，谈自己从读书中的受益，或者读书不够的遗憾。此刻，需要我们静下心来，思考这些问题，找到自己的答案，真正给孩子一个他能信服的读书的理由。

各位家长，不要着急，慢慢酝酿，捋顺自己的思路。给大家一个月的时间准备，希望您的信纸足够精致，希望您的字迹足够工整，希望您的内容足够充实。一个月后，我会再次提醒大家。一定要做好保密工作哦！否则就没有惊喜啦！

赵老师

2018/3/21

一个月后，我秘密地收齐了家长的信件，开始了这次读书交流会，我和学生从这本书聊起，接着又谈到博鳌亚洲论坛中的“人类命运共同体”以及中美贸易战等话题，引出了《大学》中的“修身齐家治国平天下”的读书目的，孩子们很受触动。让他们没有想到的是，接下来，我拿出了家长的信，一封一封地亲手交给他们，他们被惊得目瞪口呆。这时候我和他们说：“随着你们的成长，有时会觉得父母越来越不理解自己，自己与父母的关系似乎也在渐行渐远，其实是你们的成长让家长有些猝不及防，是他们不善表达。可能他们没有用你们期待的方式爱你们，但是他们对你们的爱不容置疑。刚才你们还在羡慕书中那个男孩，他的爸爸那么用心地给他写信，现在，你们的手中就拿着一封你们的爸爸妈妈用心写给你们的信，打开看看吧。”

家长们真的是很用心，都是手写，有的写了七八页，最少的看起来也有四五页。教室里安静极了，一会儿，有的孩子眼里含着泪花，有的孩子已经泪如泉涌。

“看了家长的信，你们一定对于为什么读书有了更深的理解，同时也更深地体会到了父母的爱。老师给你们买了带有我们学校标识的信纸，给你们的爸爸妈妈写封回信吧！”压抑了许久的情感一下迸发出来，有的孩子写满了几张信纸。

这个周末，我一直处于接听家长电话的状态，有位家长甚至泣不成声：“老师，孩子平时和我们交流很少，这次竟然给我写了这么多，孩子这么懂事，是我以前太不了解，也不理解孩子了。”

这次寻找学习目的的读书交流活动，实现了如此深度的亲子沟通。这也让我意识到了用书信的方式与孩子沟通的诸多好处：时间充裕，可以随时修改，会使我们思路更加清晰，表达更有逻辑，有些话可能当面表达会不好意思，书信的方式对于情感的表达也会更直接一些；相对于口头表达，孩子读起来也更清晰；还能留作温暖的纪念，不被时间带走。

附：女儿小学毕业，我写给她的信。

女儿：

2020 年 7 月 20 日，你小学毕业了，即将开启初中生活，不知不觉间，你比我都高了。此时的你，不再是天真的孩童，已长成亭亭玉立的少女，宛如一朵含苞的花蕾。

这花蕾虽美，却需要用努力和汗水的滋养，方能绽放，才能结果。人生风雨无常，夜来风雨声之后，你可知花落多少？如何才能在风雨过后，依然傲立枝头呢？那就是不断地用知识去提升自己的认知，去完善自己的性格，去丰盈自己的生命。

人生几十年，谁都无法控制生命的长度，但是我们能拓宽生命的宽度，让你的生活更有意义、更精彩。让自己有能力去选择，选择和喜欢的人在一起，选择做喜欢的事情。和优秀的高尚的人在一起，你的生活会少很多鸡零狗碎，多很多美好。这一切都要仰仗你今天的努力。

虽然说活到老学到老，但是不同年龄段的学习收效是不同的，此时的你，正处于学习力的巅峰，时间如流水，不舍昼夜，青春一去不复返，希望你能不负光阴，不负自己。此时的你，也正如山脚下的攀登者，会当凌绝顶，方能一览众山小。此时的你，一切皆有可能，只要你肯去努力。

人都有惰性，但是目标就是自己战胜惰性的强大武器，在实现目标的途中所付出的努力换来的一点一滴的成就感就是前行的加油站。学习带给人的充实感，会让人的内心充满无比的喜悦，也会给人带来强大的自信。追求美好和自由，拓宽生命的宽度，让自己的人生有意义。

人无完人，谁的性格都会有缺陷，但是通过学习，看问题更透彻，想问题更深刻，能发现自己的问题，战胜自己的弱点，更好地去完善自己。

你即将进入青春期，青春期是你人生的一个塑型期，所以你要学会管理自己，包括身体管理、时间管理还有情绪管理。

身体是革命的本钱，这是不变的真理，没有一个好的身体，其他全部归零。影响身体的几个最主要的因素：饮食、卫生、运动、睡眠、情绪。饮食是最低级的欲望，绝不仅仅是为了满足舌尖的味蕾，最主要的还是给身体提供能量，所以，希望你的饮食一定要全面，改变不良的饮食习惯，有些不吃的东西，要去尝试。要养成良好的卫生习惯，病从口入，不卫生不仅影响健康，也影响形象，甚至会影响人际关系。你是一个有着运动细胞的人，养成运动的习惯，会让你受益终身。你的睡眠目前还好，希望你坚持，以后也不要熬夜。

接着说说时间管理，提高效率是拉长生命长度的最好办法，同样的八十年的人生，有的人做的事情却是其他人的几倍，这就意味着他的寿命也是别人的几倍了。提高效率会让你有更多的休闲时间，会让你更自由。而且高效也是一种习惯，做事情快的人，他是慢不下来的，同样，做事情慢的人，也很难快起来，但是处于青春期的你可塑性很强，快与慢都取决于你自己的选择。全身心地投入是提高效率的最直接方式，比如你最近练琴很投入，所以，虽然练琴时间没有增加，但是效果却有了明显提高。

最后，说说情绪管理。姑娘，妈妈要告诉你，有些人是气死的，一点儿都不夸张。科学已经证实得癌症的人大多都很爱生气。你最近有些躁，就像身体里有一团火，只要有一点小事就会被点着，其实大多数青春期的孩子都有这样的特点。这也是因为人在这个阶段体内的激素急速增长，就像一辆动力十足而又刹车不太好的汽车。所以这个时期也是性格分化的时期，能控制的将来就会成为一个平和的人，不能控制的将来就会成为暴躁的人。

其实，能控制住自己的情绪真的不是一件容易的事情，这和灭火是一个道理，一定要防患于未然，也就是在情绪好的时候，不断地暗示自己，保持住，接下来无论发生什么，都要保持住这样良好的情绪，另外就是把不良情绪消灭在萌芽，一旦发现自己有这样的一点苗头，赶紧调整，比如吃点东西啊，深呼吸啊，到外面走一圈啊，都是不错的办法。总之，不要等到燃起熊熊烈火，那就很难控制了，就像澳大利亚的森林大火，消防员也无计可施。冲动是魔鬼，人在情绪不好的时候容易作出错误的选择，说出伤人的话语。

ABC 理论你懂的，人对一件事情的态度，并不是因为事情本身，而是你自己的信念。初中的学业压力比较大，有时你学习会烦躁，其实此时令你烦躁的并不是学习这件事，而是你心中的信念，你认为作业太多了，题太难了。改变你能改变的，接受你不能改变的，学习之前先摒弃内心的不良信念，带着征服它的勇气，千里之行，始于足下，一闭眼睛就迈出了第一步，干就完了。

我不强求你端庄优雅，只要活成你自己喜欢的样子就好。如果你不愿努力，不够优秀，你就会一直陪在我身边，我们一起过安逸的生活，我愿意这样。如果你愿意努力，有一天你终将羽翼丰满，离开我，飞向更广阔的天空，我会默默地祝福你，思念你，尽我所能支持你。

作为母亲，其实我愿意你是第一种，因为我舍不得你离开。然而作为母亲，我不能因为我需要你而去折断你的羽翼。人生总会出现几个路口，而每一个重要的日子，都是一个重要的路口。你已经长大了，自己做选择吧，你可以为自己的人生负责任了。南辕北辙不如原地不动，想好了再出发。无论你选择什么样的人生，你健康、快乐都是妈妈此生最大的心愿，我爱你不变。

十二岁的少女，含苞的花蕾，妈妈还要告诉你：正确的“三观”是根本，善良是生命的底色，但是真实的世界不是童话，也有假恶丑；达则兼济天下，穷则独善其身就好；你要懂得助人为乐，但是不需要舍己为人；害人之心不可有，但防人之心不可无。无须每日三省吾身，但是一定要懂得反思。记住天下没有白吃的午餐，记住巧言令色鲜矣仁。

永远爱你的妈妈

2020/7/20

我把信悄悄地放在了她的卷纸夹里，我们没有任何沟通，但是我能感受到她看到这封信了，我也能感受到她的细微变化。家长们，可以尝试一下，也许你也会有意想不到的收获。

10 青春期悄然而至

青春期是由儿童阶段发展到成人阶段的过渡时期，每个孩子的个体发育情况不一样，通常来说，大多数孩子从小学的五六年级开始，身体进入快速生长期，身高差不多能赶上父母了，他们开始逐渐步入青春期了，处于青春期早期。发育相对晚一点，还没有步入青春期的孩子也已经奏响青春期的前奏了。

家长便开始向我反映，“老师，孩子最近怎么这么不听话呢？这么叛逆呢？以前不这样的啊，是青春期了吗？”是的，在不知不觉中，我们的孩子就长大了，也许我们还没有准备好，他们的青春期却已经悄然而至了。

青春期就像黎明前的那段黑暗，无论对于家长，还是对于孩子来说，都是一个比较艰难的时期，这是我的切身感受。为此，我们家长要有一些心理准备，同时也要对自己做出一些调整。

一、调整自己的站位

随着孩子的成长，他所需要的成长空间越来越大，家长要调整自己的站位，学着不断向后退了，我们要从最初的“领路人”，变成同行的“队友”，再变成他身后的“啦啦队”。

还记得孩子三四岁的时候，第一次开始向父母发起挑战吗？那是他的第一个叛逆期。那时候，他们并不管自己的要求是否正确，只是“我要这样”。面对这样的情况，家长也无须给孩子讲太多道理，只要你守住原则，用明确的态度告诉他，什么是可以的，什么是不可以的，就能帮助孩子去建立是非观。

而到了孩子的青春期你会发现，孩子坚持一件事的理由不再是我想要这样，而是我认为这样是对的，所以你如果要反驳他，就一定不是表明你的态度那么简单了，因为你的态度他并不认同，你必须有切实的并且他能接受的理由，才能让他心悦诚服。

他们更加渴望平等，所以家长不能再拿他当小孩子一样去对待了。他们充满了攻击性，用力去冲破家长的束缚，智慧的家长此时不要与孩子硬碰硬正面交战，而是将计就计，给他想要的权利，给他想要的平等，在这个过程中也可以培养孩子独立自主的能力。

首先，给他选择的权利，但是需要他有说服你的理由，需要他为此承担后果。比如，就是否去上补课班的问题，我让女儿自己选择上与不上，如果上，上哪个都由她自己决定，只要她理由充分。但是在她作选择之前，我会和她一起分析利弊："如果上补课班，可能回学校再学习会轻松一点，也可能你认为你会了，就不爱听老师再讲了，并且周末你会辛苦一点；如果不上补课班，结果就是其他同学基本都上了，开学的时候，你和他们不在一个起跑线上，等于他们先跑了，你需要用一个学期去追他们，平时的学习会辛苦一点。"最终，她还是选择了不上，开学之初，正如我所说，她的成绩很不理想，但是都是意料之中，她提前有心理准备，因为是自己的选择，接下来她会比较努力，到期末的时候，成绩也比较理想。

还有在她学钢琴的过程中，几次想要放弃，我和她讲："你如果想放弃，随时都可以，只要你想好了，将来不会后悔。想清楚坚持的结果是怎么样的，放弃的结果是怎么样的。"最终她都选择了坚持，直到考完十级，因为是她自己的选择，所以在过程中的辛苦，她便不会向我抱怨。

其次，给他想要的家庭地位。在家庭生活中，以前他只顾在自己的世界里玩耍，现在他开始关心家里发生的事情，并希望自己作为家庭的一员平等地参与进来。对于家里发生的事情，包括父母工作上的事情，他都会很在意，会去听大人说话，没听清楚的还会刨根问底。这时候，可能有些家长觉得这都是大人的事情，小孩子不要过问。其实既然他问，就说明他不把自己当小孩子了，家长也要抓住这样的教育契机，给孩子成长的机会，耐心地向孩子说明事情的来龙去脉，以及自己的困惑、自己的解决办法，甚至征求孩子的意见。他会很认真地给出他的意见，即使幼稚，家长也一定不要取笑他，要给予鼓励。在这个过程中，家长要注意自己对于事件的解释风格，不埋怨，不抱怨，凡事多从自己身上找原因，这会给孩子一个很好的积极的影响。

最后，适当放手。这个阶段的孩子独立意识增强，让家长感觉到孩子叛逆不好管，既然他要求独立，就给他这样的机会，家长也借机把自己一点点解放出来，从学习到生活都是这样的。比如说学习，之前因为他年龄小，为了养成良好的习惯，家长最好在孩子学习的时候能陪伴在旁边，督促孩子的坐姿啊，别走神啊，书写啊，等等。

而进入青春期的孩子一定是不喜欢在他写作业的时候，旁边有人监督的，家长要表现出对孩子的极大信任，在规定时间内自己完成，写完家长检查，及时表扬。坚持一段时间，养成习惯之后，甚至可以由孩子自己检查，家长慢慢地就从孩子的学习中抽身出来了，将学习变成孩子独立完成的脑力劳动。

有的家庭，孩子越挣脱，家长束缚得越紧，家长束缚得越紧，孩子越是去挣脱，所以矛盾也就越来越激化。家长只需要过了自己内心的坎，欣然地接受并放手孩子的成长，就不仅能让自己解放出来，还能让亲子关系更加融洽。

小卓的妈妈年龄偏大，老来得子，对儿子宠爱有加，期望也很高。小卓也很优秀，但是到了六年级，成绩直线下滑，他妈妈经常给我打电话，一打电话就哭。

“一边写作业一边玩，我在旁边看着，干脆就不写了。”

“那你就别看了。”

“不看着就玩啊。”

“按您的说法，看也不行，不看还不行。”

“对，赵老师，就是这样的。”

就是从这样的一件小事开始，亲子矛盾逐渐扩大，小卓越是这样，妈妈越担心，越会多关注；而她越关注，小卓越反感。

我找来了小卓，他一看我的气势，就知道一定是他妈妈又告状了。

“我妈是不是又和您哭了？”

“你妈因为你都愁坏了，你最近怎么回事？”

“心烦。我就是因为她才烦。您不知道，我妈走路一点儿声音都没有，不知道什么时候就出现在我身后了，每天我看书，她看我。”

“可是，你从小你妈妈不就这样陪着你学习吗？你还记得你写的作文吗？写妈妈无论工作多累，你学习的时候都陪在你身边，让你不孤单。”

“老师，那是几年前的事了，那时候我多小，现在我长大了，我妈就是不信任我。如果您备课、批作业的时候，校长就在旁边直勾勾地盯着您，您舒服吗？”

孩子说的也有道理，我又去做小卓妈妈的工作。

“赵老师，我每天都在回想，这孩子是从什么时候开始变化的，以前他学习我坐在旁边，他会说妈妈好辛苦；现在我坐在他旁边，他会很烦地让我离开。以前让他穿什么就穿什么，现在越让多穿越少穿。总之我做啥都不对，说啥都不对。”

“那就啥也不做，啥也不说。”

“那我不是成了不负责的家长吗？孩子马上要上初中了，我怎么能什么都不做，什么都不说呢？”

“说得多，做得多，不代表负责。要看结果，现在的结果就是你做得越多，错得就越多；你说得越多，他就越烦。他是孩子，咱们是成年人，在这个恶性循环中，我们先停下来。管住自己不去管他，彼此冷静一段时间，推荐你看看《道德经》。”

小卓的妈妈开始控制自己，因为经历这段时间的正面交锋，她也感受到了，这样继续下去，结果只会越来越糟糕，她也意识到自己有点钻牛角尖了。于是，她开始每天读《道德经》，还手抄。而此时，小卓即便再有攻击性，对方放弃了，他自然也安稳了很多。

其实孩子在这个阶段在寻找自我，并且迫切地想证明自我。后来我女儿有一段时间也很像小卓，当时我也很苦恼，我的苦恼是我并没有像小卓妈妈那样去束缚她啊，她还在挣脱什么呢？有一天，我妹妹对我说：“你为她做的所有的打算，为她做的所有的考虑，其实都是无形的束缚。她所有的进步，在别人看来可能都是因为她有一个懂教育的妈。我很理解她，因为我也一样，我也很想证明我自己，希望有一天我取得的成功与你无关。”

我愣住了，我拼尽全力，努力护她周全，却成了束缚。可能爱有时也是一种束缚，凡事过犹不及吧。

二、经营亲子关系

在儿童阶段，由于家长与孩子之间天然的亲密关系，所以我们无须刻意经营。而此时，随着孩子与我们的逐渐分离，他将以一个独立的个体出现在我们的面前。此时我们要开始经营亲子关系，与孩子相处，我们要注意界限，注意分寸，比如进入他的房间要敲门，不要随便动他的东西，也不要随意开玩笑。

在任何情况下我们都要控制自己的情绪，不能口不择言，因为此时的亲子关系很脆弱，经不起“伤”。一定不要和孩子成为拔河一样的敌对双方。此时，我们要比以往更加尊重孩子，多去认可孩子的努力以及努力的成果，同时对于孩子的错误要留面子，要点到为止。

这么大的孩子，自己的话很多，滔滔不绝，但是却不愿听家长唠叨，似乎是对自己和对别人两个标准。那么我们就多些倾听，少些表达。

同时注意生活的仪式感，适当地给孩子的生活一些惊喜、一些感动，也可能成为孩子一生的美好回忆。青春期的孩子不需要父母陪伴的数量，但是在意父母陪伴的质量。

我以前的一位家长，一位非常智慧的妈妈，在她儿子小学毕业的时候，精心地给儿子策划了一场毕业礼，制作了一个很有爱的视频，记录了儿子从出生到小学毕业的每一次重要的成长瞬间，里面还加进来父母、亲人以及从幼儿园开始的每一位老师对他的祝福。在孩子感动之余，亲子关系会更加融洽，家长与孩子的沟通也会更顺畅。

青春期的孩子随着身高的增长，他们对父母不再是仰视，当父母出现在他平视甚至俯视的视线范围的时候，他们会对父母有一个重新的认识和评价。此时家长要做的并不是过多的陪伴，距离才会产生美，而是要自己努力，让自己有值得孩子敬佩的地方。这时候，最糟糕的亲子关系可能就是彼此嫌弃。

三、正确面对孩子早恋

进入青春期，孩子对异性的情感也开始萌生，家长无须紧张，更无须闻早恋色变。

六年级的晓彤，一个品学兼优的女孩，是班级的学习委员。一天中午，她敲开了我办公室的门，紧锁着眉头，心事重重地走到我面前。

我拉过她的手："你怎么了，有事吗？"

"嗯，但是我不知道怎么说。"

"那就以最直接的方式说。"

"我无可救药地爱上了泽熙。"

这方式够直接！我愣住了，赶紧缓过神来，用尽量平静的神情掩饰我内心的惊讶。

"小丫头，你知道什么是爱吗？"

"赵老师，我真的知道，就是每天都想见到他，他昨天晚上发烧回家了，今天也没来，我就特别惦记他。我也觉得今天的时间过得好慢好慢啊，我懂了《诗经》里的'一日不见，如三月兮'，'三秋兮'，'三岁兮'。"

晓彤就是这样一个浪漫又多愁善感的女孩。泽熙是我们班的班长，在我教过的这么多学生当中，他属于非常优秀的，这孩子善良正直，努力上进，有良好的家庭教养。我心里暗想，晓彤也很有眼光啊！

"姑娘，听到你这样说，我很高兴，高兴你长大了。我在上学的时候，也像你一样，喜欢过一个男孩，他也像泽熙一样优秀，你是第一个知道我这个秘密的人。当年我不敢和任何人说，后来也没有和别人提起过。"

"老师，你能给我讲讲吗？"

"你这个小坏蛋，又勾起我的回忆。那时候我初三，我的感受和你是一样的，但是我不敢说，内心特别痛苦，成绩日益下滑，可我还是控制不住满脑子都是他，老师和家长都找不到我成绩下滑的原因，只有我自己知道，他也并不知道。后来，他如愿考入了重点高中，而我只上了一所普通高中。考试的失利，才让我幡然醒悟，我开始努力学习。”

“那后来呢？”

“后来就是没有了后来，我们在各自的人生轨迹上努力着，没有再见过。现在回想起来，他就像一棵树，我第一次见到就被他吸引，但是后来走着走着，我发现还有一片森林，里面有很多像他一样笔直的大树。”

晓彤是一个敏感但是聪慧的女孩，听我讲完，她的心情就放松了很多，平静了很多。

“没问题的，你还可以随时来找我聊天，但是我们都要为对方保守秘密。”

她拥抱了我一下，高兴地走了。

我也松了一口气，有点佩服自己临场编故事的能力。

后来，她有时候也会来找我聊聊，但是已经不是第一次那样的焦灼，泽熙成了她努力的动力。

如今晓彤已经是浙大的研究生，有一个优秀的男朋友，是她的同学。而泽熙后来出国了。再见面，我提起这段往事，她笑了，她说：“老师，谢谢您当年留住了我内心的美好，现在回想起来都是甜甜的感觉。”

“老师，再问您一个问题，您和我讲的您的秘密是真的吗？”

“你猜呢！”我狡黠一笑。

对待早恋这个问题，成人不应该存在太多自己的主观想法，也无须恐慌，哪个少年不多情，哪个少女不怀春？这可能是孩子第一次的情感萌动，也可能是他终生的美好回忆。

女儿六年级的时候，有一次我无意在她的笔袋中发现了一个男孩写给她的纸条，表达对她的爱慕之情。当时脑子嗡的一下，怎么办呢，冷静想一

下，我还是给她写封信吧！

女儿：

我在收拾你的笔袋的时候，看见一张纸条，很抱歉，我无意窥探你的隐私，当时并不知道是什么。

妈妈也在你的年华走过，年轻的时候看过太多的言情小说，基本都是王子和灰姑娘的爱情，然后自己也幻想着能成为灰姑娘，然而，走过半生才懂那是童话。现实中，自己要给出别人爱你的理由，因为童话中的灰姑娘也是美丽、善良、勤劳的化身。

少男少女情感纯粹美好，像一个美丽的花骨朵，它没有盛开的鲜花那般奔放，却充满生命力。女儿，此时的你，也同样是一个美丽的花骨朵，所以你要懂得自爱，让自己变得更美好。所以对于这份美好的情感，可以先把它安置在内心深处。毕竟一心很难二用，人生的路上处处风景，但是不要因此而忘了生活的主旋律，不要辜负了奋斗的年华。世界很大，努力前行，一切美好都会在路的尽头等你。

妈妈

她看了我的信，很随意地说了一句："你们大人就是想太多。"我了解她，即使我的话她走心了，也会表现出一副漫不经心的样子。该表达的在信里我都表达了，我就没再和她谈过。后来想想其实女儿说得也对，很多时候，就是我们家长想太多、管太多了，有些情况观察就行，不需要表达出来。青春期孩子的家长，我给大家最中肯的建议还是"少说话"。

现在的孩子普遍来说，成熟都比较早，对异性同学产生情愫的时间也比较早，在小学已经很常见了。小学中低年级的"早恋"，其实就是对美好事物的欣赏，他们喜欢的对象通常都是班级里面各方面都很优秀的同学，尤其是成绩比较好的同学，一般与长相没有关系。在他们的意识里，谁和谁好，都需要成绩上的“门当户对”。他们一起聊天的时候，每个人基本都要有个喜欢的人，他们的这种喜欢并不是隐晦的，都是光明正大地喜欢。他们谈论这个话题和谈论其他话题没有任何区别。

对于这种情况，家长无须大惊小怪，我会对学生讲：“被人喜欢证明你很优秀，而你喜欢的人能代表你的品位和审美。”

到了小学高年级，孩子基本处于青春期的门槛阶段，他们这时的情感和中低年级时有了很大的变化。他们对异性的情感不再是只喜欢成绩好的，他们开始关注异性的外表；不再是单纯的欣赏，他们也渴望和对方近距离地接触；他们不会像低年级那样光明正大地喜欢，开始隐藏自己的情感。

如今，孩子们获取信息的途径多元化，书籍、网络上的大量信息，会给孩子带来很大的冲击，并且他们彼此之间的信息传递是无障碍的。所以家长要注意把好孩子读书和上网的关口，不要让不良信息腐蚀孩子的精神世界。是非观还不稳定的他们，很容易被好奇心掳走的。

同时，家长要从小引导孩子建立对异性的正确评价标准，因为孩子早恋并不可怕，主要是看和谁恋，这也会影响他 / 她未来的择偶观。要让孩子知道对一个人的欣赏可能始于颜值，也可能始于才华，但一定是终于人品，外表和才华只是加分项，而品行却有一票否决权。

人在每个阶段都有情感的需求，家长无须控制，只需要引导孩子学会把控自己，知道自己什么该做，什么不该做，引导孩子去感受爱的美好、生活的美好。要教会女孩自爱，要教会男孩责任与担当。

如果家长一定要把早恋想成洪水猛兽，那就想想大禹治水的故事，大禹的父亲鲧在治水的时候采用的是建堤坝堵水的办法，也花费了很多的时间和精力，堤坝越建越高，但是水位也越来越高，最终也没有成功。而大禹采取的是清除障碍、开山挖河道疏通的办法，最终将洪水引入大海，成功地治理了洪水。

所以，家长千万别在他们情绪最高点的时候去控制，那样只能激起他们反抗的斗志，共同的目标会让他们联系得更紧密。**有些时候，“以退为进”不失为良策。**相对于早恋而言，成人不恰当的处理方式带给孩子的伤害更大。

四、青春期生理知识

家长要给孩子讲一些与青春期有关的知识，讲之前，家长一定要自己先学习，先做好功课，以能应对孩子的各种问题。什么时候讲，家长要找准时机，观察孩子的身体和心理、情绪的变化。我是在女儿六年级的时候和她讲的，那时候她还没有真正进入青春期，但是身高增长很快，脾气也是随着身高一路飙升。

有一天，在她心情很好的时候，我和她讲：“人的一生有两个比较重要的时期，一是青春期，一是更年期，这两个时期，身体和心理的变化都很大，需要特别照顾好自己的身体和心理。青春期，体内的激素迅速增长，随之，性别特征越来越明显；而更年期相反，体内的激素迅速下降，随之，性别特征也会逐渐模糊。你即将到来的青春期，是继婴儿期后的第二个生长高峰期，从身体上来看，除了身高的增长，女性特征也更加明显，还会出现月经。”

接着，我又给她讲了月经期间的注意事项，她也很担心地问我，流那么多血会不会影响健康。对她提出的种种疑问，我都一一作了解答。我又和她讲要保护好自己的身体，不能允许异性对自己有过于亲密的身体接触。并且身体的变化也会带来情绪的变化，会有些易怒，但都是在自己的可控范围内的，所以要学会控制自己的情绪，青春期也是性格的形成期，一旦形成易怒的性格，以后就不容易改了。我们的交谈仅就她身体和心理的变化，并没有进行更深入的交流，没有涉及两性的内容。

关于性教育，也有走极端的倾向，开始的时候很避讳，无论是学校还是家长，都不给孩子相应的知识，后来便走向另外一个极端，幼儿园的小朋友就表演精子和卵子结合的科普剧。

我也曾经苦恼过，应该什么时候开始对孩子进行性教育，后来随着孩子的成长，我明白了性教育不是一蹴而就的，是需要逐步完成的，从了解自己的身体开始，并且不同的孩子开始的时间也不同。通常来讲，可以从孩子有了性别意识，孩子对此有了好奇，孩子的身体发生了变化开始。

而真正的两性教育，无论男孩还是女孩，可以在孩子有了真正的青春期生理特征之后再进行，无须太早。在孩子对此还没有关注的时候，如果成人就对孩子进行两性教育，就是有意识地勾起孩子的好奇，引起孩子对异性、对性的关注。而孩子太小，有些事情又无法理解，容易让孩子去做一些他并不理解又很好奇的事情。

等到初中在生物课上，他们会了解很多生理知识，课后也会进行相关探讨，这时候的孩子基本都已经真正进入青春期，家长就可以对孩子进行两性教育了，最好由同性家长来完成，因为此时他们已经具备了生育能力，对基本生理知识的了解，也是对孩子的保护。

孩子的青春期如同是一段陡峭的山崖，这段路，无论是家长还是孩子，走起来都很不容易。关注孩子的变化，调整自己的站位，经营好亲子关系，用恰当的方式引导孩子的情感……家长这些积极的行为，就等于是用木板给这段陡峭的山崖搭建了一段相对平缓的坡路。

第三部分

全人教育

培养一个幸福的好人

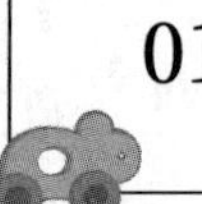

01 只学习好不能一白遮百丑

时代在进步，社会在发展，但是成绩最重要的理念在一些家长心中依然根深蒂固。我做老师多年，去和家长沟通问题时，有些问题，家长并不会太在意，这时候只要把这些问题和学习关联上，家长的重视度一定能提高。

家长在家庭教育中不能闭门造车，要了解国家和社会对人才的需求，2019 年中共中央国务院印发的《关于深化教育教学改革全面提高义务教育质量的意见》指出，坚持“五育并举”，突出德育实效，提升智育水平，强化体育锻炼，增强美育熏陶，加强劳动教育，促进学生全面发展。这也再一次告诉我们，学习固然重要，但一定不是最重要的，更不是唯一重要的。我们还要重点关注孩子的哪些方面呢?

一、健康的体魄

任何学习都不仅仅是脑力劳动，同样需要体力的支撑，正如毛主席所说:“身体是革命的本钱。”试想，如果毛主席身体不好，在那种艰苦的环境下，即使心怀天下，运筹帷幄，又怎么能带领中国人民建立我们伟大的新中国呢？相反，诸葛亮虽“鞠躬尽瘁”，却是“出师未捷身先死”。所以家长一定要关注孩子的身体状态，身体好，才可能学习好。

首先，关注孩子的身高、体重。通常来说，太高的孩子容易冲动，因为他有冲动的资本；太矮的孩子头脑灵活，但给人感觉不够忠厚，也就是老百姓常说的，个头被心眼拴住了，其实这也是因为力量的薄弱，所以他需要自我保护；太胖的孩子懒惰，因懒而胖，因胖而懒；太瘦的孩子多动，注意力不集中，同样的道理，越瘦越灵活，越爱动，太爱动也会影响他的注意力。这四点中，太高，我们不能干涉，也无须干涉，但另外三点都需要引起家长的注意。同时，家长也要看到身体状态背后的问题。

太胖的孩子一定是摄入大于消耗，一方面说明他懒惰，另一方面说明他对食物的诱惑缺少自控力。有些家长觉得孩子在长身体的时候，不要控制孩子的饮食，胖一儿点没关系，大了自然就瘦了。多少事实证明，大了能自然就瘦了吗？孩子在生长发育期需要的营养的确很多，饭量也会很大，但是吃东西绝对不是多多益善，至于吃多少是合适的，要看孩子的体重情况来决定。

身材偏胖的孩子生理上进入青春期会相对早一些，在学校，我发现三年级的女孩就有来月经的，过早进入青春期，孩子的心理发展赶不上身体发展的速度，造成她心理发育和身体发育的不匹配，长得人高马大，但是眼神还是萌萌的。

关注孩子身体情况，要注意孩子饮食的营养均衡。现在的孩子普遍来讲更喜欢吃肉，不喜欢吃菜，凡事过犹不及，孩子应该吃肉，但绝不是吃得越多越好，家长要适度地控制，尤其是那些油炸类的肉，比如炸鸡。为了内化于心，可以和孩子讲清楚利弊，让孩子自己在满足味蕾刺激和身体健康之间进行选择。再有，饮食也是习惯，从小就不给孩子吃，他以后也不太想吃了，我女儿从小没有吃过著名快餐里的各种食物，她也就习惯了，现在即使去，她一般也就是点冰淇淋、蛋挞。

除了饮食之外，一定要加大胖孩子运动和学习的量，如果他能把摄入的都消耗掉，也不会引发肥胖。其实我们不仅是在控制孩子的体重，也是在纠正他的懒惰，加强他对诱惑的自控力。

偏瘦、偏矮的孩子，家长一定要关注孩子的饮食和睡眠，这一类的孩子，很多还是食量小，并且严重偏食。

我的学生小林，一个小精灵一样的男孩，长得特别好看，就是个子比较矮，尤其是现在的孩子营养好，长得普遍比较高大，就更显得他瘦小。我一直关注他的身高，后来我了解到他妈妈经常在吃饭的时候批评他，有时候他会吃饭的时候哭，或者没吃完就吃不下去了。为此，我和他的家长进行了沟通，建议他们要让孩子在一个愉悦的氛围中进餐，以免影响他的食欲。

他妈妈看着别人家孩子都快速地长，小林还是不怎么长，也非常着急，去了很多医院，做各种检查、各种治疗，吃各种营养品、中药，收效甚微，孩子的食欲更差了。为此，小林的眼神也日益黯淡，他甚至有些自卑。我也是看在眼里，疼在心里，于是也开始想各种办法。

语文老师不懂医学，但我知道，只要消耗足够大，我就不相信他会不饿，于是每天找人陪他做各种运动。一段时间下来，他的食欲果然好了一些，即使有些食物依然不爱吃，但是吃的量变大了。接着，我又安排班级里食欲好、饭量大的同学和他一起吃饭，在愉快的氛围下，他感受着别人对食物的热爱，他的胃也在慢慢地被撑大。就这样，从运动到饮食一点点调整，他的身高也开始一点点有了变化。现在他已经上高中了，身高虽然在同学中还不高，至少和别人没有那么大的差距了，因为他的父母也不高。现在学习任务重，他的食量已经很大了。后来我发现有些孩子只是会有这样一个食欲差的阶段而已，随着身体的发育，尤其从快进入青春期的时候开始，食欲差的孩子就很少了。还有的孩子虽然很瘦，但是他的身高、体力和精力都不差，家长也无须太在意。

其次，还有的孩子睡眠不好，孩子的生长素主要在夜间分泌，睡眠不好会影响孩子的身高。所以家长一定要提高孩子的学习和做事的效率，以保证孩子的睡眠时间。在孩子睡觉之前不要让他看太刺激的内容，太兴奋也会影响孩子的睡眠质量。同样，在临睡前最好也不要再批评孩子，尤其不要让孩子哭着睡觉，这也会影响孩子的睡眠。

二、善良的底色

一个人无论从事什么行业，如果他的生命底色是善良，他的内心将是坦荡的，是愉悦的。他才可能会感知到幸福的味道。善良也需要培养，需要耳濡目染，需要家长引领孩子在良之行中，养善之心。

生活中，当有人遇到困难了，我们要在自己的能力范围内给予帮助，这时候，可以和孩子一起去做。捐款的时候，我会带着女儿，开始的时候，她会问，我们的钱为什么要给别人呢？这时我会和她讲清楚其中的道理：他们遇到困难了，很需要别人的帮助。这些钱，我们可能买一件衣服或者在外面吃一顿饭也就花费掉了，但是给了需要的人，这些钱会更好地发挥作用，甚至能挽救一个人的生命。

我们会一起到邮局给偏远山区的孩子邮递一些学习用品、衣服。这时，她会问，他们收到我们的礼物会很高兴吗？我会告诉她，当然很高兴了，可能他们还没有见过这样的笔呢，他们会很惊喜的。这时女儿又问我，她可以把她最喜欢的那支京剧脸谱的笔也送给他们吗？我笑了。我很欣慰，在一次次的潜移默化中，她已能做到真正的慷慨，能把自己喜欢的东西送给别人。

我还会带着孩子一起到小区里去喂小鸟，喂流浪猫狗，当女儿发现我们撒下的粮食没有了、我们放下的食物没有了的时候，她的眼睛里闪烁着光芒。在这光芒背后，我看到了一个孩子善良的心。送人玫瑰，手留余香，在这个过程中，孩子也体验到了快乐，感知到了幸福。

我的一个学生，他的父亲是一名技术工人，从他很小的时候开始父亲就自己省吃俭用，资助贫困儿童，十多年的时间，父亲已经资助了数十名贫困儿童。在父亲的影响下，在大学里，他也参与献血，积极投身公益。

我们希望孩子德才兼备，一定是以德为先，因为“才”是双刃剑，历史上不乏有才无德之人贻害国家和社会的例子。一个不善良的人，是很难感受到幸福的。孩子的善良需要家长的一点一滴的引领，日复一日的影响。久而久之，在孩子心中就会有了一块闪光的东西。

三、坚固的道德底线

近些年，我们看到了太多高官落马。作为教育工作者，我不禁会想，他们曾经非常优秀，是如何走上了犯罪这条不归路的呢？究其根本原因，是他们没有坚固的道德底线。

底线是指最低的限度，事情在一定范围内的临界值。很多时候，家长一直在引领孩子去实现人生的上限，似乎能够到的上限越高，人生就越成功，却忽略了孩子脚下的底线。一旦他滑下来会滑到哪里，这就是底线。君子固穷，小人穷斯滥矣。有些事情是无论在哪里、无论什么情况下都不可以做的，这就是底线。

有这样一件事，在我的教育生涯中，一直让我印象深刻。班级里一名同学的钢笔丢了。自习课上，我跟学生们说，这节课我们要调查一下。这时，一个男孩站起来说:“老师，我可不可以不参与？”我很惊讶。为什么啊？他说:“老师，第一，从小我妈妈就告诉我不能拿别人的东西，我现在十岁，我也从来没有拿过别人的东西，包括别人给我东西也是要经过家长允许的。第二，我平时不太关注别人的东西，没有见过他的钢笔，我不能给您提供任何线索。所以，老师我还有本课外书没有看完，可以不参与吗？”当时，我被震撼到了，因为他说得是那样地坦然。而在这个过程中，我已从另外一个孩子若即若离的眼神找到了答案。也是从这一次开始，我明白了底线教育的重要性。

只有上限和底线同时提高，人才不会有悬空的感觉，才会有脚踏实地的踏实感，才是真正提升了个人的层次。生活中，我们每个人最终的结局，成功也好，失败也罢，都不是取决于他人生的起跑线、上限，而是取决于他的底线。道德底线是家长送给孩子的一道“平安符”，不一定能让孩子大富大贵，却能保他一生平安。

四、劳动教育

我在网上看到这样一则新闻：一个小伙子，父母意外去世后，他每天就是睡觉，饿极了就讨一顿饭，然后继续睡觉。终于，二十三岁的时候，他“成功”地把自己饿死在了家中……

这件事听起来让人觉得很不真实，却是真实的存在。我们现在的孩子大多也是“衣来伸手，饭来张口”，不做家务，不从事任何劳动。并且在成长中，有些家长对孩子过分保护，这不许碰，那不许碰，无形中阻止了孩子对未知的探索与思考。长久下来，孩子就由开始的“不允许”，变成了“不愿意”，懒惰就这样慢慢形成了。

试想，如果你有一盏阿拉丁神灯，想要什么很容易就会得到，你还会去工作吗？还会去努力吗？而我们的一些家长就是孩子的神灯，任何愿望随时随地都可以实现，以至于过生日孩子都没有愿望可许了。懒惰的孩子因为没有体验过自己独立劳动获取成果的成就感和快乐，他就会更加懒惰。懒惰是一切恶习的根源，懒惰是很多学习困难的孩子的共同特征。

最可怕的是，懒惰如同恶性肿瘤，一旦滋生就会不断扩散，身体的懒惰会蔓延到脑子。所以家长需要从小对孩子进行劳动教育，让孩子爱劳动，会劳动。

首先，家长要有让孩子劳动的意识。劳动能提升人的生存能力，每个人都是独立的生命个体，谁也不能代替别人生活，代替别人成长，除了孩子自己，其他人可以说都是他身边的过客，只是停留的时间长短不同罢了。所以我们要教会孩子如何照顾自己，即使有一天父母离开了他，他依然能够很好地生活。

家长不要觉得让孩子劳动会耽误他学习的时间，正如鲁迅先生所讲的：“时间就像海绵里的水。”时间具有延展性。从强身健体的角度看，劳动和运动没有什么本质上的区别，孩子学习之余进行适当的劳动，脑力劳动和体力劳动交替，也是一种劳逸结合。

劳动中产生智慧，劳动能开拓人的思维，这是毋庸置疑的，很多劳动是需要大脑参与的，手巧是有心灵在做指导。很多学科的学习，究其本质都是在寻找一种关系，或是一种联系，培养人的严谨性和逻辑性，而这一切都可以在劳动中得到锻炼。

其次，家长要给孩子参与劳动的机会。不同的年龄段的孩子，都可以做他力所能及的事情。比如，独立地穿衣服、洗漱、穿袜子、洗澡、洗头发、叠被子等等。先要对孩子有一定的指导，家长可以示范给孩子看，同时也要多鼓励孩子，要根据孩子的年龄特点和发育特点，去制定计划和目标。

不做过细致的要求，这时候如果要求过细，可能会导致孩子过分地追求完美，自己做不到的时候，内心会很不愉悦。让孩子去完成符合他能力的目标，来让他体验到成就感，而不是挫败感。这种成就感会给他带来自信，让孩子用在劳动中获取的快乐去战胜劳动带来的疲惫。

但是有些家长的做法却让孩子的劳动失去了这样的意义，有的家长在孩子劳动的时候，给孩子物质奖励，比如洗一次碗给两元钱，擦一次地给五元钱。这种情况下，孩子的劳动动机就会发生变化，不再是帮助别人，而是为了自己的利益，这样会大大减少劳动带给孩子的光荣感。

家长要更多地给孩子精神上的肯定，比如孩子洗碗、擦地之后，可以和孩子说："妈妈今天工作很累，你能帮妈妈分担家务了，你真是长大了，妈妈觉得自己好幸福！"在这样的劳动和交流中，孩子不仅能够感受到爱与被爱的幸福，还能增进亲子关系，而不是帮妈妈做点家务，妈妈还要给钱，这样会让孩子变得更加自私冷漠。

还有，一旦孩子没有做好，家长注意不要因此批评孩子，也不要盲目表扬，更不要因此而终止劳动。因为一旦终止，孩子的记忆就会停留在这次失败上，甚至给孩子留下阴影，一定要鼓励孩子在哪里跌倒就从哪里爬起来，直到孩子体验到成功。

我的学生小崔一到秋冬季节，就经常肚子疼，后来我发现他一直是喝凉水，我就问他，为什么不喝热水或者温水，他说他不敢接热水。经过和家长的沟通，我了解到这孩子小时候在家里接热水被烫到过，从此家人再也不让他自己去接热水了。上学后，他自己依然不敢接热水，又不好意思和老师、同学说，所以就一直喝凉水。

起初，我说要锻炼孩子自己去接热水，家长并不同意，那次事件似乎给家长的心理也留下了阴影。后来我和家长说："的确，接热水有危险，可是如果这样想，生活中有危险的事太多了。吃鱼，还可能被鱼刺扎到嗓子呢；跑步，还可能被绊倒呢。我们就什么都不让孩子去做了吗？成长伴随着各种各样的危险，但是我们不能因此就阻止孩子的成长，孩子不能一直生活在保温箱中，他早晚要出去经历风雨的。"做通了家长的工作，我开始对小崔进行具体的指导。

一次，体育课的时间，我把小崔单独留在了教室。我拿着水杯，拉着他的手来到饮水机旁边："帮老师接杯水。"他很自然地接了一杯凉水。"帮老师接杯热水。"他低下了头，我捧起他的小脸，告诉他："和接凉水的过程是一样的，试一下，老师会在旁边保护你。"在我的鼓励下，他终于把小手放在了热水阀上，就在热水流出的瞬间，由于紧张害怕，水杯从他的手中掉落到了地上，他被吓了一跳。

他瞪大眼睛看着我，好像在问我接下来怎么办。事已至此，如果放弃不仅是前功尽弃，并且会又一次加深他的恐惧。因为我提前拔了电源，热水阀里出来的其实也是凉水。"你看，没有事吧，也是凉水。"小孩子的心思真是难以捉摸，他竟然笑了："也是凉水啊，我来接一杯。"他自己主动打开了热水阀，兴奋地接了一杯凉水给我。"我们试着一点点给它加热，只是加热到温水，老师就把它关掉，你再来接一杯，好吗？"他感觉我在和他做游戏一样："好啊，好啊！"就这样，我一点点加热，他接了一杯又一杯，最后一次接完，我告诉他，你刚才给老师接的这杯是开水。他既惊讶又兴奋地看着我，笑了。

周末，他妈妈给我打电话，告诉我孩子回家给每个人都接了一杯热水。从此以后，他在学校也能自己接热水了，每次接水后，脸上还会有自豪的表情。

在孩子基本能独立做好自己的事情之后，还可以让他帮家人做事情，比如帮家人铺床、洗水果，他再大一些，就可以尝试让他去做饭，这个时候，他体验到的成就感会更大，会大于为自己做事情的成就感。因为他在为别人的劳动中体会到了自己存在的意义。

家长要让孩子从小就明白任何劳动都是光荣的，人类的恶习大多源于好逸恶劳。我们的孩子如果有一个健康的体魄，即使他学习不好，即使他将来在事业上没有什么大的成就，但是如果他能自食其力，也是值得父母欣慰的事情。

五、开阔的视野

几年前，一位老师“世界很大，我想去看看”的辞职信，红遍全网。作为家长，我们也要对自己说：“世界很大，带孩子去看看。”现在很流行一个词“赛道”，也有人说选择大于努力，但是如果孩子连选项有什么都不知道，又何谈选择呢？走出去让孩子看到世界的广阔，他的心胸也能随之开阔；让孩子看到世界的多彩，他可以去找寻自己的兴趣点，找寻自己努力的意义；让孩子看到世界的多元化，他才会懂得生活没有死胡同，条条大路通罗马。

有的家长可能会觉得我家经济条件不够，我没有能力让孩子去看世界。不能行万里路的时候，我们可以选择读万卷书啊。读书，是最经济的看世界的方式。在现在这个时代，买书应该不再是经济问题了，而是意识的问题。作家梁晓声回忆他的母亲，在那个温饱都很困难的年代，在那个一家人一个月的生活费只有二十几元钱的年代，他的母亲会花一元五角钱给他买一本小说。读了他写的《慈母情深》，我为之动容的不仅是那浓浓的母爱，更是他母亲的教育意识。

更何况现在这样的信息时代，网络上的资源非常丰富，各种电子书、纪录片、旅游节目等等，从天文到地理，从历史到军事，从科技到文化，我们想知道的都可以知道，想看到的都可以看到。这让我们足不出户一样能看到大千世界的精彩。

还有的家长说，我们家最主要的问题是没有时间，孩子学习太忙了，这又回到了家长的意识问题，学习不是唯一的赛道，国家和社会更需要具有综合素质的人才。所以我们家长要通过不断学习去提升自己的认知。现在早就不是“两耳不闻窗外事，一心只读圣贤书”的年代了，我们需要给予孩子的是视野、格局和信息。更何况磨刀不误砍柴工呢。

在对孩子的教育中，德育是根本，家长要为孩子的生命打上善良的底色，构筑孩子坚固的道德底线。体育和劳动教育都能强壮孩子的体魄；智育并不是教育目的，而是教育手段，是我们实现教育目的的途径；美育的培养，开阔的视野，看似只是锦上添花的事情，其实却是在为孩子的幸福人生奠基。

所以家长要转变只要学习成绩好，就一白遮百丑的教育理念。把我们的孩子培养成优秀的社会主义建设者和接班人，这才是我们对孩子教育的方向。

02 喜欢自己，从性别开始

我的学生胜男，〇〇后的女孩，家长给取了个八〇后的名字。从名字就能看出家长对孩子的希望。她爸爸家几代都是男孩单传，家里老人特别重男轻女，父母从小就把胜男当男孩一样养。他们平时都给胜男作男孩子的打扮，连对她的称呼都叫“儿子”，看见女儿和一些男孩子在一起打打闹闹，他们还会挺开心。结果这个女孩子就成了一个“女汉子”，言谈举止不拘小节，说话做事大大咧咧。胜男的行为越像男孩，她的家长还越高兴。

低年级的孩子还没有太强的性别意识，随着年级的升高，男孩女孩开始不在一起玩了，而胜男是男孩堆里唯一的女孩。有一天，她找我：“老师，我不想和女孩住在一个寝室。”我正在喝的一口水差点喷出来。“那你想住男孩寝室吗？”“也行。”“为什么？”“我不喜欢女孩，事太多了，每天寝室被她们弄得一股香味，还爱告状。”我被她弄得哭笑不得。

小孩子每天都是各种稀奇古怪的想法，起初，我并没太在意，但是慢慢地我发现她不那么开朗了，总是闷闷不乐，下课也不出去玩。我问她为什么一直待在教室里不出去，她说不想出去。下课我就一直陪着她，她也一点点对我打开心扉，她告诉我，她不想和女孩玩，而男孩又不想和她玩，所以她出去也是一个人。她问我，她为什么是女孩，她不想做女孩，现在她非常不喜欢自己。

家长不要替孩子选择相反的性别，但是对孩子以后的选择表示尊重。家长要接纳孩子的性别，同时引导孩子喜欢自己的一切。这是一个人心理健康的重要前提，也是一个人建立自信的重要基础。

看到孩子这样，我先找了孩子的父母，建议他们要把孩子当女孩养，起初他们并不太在意，觉得孩子大了自然就会像女孩了。我和他们说，发型、服饰都很容易改变，但是言谈举止、走路姿势、体态这些，时间久了就形成习惯了，就很难改变了。

他们终于认识到了问题的严重性，开始从自己改起，不再叫她“儿子”了，改叫“女儿”；给孩子买裙子，买娃娃；纠正孩子的体态举止。

我也做胜男的工作，让她做我的小跟班，我会穿漂亮的裙子，问她好不好看，第二天穿运动服，再问她，让她自己对比。在我和家长的共同努力下，差不多半年的时间，她就有变化了。如今再见她，已是一个亭亭玉立的淑女，我们一起回忆当年的点点滴滴，我给她看她小时候的照片，她说那是她的黑历史。她说：“老师，我特别感谢您。”

我有个亲戚，一个快到三十岁的小伙子，至今没有交过女朋友，他妈妈希望我能给他介绍一个女朋友，然而介绍了几个，都没有成功。小伙子很帅气，家境、工作都很好，问题出在哪里了呢？他说他最不能接受女孩子邋遢，关键是那几个女孩从我的标准看来，已经非常好了，只是他定义干净的标准太高了。

他穿衣打扮、言谈举止都不女性化，他也不喜欢同性，就是太爱干净了，生活太精致了。他现在自己住，我去过他家，简直让身为女性的我自惭形秽。他家里用“一尘不染”来形容一点儿不夸张，而且大到家具，小到一个杯子都是那么精致。连女孩子他都嫌弃不干净，对于男性，他更不能接受，没有特殊情况，他不会在外面吃饭，所以，他朋友很少，大部分时间他都是独来独往。

看看他的成长经历，他有个哥哥，已经结婚生子了，并没有他这样的问题。他妈妈说，生二胎的时候，就想要个女孩，他出生后，妈妈没有过多的欣喜，反而郁闷了很久。所以，他从小被他妈妈当女孩子养，把他养得像女孩子一样精细干净，小的时候甚至还会给他穿裙子，他从来没像其他男孩一样泥一把、土一把地玩过。现在的他，有着极强的洁癖。

他妈妈现在很后悔，觉得对不起孩子，当年自己也没有想过那么多，那么远。我和他聊过，他说他也不喜欢自己这样，但是这么多年的习惯，他已经改变不了了。

的确，胜男是因为年龄还小，家长和老师早期的关注和干涉，及时对她从内在思想到外在行为进行了纠正，让她不断变化、不断接纳自己。而这个小伙子几十年的习惯，慢慢也在影响他的心态，他无力改变，以至于现在也不想改变了。

家长不要将自己对性别的喜好融入对孩子的养育过程中。**家长有没有想过，孩子的性别不会因为你的喜好而改变，这是你改变不了的。所以，不要自欺欺人，强行让孩子变成相反的性别还会严重影响孩子未来的生活和身心健康。**

我们关注孩子的性别意识，是为了关注孩子的心理健康。不要让我们的养育方式导致孩子对自己的性别不喜欢，从而不喜欢自己，不接纳自己，影响心理健康。也不要让我们的养育方式，给孩子造成不合适的生活习惯，影响孩子日后的生活。

我们从“男尊女卑”“男耕女织”的封建社会一路走过来，随着女性平等意识的增强，现在男女都是平等的。但是我们也要注意到男性和女性在体力等方面还是有些差异的，关注到这些差异，也有利于我们对孩子的教育。

我的学生小郭，一个优秀的男孩，他妹妹也在我们学校。他一有时间就去看妹妹，每每在校园里看见他对妹妹嘘寒问暖的时候，我都觉得那个画面太暖了。

我经常会和身边的优秀家长交流，小郭的妈妈很年轻，但是在家庭教育中却表现得非常成熟。她给我留下印象最深刻的地方就是一儿一女，教养方式却完全不一样。

她和我说她会根据孩子的性别去采取不同的教育方式，要把男孩养成男孩，把女孩养成女孩。我问是“穷养男孩，富养女孩”吗？她说该吃的苦，无论是男孩还是女孩，都应该去吃；该长的见识，无论是男孩还是女孩，都应该去长。

她说，无关穷富。而是男孩粗养，女孩细养。

男孩粗养，养男孩时，家长更多的是把握宏观大局，掌握住大方向就可以，不必事无巨细；也不要把男孩养得太精细，太娇气了，他们无须太乖，更无须太干净，男孩子就要在摔摔打打中成长，但是他们要有底线，有责任感，有正义感。家长对于大方向、原则性的问题必须非常严厉，一旦孩子犯这方面的错误，绝不纵容，但是对于孩子成长中的非原则性问题都可以忽略不计，家长只要做到“大处着眼”就可以，要给男孩更多可以自由生长的空间，不要把男孩养成“妈宝男”。家长要舍得让男孩去承受成长中的痛，要学会放手。

她说养男孩“大处着眼”，养女孩就要“小处着笔”。刚才提到的男孩子无须关注的细节，女孩子都应该关注。女孩要干净，要更注意礼节教养，在言谈举止上，即使不能如同大家闺秀般端庄，也要像小家碧玉般得体。就拿吃饭来说，男孩的吃相，即使狼吞虎咽，也无伤大雅，但是女孩就不同了，女孩如果狼吞虎咽，就会不合适。家长要引导女孩懂得欣赏美，内外兼修。女孩可以优秀，但是无须强悍。在男女平等的时代，女性在追求平等的时候，不要放弃上天给予自己的特权——温柔。

她还很关注孩子的成长环境，比如让儿子多和爸爸在一起，从小就多接触男性，尽量不让他在女人堆里长大，像“贾宝玉”一样。而女儿平时多和她在一起，她不仅经常引导女儿的三观，还引导女儿的审美观。

和她的交流，给了我很多启发和感触。男孩女孩可以有不同的养育方式，在养育过程中自然强化孩子的性别意识，以突显性别特征，让孩子从小就喜欢自己的性别，从而接纳自己，喜欢自己。不同性别的孩子受教育机会均等，但是要有适应他们性别的教育方式。无论是男性，还是女性，或者是跨越性别的人，只要他自己能接受自己，喜欢自己就好。**作为父母，我们对孩子都是尽量引导，然后欣然接受他的样子。**

03　教孩子学会爱

母亲节要到了，我带孩子们看了一部电影《漂亮妈妈》，讲述的是一个离异母亲独自抚养失聪儿子的故事。看完，我动情地和孩子们讲：“虽然每个人的生活境遇不同，但是母爱是相同的，你们的妈妈也如同影片中的妈妈一样深深地爱着你们。”话还没有说完，我观察学生们的表情，他们不但没有受到触动，反而发出耐人寻味的“呵呵”声。“想一想你的妈妈都为你做过什么！”他们似乎是若有所思，又似乎绞尽脑汁，最后好像还是没有答案。

后来我问女儿：“我做过的最让你感动的事是什么啊？”她也一时语塞。“我这么多年，没为你做过什么让你感动的事情吗？”

“可能也有吧，你这样突然问我，我也想不起来什么。”

“母亲节，你还没有送过我礼物。”

“你也没和我要过啊。”

我心想，但凡是个节日，我都会送你礼物，需要你和我要吗？我的心情有点低落，我不想和她继续聊下去了。

学生和女儿的表现，让我的心情有点复杂，夜里辗转反侧。我明白了想让孩子能够学会爱别人，先要让他能感受到别人的爱，家庭教育的一个重要任务就是让孩子感受到爱，这是孩子的能量之源。然而有些时候并不是你付出了，他就能感受得到。我们对孩子的爱可以是无条件的，但是不能让他理所当然地接受，这就需要对孩子进行感恩教育。

而刻意的感恩教育，唠叨自己为孩子做了什么，自己如何不容易，只会让孩子反感。后来我试着换一种方式，不讲自己，但是可以说别人。比如，我不会和女儿说我自己为她做了什么，但是我会和她讲爸爸多么辛苦，都为她做了什么，老师为她做了什么。同样，面对学生的时候，也不讲自己，但是要讲父母为他们做了什么。并且要注意在讲的时候，选择契合的时机，言简意赅，点到为止。

在女儿过生日的时候，我给她讲过，我生她的时候，爸爸的紧张，第一眼见到她的时候，爸爸的激动。学生过生日的时候，我会让他 / 她给妈妈打电话，感谢妈妈的生育、哺育、养育之恩。时间长了，我发现无论是我女儿还是学生，都在一点点变化，其实，孩子的内心都是柔软的。

同时，我们也应该反思有没有给孩子具体的指导，有没有给孩子表达爱的机会。因为孩子的爱的能力并非与生俱来的，也是需要后天的培养的。

首先，家长要教孩子具体的做法。在孩子会说话的时候，就要教他说“谢谢”，对于别人的给予要及时表达谢意。在孩子会走路，能拿住东西的时候，就要教他学会与别人分享，帮助别人做事。吃东西的时候，让孩子先给家长，家长不在，要知道给家长留一点。这样反复在生活中强化教育，效果会很显著。

为此，我也会给学生留一些实践性作业，比如低年级学生帮妈妈捶捶背，给家长做一杯饮品，给家长做个贺卡，等等；到了高年级，可能就会让他们给家长做一道菜，给家长买一个礼物，和家长聊聊家长近期的工作。

其次，要欣然接受孩子的爱意表达。在日常生活中有很多培养孩子爱心的机会，家长千万不要错失良机。比如孩子让家长玩他的玩具，吃一口他的食物的时候，家长千万不要拒绝。我经常鼓励孩子把他在学校努力得来的奖品，回家送给家长。然而，很多家长并不能接受孩子的好意。我问孩子，你送妈妈的棒棒糖，妈妈吃了吗，大部分的回答都是没吃。我也能理解每一位老母亲，当东西很少，孩子又很想吃的时候，真是下不去嘴啊。但是当你拒绝孩子几次之后，他可能就不会再给你了，因为他觉得给你，你也不会吃。我以前也是这样的，但是后来我就不断强迫自己，咬着牙也要吃，然后要及时给予孩子肯定、表扬和赞美，这是对孩子“爱心”的强化，分享的习惯也是在这样一次次的行为中积累出来的。

在学校，课间的时候我就是娘娘一样的待遇，有倒水的，有捶背的，有陪聊的，我都欣然接受，然后及时表扬。我也会同样爱他们，我能感受到爱在我们之间流动。也会有同事表扬我们班学生，在校园里看见老师拎着很多东西就会主动帮忙，或者帮助低年级的小同学，等等，其实学会爱别人就是自身善良的外显。孩子都是善良的，但是爱别人的具体方式需要成人来教他。

小孩子有旺盛的精力和体力，他们不知道累的，也不存在懒惰的问题，可以说，孩子的懒惰都是在成长的过程中被家长不断地助长起来的。所以家长要让孩子去做他力所能及的事情，尤其在孩子主动做事的时候，一定不要制止，并且要及时给予鼓励。

吃过饭后，孩子说，妈妈我来收拾餐桌吧，这时，一定要给孩子机会，即使在这个过程中，孩子打破了碗，也一定不要批评他，告诉他，妈妈小时候收拾餐桌的时候打破过好几次呢，并且不要因此就不再让他做这件事情，如果这样，他做这件事就将以失败为结局，也会影响他自信心的建立。家长要及时肯定孩子做这件事的初衷，不要因为过程中的意外否定孩子，并且表示自己已经感受到了他的爱意，此时内心很快乐。下次继续让他做，如果很顺利，要给孩子及时的肯定，就会扭转上次的失败造成的孩子对自己的否定。

当孩子递给你水的时候，你要很惊讶地告诉他：“你怎么知道我正渴了，正想喝水呢？”而不是大惊小怪地说：“别动，谁让你拿杯子的，万一打破会扎到你的。”如果是后者，可能孩子给你倒水的事情就不会有下一次了。如果出于安全的考虑，可以更换家里杯子的材质。在我们身体不舒服的时候，如果孩子没有主动地关心，我们可以要求孩子：“帮妈妈倒杯水。”“帮妈妈拿药。”我相信孩子会很欣然接受的，时间久了，他自己也就知道该怎么做了。

家长在得到孩子的帮助的时候，一定要及时表达自己的感受，表达自己内心因他带来的快乐，以及对孩子的感谢。久而久之，孩子在家长的鼓励下会做得越来越好，越来越会关心人，而且也会学习你的表达方式，在你给予他帮助的时候，他也会表示感谢，表现出内心的喜悦。有些孩子不会关心父母，其实是在孩子的成长过程中，家长不断地剥夺压制了孩子表达爱的机会，对于孩子的正向行为没有及时给予肯定。

最后，要引导孩子关注别人的需求。

我陪女儿上钢琴课，每次课程结束，老师会示范弹奏，一次，我拿手机录像，以便回家练习的时候可以再对照一下。那一次的曲子比较长，曲谱需要翻页，到翻页的地方，老师迅速地自己去翻页，然而，那页琴谱却十分不老实，老师努力地压了一下，它还是自己又回来。此时的我，虽然看到了这一幕，但是正拿着手机在录像，不方便去帮忙，而老师身边的女儿面对这一幕却是无动于衷，当时我觉得又着急又尴尬。

离开老师家，女儿发现我有些生气，还在天真地问我："妈妈你怎么了，我今天弹得不好吗？"看来对于这一切她都没有察觉。然后我耐心地给她讲了事情的过程，并且希望她以后遇到类似的事情，能关注到别人的需求。慢慢地，她不仅知道帮助老师翻琴谱了，而且当我手里拎很多东西的时候，她会主动接过一些我手里的东西；当看见我收拾餐桌上的垃圾的时候，她会主动把垃圾桶拿过来。这些事情在之前她都是不会去做的，因为关注到别人的需求这一点，也是我以前没有注意过的。很多事情都不是孩子天生就会的，是需要我们来教他的。

爱是循环的流动，当孩子学着爱别人的时候，也同样会提升他们对爱的感知力。比如他在妈妈生病的时候给妈妈送药端水，在这个过程中，他有对妈妈的担心、心疼这样的情感。等他生病的时候，如果妈妈也做了同样的事情，他就能感同身受。当孩子尝试着给家长做一顿饭的时候，他就能理解家长长年累月为他做饭的辛苦。仅仅靠着家长讲道理，孩子是体会不到这些感受的，这就是只有设身处地才能换位思考。

另外，言传身教尤为重要，我们平时孝敬老人，就是用实际行动给孩子示范。就像电视台播出的广告：妈妈，您洗脚。用真情去感染孩子，使孩子养成关心和爱护他人的好习惯。

孩子在学校期间，家长也要引导鼓励孩子多去关心老师，帮助同学。让孩子明白“爱人者人恒爱之”的道理。让孩子知道任何一种情感都是双向的，都需要经营。付出的爱就像银行里的存款一样，你会不断收到它带给你的红利。并且爱别人、帮助别人，也是自己价值的体现。相反，一个只爱自己的人，最后也只有一个人会爱他，那就是他自己。

附：给女儿的一封信

姑娘：

妈妈今天想和你谈谈情，说说爱。

你懂电路图的，不论是并联还是串联，电流都需要流动起来，形成一个循环。人与人之间的感情其实也是如此，所以妈妈经常和你说，感情是双向的，因为只有双向才能流动起来，形成循环。也就是说，我对你好，我的爱流向了你，你再对我好，你的爱流向了我，这样我们之间的爱才会源源不断。反之，如果只是我一味地单向地对你付出爱，结果会怎样呢？你被我的爱充爆，而我也会枯竭。

母爱是无私的，不求回报的，妈妈的一切都可以给你，甚至生命，如果在一种特定的情况下，我们只有一个人能存活，我会毫不犹豫地把生的机会留给你，并且我不需要你这样对我，你即使有这样的想法，我也会拒绝。但是，孩子，你有想过吗？当我们两个在一起生活的时候，妈妈也是人，也是有血有肉的人，妈妈也有情感上的需求，妈妈也渴望得到别人的爱，更渴望来自你的爱。在我工作累了的时候，如果有一双小手出现在我的肩膀上；在我身体不舒服的时候，如果你能给我端来一杯热水；在你吃东西的时候，如果能说“妈妈，你先吃”“妈妈，你多吃点”；在我心情不好的时候，如果有一双眼睛用温柔又疼爱的目光注视着我……我会觉得我是最幸福的人、最幸福的妈妈。

而你对我的爱，也会成为我爱你的源泉。亲情因为血缘的联系，是最稳固的情感，但是生活中也会有孩子和父母反目成仇的事情发生，为什么同样是亲情，同样是母女，亲密度却是不一样的呢？这就是妈妈和你说过的，任何感情都需要经营，亲情亦然，所谓经营就是付出爱，相互付出，让爱在彼此之间流动起来。并且任何感情都容不得伤害，哪怕有些伤害是不经意的。当妈妈耐心地给你讲题，你却说“好了，好了，我早就明白了”的时候；当妈妈辛苦地为你做一道菜，甚至夹起来送到你嘴边，却被你拒绝的时候；当妈妈生病，你依然满不在乎的时候；当你遇到自己爱吃的东西，独自享用的时候；当你因为妈妈无心的失误，而表现出抱怨、无奈甚至烦躁的时候……妈妈的心都会疼一下。

我和爸爸的童年，父母对我们爱的形式是粗犷的，但是我们依然可以感受到这种粗犷背后的爱。尤其是有了你之后，我们更加体会到了“不养儿，不知父母恩”的道理。你看到了爸爸每天两次给爷爷打电话提醒他吃药，天天如此，年年如此，难道爷爷自己不能记着吃药吗？难道他不能自己定个闹表吗？当然能，但是爸爸表达的是一份作为儿子的爱。

姑娘，妈妈很感谢老天给了我一个你这样健康、善良的孩子，你的笑容可以冲散妈妈心中的所有阴云。今生我们能相遇，能成为母女是彼此的幸运，希望我们能携手努力，去遇见更好的自己、更好的彼此。

爱你！

妈妈

04 教养是最贵的名牌

在校园里，孩子们虽然都穿着校服，但是各种大牌运动鞋当季的新款随处可见，从几百到几千，甚至还有上万的。再看家长周末的朋友圈，孩子脱掉校服，都秒变时尚小达人。然而，有的孩子脚穿名牌看见地上的垃圾直接跨过去；有的不会走路，抬腿就跑；有的吃东西狼吞虎咽，弄得满脸满身都是。这些都属于孩子的教养，老师都会从一言一行、一点一滴教起，同时，这也需要家长的引领和榜样作用。

首先，父母要言传身教。家庭是孩子的第一所学校，父母是孩子最亲近的人，也是孩子最先效仿的对象，父母对孩子的影响是无形的，却是巨大的。在一个家庭中，父母如果都是有教养的人，耳濡目染中，孩子的行为就会趋向于父母的行为，反之亦然。比如说，从他出生，来到这个家庭开始，大家吃饭的时候都不说话，并且没有声音，桌面整洁，孩子自然也是这样的，相反，家里人吃饭时如果都很大声地咀嚼，孩子也是一样的。有的孩子，吃东西的时候，狼吞虎咽，家长还会在旁边很高兴地说吃得真好，孩子在这种鼓励下，吃相会更加过分。

在地铁上、公交上，我们会看到有的家长背着书包，带着孩子为了抢座位横冲直撞，孩子也是在座位上扭来扭去，有时甚至不顾危险，跑来跑去。有些孩子还会在车上吃东西，包括一些气味比较大的食物，家长偶尔也会大声训斥孩子。关键是家长并不觉得自己这样有什么不合适，孩子就更不会觉得不合适了。

这些家长可能会说，我没有文化，也不懂什么教养。事实上，一个人的文化程度的确会对他的教养产生影响，但这种影响不是绝对的。

我们学校的一位保洁阿姨，她是让我特别喜欢甚至特别感动的人。她工作很辛苦，无论寒冬酷暑，每次我看见她的时候，她都是在走廊拖地啊，擦灰啊。同时，我每次看见她时，她又都是满脸的笑容，并且她的笑容是那么真实，像阳光一样。每天早上她都会热情地和每一位老师打招呼。学生们也特别喜欢她，有的学生去卫生间洗抹布，她都会抢过去帮着洗。班级或者老师不要的一些装饰品啊，绿植啊，她都重新打理好，摆在了卫生间里，大家都觉得她好神奇，废品在她手里都变得那样美好。每当工作生活有不顺心的时候，我都会去走廊看看她，看看她劳动的背影，看看她温暖的笑容，便会对烦恼立刻释然。她和我说她喜欢学校，因为她没上过学，她没有文化，但是我觉得她是一个极其有教养的人。

其次，对孩子的行为，家长要有明确的态度。中国古时候的《三字经》就提到了“亲师友，习礼仪”。文明礼貌是一个人教养的重要的外显形式，是家长能教给孩子的最直接方式。“孩子小”不是孩子没有教养的理由，不要让“孩子小”成为孩子为所欲为的通行证。就是因为孩子小，才更容易让文明礼貌的言行，在他的内心中先入为主。从孩子能说话、能走路的时候开始，就要把他当成一个独立的人来看待。家长要用自己的态度去告诉孩子哪些行为是正确的，哪些是错误的。可以通过奖励的方式强化孩子的文明礼貌行为，一旦发现孩子有不文明礼貌的行为，要及时地给予引导和纠正，并辅以适当的惩罚，不能任其发展。

小孩子由于认知有限，有的时候就会无意地说一些没有礼貌的话，做一些没有礼貌的行为，有些家长可能还会觉得很有趣，甚至是很搞笑，哈哈大笑之后也没有纠正孩子的言行。这就会给孩子一个错误的信号，他看到家人的表情，会觉得自己做得很好，接下来愈演愈烈。

女儿有一段时间看了一个动画片，里面的人物总会说“老家伙”，于是她就学会了，就喊她姥爷“老家伙”。她第一次叫的时候，全家人先是惊讶，然后就笑得前仰后合，女儿也跟着一起笑，大家越笑，她就越兴奋，开始不停地一边笑一边大喊“老家伙”。她似乎觉得她这样能让大家很开心，于是就经常这样叫姥爷，有时候姥姥也学她这样去叫姥爷，大家都觉得童言无忌，也没有人纠正过她。

有一次，家里来客人，她在看动画片声音太大了，姥爷就把电视关了，她大喊：“你这老家伙，把电视给我打开！”声音一出，全家人脸上的笑容瞬间凝固了。她还不停地喊“老家伙”，我立刻把她拉走了，她委屈地大哭，我生气地教训她：“你还哭，你那么说姥爷多没礼貌啊！”

事后，我自己反思，我并没有告诉过她这样的称呼很没有礼貌，她又怎么知道呢？而且每次她说完，我不仅没有制止，反而大笑，我这样的态度让她觉得这样称呼是可以的，我这样的态度对她就是默许甚至是赞许啊！所以家长对于孩子没有礼貌的行为，不能态度模糊，一笑而过。

最后，家长要引导孩子为别人着想。

有一次，我带女儿去看电影，当时她个子还比较矮，前面的人有些挡她的视线。电影院也很人性化，给小朋友准备了很厚的坐垫，但是当我去取的时候，垫子已经没有了，女儿有点小失落。我和女儿说：“我抱着你吧，妈妈的腿做你的垫子。”我们试了一下，她说：“妈妈，不行，这样我们就会挡住后面的人了。”我当时既欣慰于女儿能为别人着想，又心疼女儿看不好电影。

这时身后传来一个稚嫩的声音:“姐姐，我有两个垫子，这个给你用吧！”女儿很有礼貌地向那位小朋友表示了感谢，还把自己的棒棒糖送给了她一个。多么美好的瞬间啊，我回头和那个女孩的母亲相视一笑。

冬天的时候，我们学校为了保暖，会在教学楼的大门、食堂的大门安上棉门帘，每当下课或者去吃饭，人流比较大的时候，总会有同学主动为大家掀着门帘，自己的小手会冻得通红，但是他们的脸上还是洋溢着阳光般的笑容。不时还会有人主动接替一下他们，彼此没有语言，只是相视一笑。孩子们暖心的一幕，让我觉得这是校园里最美的风景。

教养到底是什么？它看似抽象，却也看得见，摸得着，教养是外化的文明，教养是内化的善良。有教养的孩子，会让人舒服，能在学校更好地融入集体，良好的教养是家长送给孩子的最贵的名牌。

05 要宽容，但不懦弱

“老师，刚才排队的时候，小张碰了我的头。”

“我看一下你的头，有受伤吗？”

“不用看，没事。”

“那就回去排队吧！”

“老师，他是故意的。”

“你为什么说他是故意的？”

“因为上节课，他和我借橡皮，我没借给他。”

“你为什么不借给他用一下呢？”

“因为上次我借给他用了之后，我的橡皮变小了很多。”

再说下去，他能把一年前的事情都翻出来。

“老师，小王玩球的时候，总是踩我脚。”

“他可能是不小心的吧！”

“不，他就是故意的，他一共踩了我三次了。”

“你踩过别人吗？”

“可是我没踩过他。”

工作中，我经常会遇到一些“不高兴小孩”，他们每天都在不停地向老师告状，因为总是有人不停地惹他们不高兴。

在集体中，人变多了，空间变小了，彼此之间的磕磕绊绊在所难免，这种情况下，我们要教育孩子宽容。有的孩子，总是觉得自己神圣不可侵犯，只要有人碰他一下，要不就是还击，要不就是告诉老师。其实班级里经常告状的就是那几个孩子，每天都是这些鸡毛蒜皮的小事。时间久了，其他孩子因为怕惹到他后被告状，所以就会自动地对他“敬而远之”，碰他的人的确少了，但同时他的朋友也少了。接下来，他又开始告状：没人和他玩。

但也有的孩子从来不告状，难道他就不会遇上类似的事情吗？当然不是，只是他们不太把这些事当回事。这样的同学因为大气宽容，也会吸引很多玩伴和好朋友。

为此，我也会经常开班会来教育他们，告诉他们，我们生活在群体中，彼此磕碰都是正常的，大家要心胸开阔点，不要太计较。同学之间也需要互相包容，互相帮助，但是收效并不是太明显。慢慢地，我发现这一类孩子和家长有直接的关系。家长是孩子的榜样，孩子是家长的镜子。要想让孩子成为宽容大气的人，家长首先要成为这样的人，否则老师的说教是很苍白无力的。

家长要不断地反思自己，你的言行不经意间都在影响着孩子。带着孩子排队的时候，你有没有因为插队和别人发生矛盾？路上开车的时候，你有没有因为抢路，和别人破口大骂？你有没有不停地在孩子面前抱怨别人的不好？在学校也是这样，有的孩子之间不小心打闹受伤，虽然都是小伤，但是有的家长狮子大开口向对方索要各种费用赔偿，甚至精神损失费。诸如此类，你的孩子又怎么能成为一个大气的孩子呢？

老祖宗早就告诉我们“吃亏是福”，我们也要教孩子能够欣然接受吃亏。因为你总是不吃小亏，最终可能会吃大亏。和同学相处，总是斤斤计较，凡事不吃亏，一来，自己会一直不高兴，影响自己的心情，二来严重影响同学关系，这是吃多大的亏啊！

其实，小的时候还好，一般通过告状的方式，他还能把自己内心的不愉快发泄一下，但是当孩子长大了，到了中学、大学的时候，他们不会再告状了，但是他对别人不小心的侵犯还是会耿耿于怀，最终严重影响自己的心理健康。这样的性格如果没有在小的时候及时给予纠正，长大后会是一件很危险的事情，心胸狭隘很可能会导致冲动的行为。在我们的一些顶尖的高等学府中，也曾经有大学生因一点小事，不懂得宽容别人而酿成的触目惊心的惨案，这样的前车之鉴一定要引起大家的关注。

我们在教育孩子宽容的同时，也一定要注意宽容与懦弱的区别。宽容是主动权掌握在自己的手中的一种包容，是建立在一种强大的能力和自信的基础之上的退让。简单来说，一个人的宽容程度与他的能力成正比。俗话说，宰相肚里能撑船，大人有大量，因为他身在高位，具备更强的能力、更大的格局，所以也具备更强的包容力。宽容的前提是自己的尊严没有受到践踏，自己的身心没有受到侵犯。

一天，大学同学给我打电话问我，人是不是性本善。突如其来这么大一个问题，我一时没能给她答案。她和我讲起了她近期在工作中的苦恼：小丁是他们班一个很乖的男孩，从不让老师操心，在班级中的存在感也没那么强。就在前几天，发生了一件让她震惊的事情。班级的几个男孩在课间时间，把小丁叫进卫生间，往他脸上抹墨水。这样的事已经持续一段时间了，她竟然才知道，因为每次小丁都是自己偷偷洗掉。作为老师，她的内心特别痛苦，她没有想到那几个孩子顽劣到这样的程度，也没有想到小丁懦弱到这样的程度。如果不是她细心地发现了小丁脸上的点点墨痕，这件事情还不知道会发展到什么程度。

孩子在学校受了这样的委屈，她也有点不知道如何面对家长，我鼓励她一定要和家长沟通，免得日后出现更大的问题。我同学约了孩子的家长，并给我讲了事情的经过。

来学校的是小丁的妈妈，小丁的爸爸常年在外地工作，很多时候还要在国外出差。果然，家长对此也并不知情，小丁妈妈知道后情绪也很激动，但还是要解决问题，便询问孩子为什么不和老师或者妈妈讲。孩子用怯怯的眼神看着他妈妈不说话，这时他妈妈冲着孩子大喊，孩子顿时被吓哭了。

“我不敢说，我怕妈妈说我。”

“那你可以告诉老师啊！”

“我怕老师找妈妈。”

……

丈夫常年不在家，生活的重担让这个妈妈比较暴躁，孩子则愈发胆小。了解了这些情况，我同学建议小丁妈妈以后调整好自己的情绪，注意对待孩子的态度，如果可能还是让爸爸多陪伴。

我同学抱着小丁对他说："对不起，是我没有照顾好你，以后无论遇到什么，都要告诉老师，做最勇敢的男子汉。"小丁用力地点了点头。同时，学校也给了那几个孩子处分。后来小丁的爸爸知道了这件事，不顾一切地调回本地来工作，小丁的问题算是圆满解决了。

在每个群体中，无论是幼儿园，还是学校，其实都如同一个小社会，有形形色色的孩子，也会存在不同程度的霸王似的人物，他们可能会有恶作剧，也可能会通过伤害别人发泄自己的情绪，等等。家长一定要教给孩子一旦被欺负之后的正确解决方式，懦弱和忍让不但不能解决问题，还只能让对方变本加厉。有的时候，孩子真的不知道怎么解决，他很无助，他需要家长的支持和具体的帮助。

首先，家长一定要取得孩子的信任，让孩子遇到这样的事情能告诉家长。为什么像小丁这样的孩子宁可自己忍着也不和家长说呢？一是在他向家长求助的时候，没有得到家长足够的重视，他觉得说也没有用。二是在他说完后，家长觉得孩子太窝囊了，先把孩子骂一顿。这都是错误的做法，家长要及时安抚好孩子的情绪，让他觉得有父母在，就有安全感，让他觉得他向父母求助是正确的。

其次，要教孩子如何自己找老师去解决，如果被欺负，一定要让老师知道。情况不严重时，家长可以不用介入，旁观孩子处理这个问题，家长可以事后与老师进行沟通。

如果情况比较严重，并且老师多次教育，对方孩子仍不见悔改，这时候家长要出面解决问题，家长解决问题的过程，其实就是手把手教孩子的过程。**要让孩子看到家长的勇敢，不卑不亢，让孩子看到正确的解决问题的方式。**

女儿在上幼儿园的时候就经常被一个小男孩欺负，她从来没和我说过，我是在给她洗澡的时候发现她的腿破了，我问她，她说小鱼推的，我说老师知道吗，她说不知道。过了几天，类似的事情又发生了，我和老师进行了沟通，老师说会教育这个孩子。我也看到了那是一个顽劣的男孩，老师的教育并没有起到作用。后来我就找了小鱼的妈妈，沟通之后，我明白了这个孩子为什么这么顽劣，因为她的妈妈根本认识不到孩子的问题。最后，我找园长给小鱼调了班级，因为他不只是对我女儿有暴力的行为，已经在班级引起众怒了。解决这件事的过程，我就是要教会孩子如何自我保护，如何解决问题，如何勇敢地去维护自己的权益。

家长在保证自己孩子不挨欺负的同时，也要教育孩子不能伤害别人。一些家长，总是怕自己的孩子挨欺负，觉得自己的孩子没有吃亏就好，所以对孩子的打人行为持默许态度，虽然表面象征性地说几句，其实内心还是蛮喜悦的。慢慢地，孩子就养成了用打人的方式解决问题的习惯。我曾经教过的一个男孩，原来经常挨欺负，后来在家长的教育下开始欺负别人，而且一发而不可收拾。家长开始对孩子的表现还非常满意，慢慢地，孩子不断地惹事，直到孩子惹了很大的麻烦，家长才意识到问题的严重性。

家长可以告诉孩子：如果别人是不小心碰到你的，即使受伤了，也不要得理不饶人，要宽容；但是如果别人是故意地欺负你，即使没有受伤，这时候也一定不能忍让。家长要教会孩子把握好宽容和懦弱之间的尺度。

06 有主见，不做老好人

女儿在五年级的时候，班级的一些同学开始玩手机游戏。她和我说："妈妈，同学邀请我一起玩手机游戏。"

"不能玩。"

"寝室同学都玩，要不她们说话我都插不上嘴。"

听她这样说，我有点犹豫了，于是我去请教了几个同事。其中一个同事的孩子和我女儿一样大，她是高中部老师。她和我说对于打游戏上瘾这件事，别说小学生了，高中生也控制不了自己，多少成年男性，无论老婆如何反对，不也还在打游戏吗？所以最好的办法就是不要去触碰。不玩游戏就没有朋友了，玩游戏交到的又是什么朋友呢？

另一个同事的孩子在初三，我问她孩子有微信、玩游戏吗，她告诉我从不。孩子自己出去上课会带手机，一部只能打电话的老年机。我又说了"同学说话都插不上嘴"这个顾虑，她告诉我，这样正好啊，正好过滤掉了一些不该交往的人。

我自己又认真地想了想，经过再三的考虑，我给女儿写了一封信。

姑娘：

虽说“人非圣贤，孰能无过”，但是每个人都要为自己所犯下的错误付出相应的代价。所以，做任何事还需三思后行，因为一旦误入歧途，想迷途知返，改邪归正并没有那么容易，有时回头未必有岸啊！女孩子更是如此。走得慢都没有关系，只要在正路上。如何能确保自己一直走在正路上呢？选择圈子，远离诱惑。

孔子是一个很了不起的圣人，我觉得每个时代的了不起的人物，都是超越这个时代的人，所以孔子的思想，跨越千年仍不过时，仍可为我们所用。孔子曾经说过：“我死之后，子夏会比以前更有进步，而子贡会比以前有所退步。”曾子便问他：“为什么呢？”孔子说：“子夏喜爱同比自己贤明的人在一起，所以他的道德修养将日有提高；子贡喜欢同才智比不上自己的人相处，因此他的道德修养将日渐丧失。”我特别理解孔子的心情，对弟子有着深深的担忧，而这担忧的背后就是爱。为了把这个道理讲得更透彻，他又接着说：“与善人居，如入芝兰之室，久而不闻其香，即与之化矣；与不善人居，如入鲍鱼之肆，久而不闻其臭，亦与之化矣。丹之所藏者赤，漆之所藏者黑。是以君子必慎其所处者焉。”

多么可怕的“与之化矣”啊！可能你并不能像我一样感受到这种可怕，你还会觉得：我一定能控制好自己的。孩子，你知道吗？近墨者不是马上就会黑，孔子用了一个“久”字，这是有一个逐渐被熏染的过程的，量变到一定程度的时候，就会发生质变了。所以，不要存侥幸心理。

就像有些人之所以不能戒烟，是因为不是吸烟马上就得肺癌。人们通常比较忌惮的是立竿见影的事情，而不懂得防微杜渐。不要试图去考验别人，也别去考验自己，人毕竟也是动物。远离诱惑比抵御诱惑要容易得太多。

同样，“见贤思齐”也远比“见不贤而内自省”容易得多。所以孟母才会三迁啊！

我之前向你推荐过《哈利·波特》，你并不喜欢。后来你成为“哈迷”，是受你同学的影响，因为在你的集体中，不懂哈利·波特，会让人觉得很“out”，很“low”。多读书毕竟是好事，还有一群同学可以交流，似乎更美好。可是接下来我说你作为女孩子，太不注重礼节，不注意体态，你说你班女孩都这样。为什么大家都这样，你就也这样呢？不会因为犯这个错误的人数较多，这个错误就不是错误了。妈妈并不是说让你在集体中做一个格格不入的局外人，但是不能为了融入别人而丢了自己的原则，不能像你最不喜欢的粉条一样，放在什么菜里，就是什么味。

再接下来，同学都有微信，你羡慕至极，终于因为学校上网课的原因，你有了自己的微信，让我觉得你在同学面前似乎有了扬眉吐气的感觉。左右自己感受的都是自己的信念，对于一个学生而言，真正让自己感到羞愧的应该是成绩不理想。而没有微信不应该是一件让自己抬不起头的事情。在班级群里闲聊一会儿，就当是给自己学习之余放松一下，也无可厚非。而你能很好地控制自己吗？我不在身边的时候，你不是还会偷偷看手机吗？你有的时候，说我不相信你，但你不知道别人对你的信任都是你自己建立起来的吗？别人对你的信任，与别人无关，仅仅与你自己有关，你要先有让别人信任的表现，别人才会相信你。

现在，融入了微信的圈子，你觉得还不够，你还要融入同学网络游戏的圈子，这时，可能你的信念还是不会这个游戏就不能加入他们的圈子，甚至觉得自己低人一等。孩子，你知道吗？研发设计网络游戏是一种职业，是一些人的工作，网络游戏是被精心设计出的海市蜃楼，它有着现实中不能实现的新奇、刺激，甚至是恐怖、暴力等等。所以生活中会有人因连续几天几夜玩网络游戏而猝死，会有成年人深陷网络游戏不能自拔，何况是你呢？你可能觉得你的同学有些一直玩网络游戏，也没有影响学习成绩，存在这些情况通常有两种可能性：一是小学学习任务相对较少，他不用全部精力也完全能应对，但是到了中学如果他依然这样一“网”情深，他的成绩一定会发生变化的；二是他们是天才，我不否认生活中有天才，他们可以一边玩网络游戏，一边学习，成绩还比别人好，但是妈妈可以很负责地告诉你，你不是这样的天才。所以妈妈建议你：在你成年之前，不要去触碰网络游戏。

虽然你身处一个优秀的集体中，但优秀的集体中未必都是优秀的人；虽然你身边大多是优秀的人，但优秀的人身上也未必都是优点。我这里说的优秀并不仅仅是学习成绩优异，多才多艺啊，还有善良，品行端正。所以，你需要去甄别，要去选择。

真正的朋友是志同道合，而不是一方为了融入另一方而去改变自己。人也不是一定要让自己成为人群中的“大多数”，甚至为了融入这个“大多数”而去接受他们的共同爱好，甚至价值观。因为真理往往掌握在少数人手里。因为自由在高处，通往成功的路上，注定有一段是孤独的；不能为了和别人同行，而放弃自己的方向，上山的路上，你会发现人越来越少了，是继续前行，还是随大流下山？时刻要清楚自己的底线和目标。当你光芒四射的时候，你无须再去融入他人，而会有人愿意融入你。

姑娘，人生是趟单程旅行，谁也买不到往返的车票。一旦走错了路，就很难回头，你的人生可能就换了一种走法。在你未来的人生路上，选择还会有很多，诱惑也会有很多，而妈妈也只能陪你一程而已，剩下的只能靠你的“自律”。

爱你的妈妈

2020/3/13

然后，我把手机给了她，让她自己决定，虽然是让她自己决定，但是我的态度是非常明确的。如果她一意孤行，非要试错，可能我也不会强硬阻拦，但是我会持续关注这件事给她带来的影响，然后拿事实和她说话。我能感受到她作决定时候的艰难，最后，女儿成了寝室里唯一不玩游戏的孩子。其实当孩子有了是非标准之后，他自然就能为自己选择合适的圈子。

我们不能单纯地引导孩子事事听话，处处随和，也要引导孩子有自己的主见，有自己的对事情的评判标准，为自己去选择合适的圈子。

我的学生小姜，女孩，现在读初二。前一段时间，我接到小姜妈妈的电话，她和我说，孩子最近在班级里几个同学的影响下，开始喜欢“洛丽塔”，已经买了很多了，还要继续买，希望我能劝劝孩子。

“洛丽塔”是啥，我这个中年老阿姨有点落伍了，于是赶紧百度一下。原来“洛丽塔”是一种服装，是那种在我看来只有演欧洲宫廷舞台剧或者拍艺术照才会穿的服装，怎么还会被这些女孩当作日常服装来穿呢？喜欢“洛丽塔”的人叫“洛娘”，这样的一群女孩在一起组成“洛圈”。再一查，我有点被吓到了，“洛娘”人数很庞大，并且这种衣服正版的非常贵，但是一旦穿盗版的，就会被穿正版的“洛娘”“打”。甚至有些不法分子以“洛丽塔”服装为诱饵骗女孩子。

我一下子有点蒙，提到小姜，如果用一个标签去概括她，那就是听话，从来没有让老师和家长操心过，总是乖乖的。在小学的时候，她在班级里虽然各方面都不突出，却最受同学欢迎。因为她不像一些独生子女，什么事情都特别“咬尖”，她特别随和，和谁一起玩都能遵从对方的想法，为此我也经常在班级表扬她。

小姜这么听话的孩子，怎么能这样呢？我没有和小姜提她妈妈给我打电话的事，先是在微信里和小姜聊了一下，问问她近期的学习情况，然后，我和她说我在街上遇见有人逛街的时候穿汉服，还有穿那种特别繁琐的大裙子，我觉得好奇怪啊！于是小姜开始给我讲那是“洛丽塔”，她和我讲的时候，并不觉得这件事有什么特别，有什么不合适，所以对我也没有什么遮遮掩掩。

“我可能是老了，这种衣服怎么真的有人穿啊？”

“没什么的，老师，我和同学周末出去玩的时候也穿啊！”

“你们都穿？那衣服很贵啊！”

“正版的确很贵，我用了一年的压岁钱，但我同学很多还是买‘山寨’的。”

“你觉得好看吗？”

“没觉得好看啊，只是大家一起出去玩，别人都穿，我也得穿。”

“你班同学有不买、不穿的吗？”

“也有啊。”

后来，我们见了一次面，她看起来还是和小时候一样，乖乖的。我们聊了很长时间，她一点儿都不固执，我觉得我并没有费多大力气就说服了她，以后不再买这些衣服，安心好好学习。她妈妈还给我打电话感谢我，说孩子学习有进步了。

可是半年多之后，她妈妈又给我打电话，说她又和班级那几个女孩在一起，又开始买那种衣服了。这就是小姜，同学可以说服她买这种衣服，我也可以说服她不买，关键就看谁和她在一起的时间要久一些，她就会更倾向于谁一点。

小姜的事，引起了我深深的反思，之前我一直表扬的“听话”，此刻看来，就是“没有主见”。教育很多时候需要看到远方，才能更好地把握当下

的尺度。有些问题，只要我们意识到了，平时就可以多注意。

首先，家长要放手，有主见也需要锻炼。一些不涉及原则的事，完全可以让孩子自己去拿主意，不要事事都听从家长的意见。当孩子出现和你的意见不一致，不能按你的想法做事的时候，家长不要为孩子的叛逆而苦恼，相反，内心应该有一丝欣喜。这是孩子自我意识的觉醒。父母在商量一些家里的事情的时候，也不必回避孩子，让孩子感受父母做决定的过程。

其次，在家长的不断引导和纠正中形成孩子的是非观。正如中医所提到的，阻止外邪入侵的根本就是扶正固本，当孩子的判断出现了原则性的偏颇的时候，家长的态度要明确，不能模棱两可，要及时纠正孩子。

我们尽量不用听话、乖这样的标准去要求孩子，我们要逐渐培养出孩子独立判断的能力，让他慢慢独立起来，能有是非标准，有主见，能为自己作出正确的决策。

07　孩子不用太懂事

“懂事”在家长嘴中，一定是一个褒义词，但是作为老师，我并不那么认为。孩子过于懂事，可能会走向世故、表里不一，并且内心压抑。无论是我女儿，还是我的学生，我都不需要他们太懂事，只要善良、真实就好。

表妹的女儿小樱桃，虽然才五岁，但是小嘴特别甜，每次看见我就会抱着我喊“姨妈妈”，对我爱人就叫“姨爸爸”，家里人并没这样教过她。她还会看人脸色，家里人只要有一点儿不高兴，她就会去哄、去抱，我父母常夸她，说这孩子有时比大人都懂事。表妹听着别人的夸奖，心里也很高兴，高兴之余，她也有一丝担心，她和我说，怎么感觉小樱桃有点像部门经理，见人说人话，见鬼说鬼话呢？

表妹家是个大家庭，公公婆婆，还有小姑一家三口、他们一家三口共同住在一个大房子里。他们平时工作都特别忙，两个孩子年龄差不多大，都由两个老人来照顾。在这样的环境下，小樱桃因为缺少父母陪伴，为了在大家庭中博得更多的关注，而表现得特别乖巧，并会察言观色，也能通过哄身边的人开心来达到自己的目的。

和表妹交流了一下，她也意识到了孩子的问题，小樱桃这样表现的深层心理是渴望被关注、被爱。在孩子上小学后，她就调整了自己的工作，腾出更多时间陪伴孩子，也搬出了大家庭。后来表妹和我说，搬出来之后，虽然房子小了一些也没有以前热闹了，但是小樱桃特别开心，她觉得这是完全属于她的地盘，她可以不用再去观察别人，可以随意玩耍。

在学校里也不乏懂事的小孩。一年级新生刚入学，我哪个孩子都不认识。有的小孩看见我进教室会安静地坐在座位上，有的便直接下座位拉着我的手，开始自我介绍。

小秋，在众多“懂事”小孩中脱颖而出，她让我觉得成熟并不是与年龄完全成正比。每次看见我她都是先拥抱，然后说“老师，我想你了”。我在班级批作业，她就在我身后捶背；我擦黑板、扫地，她就抢着帮忙；下课了，她第一时间递给我一张湿巾，让我擦擦手上的粉笔灰……简直就是“贴心小棉袄”。开始，所有老师都喜欢她，然而没过多久，我这个“小棉袄”就频频被科任老师告状，说她不好好听课还和老师顶嘴。当时我都愣住了，怎么会这样呢？一调查确有此事，有的同学和我说：“老师，她就会在你面前装。”我把她找到办公室，还没等我开口，她就说：“老师，我错了，我不应该和其他老师顶嘴。”

“那你为什么在我面前表现这么好，在其他老师课上就不好呢？”

“因为我只喜欢你。”

这小糖衣炮弹，没点实战经验的，就得直接被她炸晕了。

“尊敬老师是每个学生必须做到的，与自己的喜好没有关系。”

“老师，我知道错了，以后一定不会了。”

既然她已经认识到自己的错误了，并且态度诚恳，一点儿也不给自己找借口，我也就原谅她了。可是没过几天，同样的问题又出现了。

“你为什么英语课不好好听讲，还看课外书？”

“因为我有点控制不住自己。”

“语文课你控制得很好啊！”

“因为我喜欢你。”

“换个理由吧！”

“我妈妈说，在学校的时候，班主任最重要。”

终于说实话了，这么小就能“见人下菜碟”。我约了小秋妈妈到学校来。她妈妈是一名公务员，一见面，她不给我说话的机会，先是对孩子的行为表示歉意，说是她作为家长没教育好孩子，给老师添麻烦了。接着，她就开始赞美我，赞美得我都开始怀疑人生了。虽然也被她赞美得有点头晕目眩，但是冷静一下，我找到孩子问题的根源了。这让我想到了网络上流行的一句话：“孩子是显示器，家长就是主机啊！”

家长的认知和教育理念里面包含着家长的性格、职业烙印等等，所以老师想要去改变他真的很难。每次我说什么，小秋的妈妈都是一百个赞同，但是她的内心并不认同，可能在她的工作环境中就需要这样的八面玲珑。所以小秋也没有变化，对她有用的人，她百般讨好，没有用的人，她置之不理。我也一直关注着她，每到一个新环境，她的优势会很快突显出来，受到周围人的欢迎和认可。但是时间久了，大家又会不太喜欢她，正所谓日久见人心。总是往复着被喜欢到不受欢迎的循环，她的内心也有落差。在她上大学期间，我们通过一次电话，那天她心情非常不好，她说她觉得很委屈，她从小一路努力，甚至自己从未有过无忧无虑的童年，为什么还有很多人不认可她，为什么还不如那些“傻白甜”，自己到底是错在哪儿了。我告诉她四个字“真实、真诚”。

教育孩子的过程，也是家长认识自我、不断自我完善的过程。凡事都如硬币的两面，人的性格更是如此。我们无法定义哪一种性格好，哪一种就不好，但是尽量不要去走极端。**孩子能考虑别人的感受、照顾别人的需求固然很好，但是不要因此而过分压抑自己，更不能表里不一，虽然良好的第一印象很重要，但是日久见人心。**

孩子过于懂事有的是渴望爱和关注，有的是自己的一种趋利行为，还有的是孩子的一种自我保护。

我的学生小马，成绩优异、性格沉稳内敛，说话非常有分寸。他常说的就是“应该、可能”，给自己留有余地，从不多话；做事情也非常得体，考虑周全又不张扬。总之有着超出同龄孩子一大截的成熟。后来有一段时间他白天上课状态很不好，精神头不足。经了解，我知道了他小小年纪竟然失眠。

小马的父母常年不在身边，只有年迈的老人，他的内心其实有深深的恐惧，缺少安全感，也会有无助。所以他会严格要求自己，甚至为了把别人的情绪和感受放在第一位，而去压抑自己，总是想得太多而患得患失，有些焦虑才导致失眠。我一直做他的心理疏导但是收效并不大，我知道我能做到的只是缓解症状，并不能根治他的问题。

后来，我和他的父母沟通几次，开始，他父母并不认同我的说法，一直强调这个孩子从小就懂事，所以他们才很放心地把孩子留在老人身边，并且他们每次问起孩子，老人都说很好。我告诉他们，这个孩子的问题就是太懂事了，他现在只是一个十岁的孩子，植物都有自己的花期，孩子也是一样的。过早的成熟有可能会是一个苦果。那次交谈并不愉快，我的话应该是刺痛了他的父母。第二天，家长给我打电话说要给孩子请一个月的假，把孩子带在身边观察一下。

一个月后，小马的妈妈给我打电话，感谢我帮她揭开伤疤，她说揭开那一刻很疼，但是只有这样才能真正解决问题。一个月的时间，近距离的接触，小马的妈妈也感受到了孩子的谨小慎微以及过于在乎别人的感受，于是她调整了工作，陪伴孩子，只做一件事就是无条件地爱孩子。小马的睡眠也好些了，他内心的坚硬在渐渐柔软，他妈妈决定给他转学到自己的城市了。几年后再见他，他的脸上布满了阳光，我和他开玩笑“你比原来年轻了”，他笑了。

通过上面的几个案例，我们不难发现，孩子过于懂事或者源自家长的影响，或者源自原生家庭的问题。作为家长一定要承担起自己对孩子的教育义务。尊重事物发展的客观规律，用心陪伴孩子的成长。生活中那些懂事甚至有些世故的小孩，家长表面上省去了很多麻烦，甚至还会得到其他家长的羡慕，但是这些孩子表面看起来如同风平浪静的海面，实际上下面可能已经暗流涌动了，只是还没有爆发出来而已。作为家长，有些心是早晚都要操的，哪有一点儿都不用操心的孩子，如果有，那是不正常的。

如今的教育环境下，孩子们学业的负担已经比较重了，家长要用爱和陪伴给孩子一个让他觉得安全的小天地，让他们在这里可以无拘无束地放飞自我。家长不要让孩子在童年太懂事，不要让孩子的童年提前结束，不要让孩子过早地走进成人世界，更何况，成人的世界一样需要真诚。

08 好习惯，益终身

习惯是你大脑的固定模式，不容易建立，更不容易改掉。习惯的力量大到让你觉得可怕。习惯是把双刃剑，有好习惯，也有恶习。家长如果能在早期引导孩子养成良好的生活、学习习惯，是一件一劳永逸的事情。良好的习惯会像一位好朋友一样，如形随形，一直陪伴着孩子，让孩子受益终身。应该培养孩子哪些良好的习惯呢？

一、运动习惯

我相信在所有家长的心中，孩子的身体健康一定是第一位的。没有一个健康的身体，孩子现在的学习、将来的工作都会受到影响。然而在生活中有那么多的小胖子，大多是因为运动量太小。还有些小不点儿，长不高的一个很重要的原因就是孩子摄入不足，也就是吃得少，而可能导致孩子吃得少的原因就是消耗少，也就是孩子的运动量太小。所以从孩子的身体健康的角度来讲，我们也要养成孩子运动的习惯。

运动并不会占用孩子太多的时间，可以是学习生活的调剂，帮助孩子放松心情、舒缓情绪。孩子学习之余的休息并不是什么都不做，并不是躺在床上不动，而是要去运动，这也是大脑的一种休息方式。适度的运动会让孩子更加有活力，从而也会提高学习效率。

家长一定要让孩子每周有固定的运动时间，最基本的跑步，还可以有一些技能类的，比如跳绳、游泳、各种球类运动都很好。总之要让孩子动起来，要监督孩子坚持下来，从小养成良好的运动习惯，把运动当成像每天吃饭一样的不可或缺的事情。这样，孩子不仅能有一个强健的体魄，也会拥有阳光的内心。

二、生活习惯

良好的生活习惯包括卫生习惯、收纳习惯、生活情趣等等。

讲卫生是身体健康的保障。家长要从小培养孩子良好的卫生习惯，小孩子自身卫生意识并不强，比如刷牙、洗脸、洗手这些日常的事情。很多小孩自己还意识不到保护牙齿的重要性，所以家长早期一定起到监督作用，至少要连续监督几个月的时间，让孩子良好的卫生习惯稳定下来，家长再慢慢放手，如果放手过早，会导致前功尽弃。

收纳习惯也非常重要。生活中，我们会看到一些人家里从衣柜到储物间，办公室里从办公桌面到抽屉里都是井井有条的，能把物品很好地归类、收纳，并放在固定的位置，以后需要的时候随时都可以迅速地找到，这样可以大大提高做事情的效率。而有些人到处乱七八糟，每天都会花费很多的时间在找东西。这就是习惯，而这样的习惯等到成年之后再去培养就比较困难了。

每个人的生活都不容易，我们希望孩子能吃得了生活的苦，同时自己也能创造生活中的甜，良好的生活情趣会给生活增添几分色彩。**通过培养孩子认识美、体验美、感受美、欣赏美和创造美的能力，使他们具有美的理想、美的情操、美的品格和美的素养。**

大自然是美的源泉，人类在大自然面前是渺小的，我们只是众多生物中的一个物种，要永远对大自然存有敬畏之心。同时，我们也要和孩子一起享受大自然对我们的恩赐，让孩子在大自然中成长，感受鸟语花香，感受风霜雨雪，感受四季变化，感受大自然的一切美好。奔腾的大河，涓涓的细流，当空的烈日，柳梢的弯月……无论是大自然粗犷的美还是细腻的美，都足以让孩子感到欣喜。大自然是我们对孩子进行美育的最好素材。

在孩子感受美的过程中还要引导孩子爱护美、分享美，看到美好的景物、事物，不是占为已有，而是好好地爱护它，让更多人的人欣赏到它的美。比如看见美丽的花儿，不要去摘。对待大自然中的动物、昆虫也要好好地爱护，让孩子知道善良是一种美。

感受、欣赏了大自然的美，要引导孩子带着这样的对美的认知去打造自己优美的生活环境。在家里可以给孩子一方属于他自己的小天地，让他用他的审美去布置成他喜欢的样子，同时要教育孩子，美的东西不一定是昂贵的、豪华的，干净整洁就是一种美。

艺术是美的载体和表达。人生虽然殊途同归，但是路上的风景迥异，而艺术是生活的色彩。从小就要让孩子去接触艺术、感受艺术。常见的艺术形式有文学、音乐、美术。比如，诗歌展现出来的不仅有韵律美、语言美，还有它深刻的思想内涵。我们在教育孩子爱护小鸟的时候，可以和孩子讲白居易的《鸟》:“谁道群生性命微，一般骨肉一般皮。劝君莫打枝头鸟，子在巢中望母归。”还可以和孩子讲《木偶奇遇记》中匹诺曹心底的善良，《老人与海》中老人的坚毅。通过文学作品中的一个个故事、一个个人物，孩子能够感受到什么是真善美。

对于音乐和美术，如果孩子不是以此为专业，家长可以更多地让孩子去感受，去欣赏。我女儿在学钢琴的过程中，开始的时候只是照着曲谱去弹奏，老师教她如何去处理曲子，其实也是老师或者其他人对曲子的理解。而被她弹奏出来之后，还是会有违和感，后来我知道了一个词“音乐想象力”，于是我告诉她，当你在弹奏一首舞曲的时候，你去想象一下欧洲宫廷舞会的感觉，仿佛自己置身其中，一边弹一边想象。之后她再弹曲子，我会让她先去了解这位作曲家，以及这个曲子的创作背景。美术也是一样的，不要急于让孩子去画，而是要让孩子多去欣赏名画，了解创作过程，了解画家，一点点地这样去熏陶孩子。

美要外化于形内化于心。正确的审美观可以从外形开始，让孩子知道什么样是美的。衣贵洁不贵华，上循分下称家。孩子要穿着适合自己身份的衣服。从小就要引导孩子不爱慕虚荣。同时要让孩子知道真正的美是由内而外的，我们不能改变自己的外貌，却可以改变自己的气质，腹有诗书气自华。美不是刻意的，而是自然地流露，服饰并不能遮挡善良阳光的内心。

家长时时处处都可以做孩子的榜样。《小王子》里有这样一段话:“仪式感能让某一天与其他的日子不同，让某一时刻与其他时刻不同。”创设仪式感为自己和孩子留下温暖的回忆，也能进一步拉近亲子关系。周末的时候，可以和孩子一起做点小点心、泡一壶水果茶，一家人喝个下午茶，要让孩子看到生活的五彩斑斓，而不是只会学习，只会工作。把日子过得热气腾腾，其实这也是习惯。

三、学习习惯

良好的学习习惯包括预习习惯、记笔记的习惯、整理卷纸的习惯、总结反思的习惯等等。

学习是建立已知知识与未知知识之间的连接，而预习就是去明晰自己的已知和将要学习的未知是什么，提前做到心中有数，下一步的学习能更有的放矢。预习需要孩子独立完成，带着对自己的认知、自己的思考再去进行下一步的学习，才能充分发挥预习的作用。下面以小学语文为例，说说如何指导孩子进行预习。

小学语文预习指导

（一）默读全文

拿到一篇新课文，会有一些不认识的字和不理解的词语。初读课文时，可以采用默读的方法。一边默读，一边完成下面的任务：

1. 给文章的自然段标上序号。

2. 用“～～～”画出自己比较喜欢的词语或句子。

3. 了解课文的大概意思，譬如课文写了一件什么事，介绍了一个什么人，描写了一些什么景物，告诉我们哪些道理，抒发了作者怎样的感情，等等，用两三句话说出来。同时对于自己的疑问可以标注出来。

（二）自学字词

通过查阅字典、词典（建议使用《现代汉语词典》），自学字词。对不认识的字读准字音，对不理解的词语，要初步了解它的意思，还可以查字典去扩词。

1. 认字表，读准字音，会口头组词。

2. 写字表，在字帖中描红，并用自己的办法记住它们。可以通过对比熟字来识记，比如“怕”字，和熟字“伯”“拍”对比，抓住不同点“忄”，想到“怕”与人的心情有关，这样很快就把“怕”记住了。比如“晴”字，即“青”的左边加“日”。还可以用编顺口溜的方法识记，比如“游”字，一个姓“方”的大人带着三个孩子到游泳池里游泳。小孩子的想象力很丰富的，他们能想出很多适合自己的办法去记住生字。

3. 根据认字表和写字表，画出课文中的新词（课文中带有认字表和写字表中生字的词语）。对于不理解的词语先联系上下文想一想，再查字典对照，把自己查到的词语的解释写在书上或者预习笔记上。还不理解的，在书上标注出来，上课的时候提问。还可以试着用这些词语造句，选择几个词语去说一段话。

4. 查字典给多音字注音组词。

（三）有感情、大声朗读

可以把自己喜欢的部分有感情地多读几遍。

（四）摘抄好词佳句

把发现的好词句，应该积累的词语句子，自己认为值得学习、借鉴的词句摘抄下来。想一想，这些词句好在哪儿？简单地评一评。动手摘录，使眼、手、脑并用，效果比读更好。

（五）思考

对课文有了初步的了解之后，思考一下，还有哪些问题不太理解，标注出来，上课提问。

比如：1. 故事的结局为什么是这样呢？

2. 作者是在什么情况下写的这首诗呢？

3. 我觉得有些地方写得不太好？

综上所述，“默读课文—自学字词—大声朗读—摘抄好词—思考困惑”，便是预习课文的常规性步骤。

在培养孩子预习习惯的过程中，家长也有些方面需要注意：

首先，家长要有一个逐渐放手的过程。

预习，必须要按照学生的认知规律有一个由扶到放的过程。刚开始时，家长要有具体的指导，讲授预习方法，细致地安排预习步骤，孩子在预习中出现问题，家长要及时帮助解决。孩子预习后，家长要认真检查，注意表扬鼓励以激发学生的预习兴趣。坚持一段时间，孩子养成良好的习惯以后，家长可逐步放手，最终达到学生独立预习。

家长切记：预习是让孩子自己学习，即使在预习的初期阶段，家长也是指导孩子如何预习，而不是家长或家教来教他们学习。比如生字的学习应该让孩子自己通过查字典知道生字读什么、什么意思，而不是别人直接告诉他。

其次，注意预习的灵活性。

预习虽然有一些常规步骤，但也不要刻板教条。

1. 因文而异。语文课文文章体裁多种多样。不同的文体，预习的侧重点可以有所不同。比如有的课文（如诗歌），语言简练、朗朗上口，预习的重点可放在朗读上；有的课文内容较深，成文时间距离现在比较久远，预习的重点就可放在了解时代背景上；有的课文预习的重点可安排在对词句的理解与积累上……

2. 因人而异。每个孩子在知识储备和学习能力上都有一定的差异，家长要根据自己孩子的具体情况进行要求。比如基础知识不扎实的孩子，字词要作为预习的重点；基础知识较好的孩子，可以把对课文的理解作为预习的重点。

3. 因学段而异。低年级预习以朗读为主，中年级以字词为主，高年级的预习就会比较全面且深入。

再次，到了中年级可以开始尝试将预习的内容写在笔记上。

预习笔记可以包括以下内容：

1. 本课新词。

2. 生字（田字格里的）扩词。

3. 成语、不理解的词语需要解词。

4. 找出本课的多音字并注音、组词。

5. 摘抄课文中的好词佳句。

6. 写下你的疑问。

相对而言，数学的预习难度要大于语文，这时候重点是要把自己所有弄不懂的地方、所有疑惑的地方都记录下来，带着问题去听课，这样不仅能有重点地去听课，还能大大提高听课的专注度，课堂上的思维也会更加活跃。

英语学科的预习，相对更加容易，因为现在学习资源和学习类电子产品很多。比如各种课文音频，各种点读笔，各种学习机。学生完全可以自己进行课文跟读，这就是一种很好的预习方式。

有了课前的预习，接下来就是课上记笔记的习惯，课堂的四十分钟一定要高效利用，让大脑、眼睛、耳朵、嘴巴、手多个器官同时工作，记笔记有助于听课更加专注，同时有些内容也需要记录下来，留作课后复习的资料。熟练的书写技能是记笔记的前提，家长一定要通过大量的练习来强化孩子的书写技能，以达到全自动化的书写水平，并练就标准美观的“考试体”。课堂笔记还要有设计感、工整简洁，让知识点一目了然，如果记完的笔记自己都看不懂，就没有意义了。在前期的时候，家长需要对孩子的笔记予以指导、检查，养成良好的习惯。

还要有整理卷纸的习惯。孩子随着年级的升高、科目的增加，每一科都有很多的学习资料、笔记，尤其是卷纸。家长要培养孩子独立整理卷纸的能力，有些家长一直是自己为孩子代劳，结果就是孩子自己什么也找不到，需要什么都得家长去帮忙，一旦没有家长的帮助，自己的卷纸就会更乱，就更找不到了。

我的学生小李，家庭条件优越，家里除了爷爷奶奶、爸爸妈妈，还有保姆精心照料。周末，他的学习用品都是他妈妈帮助整理，到学校用不了一天，就乱糟糟了，第二天书桌膛里就惨不忍睹了，什么卷纸都找不到。后来我和家长进行了沟通，希望周末让孩子独立去练习整理。开始的时候很困难，看见一堆乱七八糟的卷纸，小李会显得很烦躁，越烦躁越整理不好。后来我在学校经常带他练习，同学也帮助他，他有一点进步大家就鼓励他，慢慢地，他开始学会整理了，而且每天整理完都会很骄傲地让我去检查，有时候还会去帮助别人。他妈妈说现在在家的时候，他也特别高兴地帮助别人去整理物品。

我发现能整理好卷纸的孩子思维也很有条理性，上课无论老师说要讲哪张卷，他都能迅速地找出来，这样的学生通常成绩也很好。小孩子的可塑性还是很强的，良好的习惯就要从小培养。试想一下高中生，那么多学习资料和卷纸，如果不能很好地整理，到处乱七八糟，不仅影响学习的效率，也会影响自己的心情。

在学习中总结反思的习惯也非常重要。

“学而不思则罔，思而不学则殆。”家长在对孩子进行教育的时候，要时常停下来反思自己的教育目标、教育行为、教育效果。孩子学习也是一样的，不能一直埋头苦学，要清楚自己在学什么，学会了什么，没学会什么。要将已有的知识进行构架，形成知识体系。就像把知识在大脑里分类整理一样，否则，知识在大脑里乱七八糟，想提取什么都找不到。

良好的习惯是家长在孩子的人生银行里存下的一笔存款，孩子的一生都可以不停地从里面得到利息。而不好的习惯就像高利贷一样。所以家长对于孩子不好的习惯一定要立即纠正，不能拖沓。

第四部分

关于学习

你家孩子
也能成绩好

01　明确孩子学习的意义

我们班成绩最不好的是一个小女孩，她其实是一个很乖也很有家庭教养的孩子，只是不喜欢学习。我问她："你成绩不好，妈妈会批评你吗？"她说："当然不会，妈妈说学习不好没有关系的，她也不希望我学习好。"我有些惊讶，约了她的妈妈，她妈妈是一位优秀的律师。我简单和她交代了一下孩子的成绩情况。

"老师，您说这些我都知道。"

"作为家长，您是怎么想的呢？"

"我没怎么想，我觉得孩子这样挺好的。"

"您考虑过孩子的感受吗？"

"就是考虑她的感受，我才对她没有要求的。"

"目前的成绩总是不理想，并不是说一定对将来有什么样的影响，但是会影响她当下的自信。"

"老师，成绩不好就不自信吗？我觉得成绩更多的是满足家长的虚荣心，您说学习的意义是什么？"

学习的意义是什么，这个问题有点大，我竟一时语塞。她以为我是不高兴了。

"老师，我这人说话直接，您别介意，特别感谢您对孩子的关注，我知道您也是为孩子好。可能每个家长对孩子的要求不一样。我从小学一路读到博士，在学习上都是佼佼者，现在在律师这行业，做得也还算可以。可能别人觉得我还算成功。其实一路领跑，我很累，这么多年，我一直想停一停，但是根本停不下来。所以我希望我的女儿不要活成我这样，一开始就不要跑到快车道上，更不要做领跑，我也不需要她将来如何成功，只希望她活得轻松快乐。”

她还和我讲了很多她上学和工作的经历以及光鲜背后的不易。

“有些家长自己不努力，但是逼孩子学习，希望孩子将来给自己带来更好的生活，我觉得他们这样很自私。我宁愿自己努力，给孩子更好的生活。”

夜深人静，我还在想着和她的谈话，想着为什么让孩子努力学习。仅仅是为了将来更好的生活吗？如果是这样，在自己辛苦和孩子辛苦之间，她宁可选择自己辛苦。从作为母亲的角度考虑我可能也有过她这样的想法，她的理念听起来似乎无懈可击，但我还是不能完全认同。后来我写了一篇关于学习的意义的文章，发给了全班家长。

各位家长：

很高兴又一次与大家交流我近期的一点小感悟。最近我一直在想，我们为什么让孩子努力学习？也希望大家把你对这个问题的看法反馈给我，我们相互交流。

首先，我最朴素的想法就是孩子别学坏。我们总会听到音乐老师说：“学乐器的孩子不会学坏。”美术老师说：“学画画的孩子不会学坏。”我想说：“只要认真学习的孩子，都不会学坏。”为什么这样说呢？因为在成长中的孩子精力旺盛，他们需要一个出口去消耗旺盛的精力，那么通过学习便可实现一个消耗，以达到能量收支的平衡。如果孩子没能通过学习这一途径来消耗旺盛的精力，那么他一定会找一个其他的途径，小的时候还好，毕竟体力、胆量都有限，最多也就是淘气，打个架、玩个恶作剧，长大一些了呢？

其次，在学习的过程中，培养孩子的意志品质。一个人如果具备了坚韧的意志品质，那就是为他将来从事任何行业都打好了基础。当他懂得了坚持，他再从事什么工作都不会三天打鱼两天晒网。而良好的意志品质就在一个人学习的过程中，在不断的坚持中，在不断的克服困难中形成。

我女儿学钢琴，有人曾问我为什么让孩子学钢琴，其实我的初衷就是培养孩子的意志品质。因为我们知道钢琴的学习是极其枯燥的，我觉得对于很枯燥的事情，甚至她并不喜欢的事情，她能坚持一年，几年，十年，十几年，这对她就是一种磨砺。如果一个孩子能坚持每天弹一个小时的钢琴，他同样也可以坚持做其他的事情一个小时，其实就是在坚持的过程中学会坚持，在坚持的过程中养成坚持的习惯。

再次，在学习中体验成就感，感受快乐。学习的过程，的确辛苦，但当我们回首自己努力学习的过程，仅仅是苦吗？学习有的时候也是一个征服的过程，征服各种知识技能，也是征服自己的内心。在每一次的征服成功后，你便会体验到成就感，感受到快乐。这种成就感就像长途中的加油站一样，不仅不断地给自己补充前进的能量和动力，同时也会冲淡过程中的艰辛与枯燥。

我们很多家长都通过辛勤努力取得了成就，改善了家庭的物质条件，可以让孩子享受高品质的生活；同时，我们每个家长都愿意倾其所有，把自己最好的东西都给孩子，希望自己的孩子过得快乐。在这个过程中，我们很有成就感，我们也很快乐。

作为父母，我们吃过的苦总不想让孩子再去吃。当我们把一切都准备好，摆在孩子面前告诉他只要享用就好了，然而这样孩子真的会快乐吗？一个没有目标、没有方向、没有追求、没有成就感的孩子，他会快乐吗？当他在轻松享乐中找不到自己存在的价值的时候，他快乐吗？他没有感受过苦的过程，直接去品尝香甜的劳动成果，是没法品出其中的香甜的。

紧张辛苦地学习工作一周，周末我们休息一天，我们觉得放松，挺快乐；同样，如果一周中你一直在休息，周末你再休息一天你还能感觉到轻松快乐吗？就像海参鲍鱼好吃，天天吃也会腻的。

人毕竟是高级动物，我们活着不仅是为了满足自己的口腹之欲，我们还有精神上的追求。《大学》中讲“修身、齐家、治国、平天下”。我们让孩子学习，不仅仅是为了让他自己过上更好的物质生活，还有在为社会、为国家，甚至是为全人类做贡献的过程中实现自己的价值。

任何事情最难的都是把握住度，人生不是只有A和B两个选项，在它们之间还有无数个选项可以选。孩子也不是要么过和家长一样的人生，要么过和家长相反的人生，他们还有更多的选择。

最后，通过学习遇见更好的自己，变成自己喜欢的样子。人生其实就是一个寻找自我、发现自我的过程，每个人可能都会有自己很擅长的一件事情，但这需要在学习的过程中不断探索，不断发现自己的优势所在，然后在此基础之上再去不断提升自我，遇见更好的自己，让自己有能力变成自己喜欢的样子。当自己真正地喜欢那个真实的自己的时候，自己的内心一定是充满喜悦的，而这一切美好都只有在努力的那条路上才会遇见。

赵老师

这位律师妈妈是这样回复我的：

敬爱的赵老师：

您写的《我们为什么让孩子学习》，我反复读了几遍，之前我只是在想学习于孩子的意义，却没有看到学习给我自己带来的变化。因为自己的努力学习，我才有底气地告诉孩子她可以不学习，这个时候，其实我的内心是充满自豪的。而在我目前的这种教育理念下，她将来会是一个什么样的母亲，又会给她的孩子什么样的教育呢？想到这里的时候，我意识到自己错了。可能从小在我的意识里就只有“输”和“赢”两种选项，长大了又从事了这样一份只有着输和赢两种选项的工作。您说得对，在这个世界上，在A和B之间还有无数的选项可选。我自己在一个极端，又把孩子推向了另一个极端。

我的女儿在每次考试之后，虽然我不批评她，并努力开导她，但是她的眼神中依然有落寞。我又想起每次我赢了案子告诉她的时候，她的眼神很复杂，有高兴，有羡慕，好像也有一丝落寞。而我却沉浸在自己的喜悦中，没有过多关注她的感受。她一定也是不喜欢自己现在的样子。虽然我自己也还没有变成自己喜欢的样子，但是我还有能力去改变。我应该在努力这条路上和女儿结伴而行。再一次感谢老师让我对自己、对孩子、对教育又有了一次深刻的反思。

这是一位有悟性的妈妈，属于一点就透的类型。家长意识到问题，有改变的意愿，孩子的改变自然会水到渠成。

我的另一个学生小凡，一个特别干净的男孩，他的长相很有韩剧中男主的感觉，眉清目秀。性格阳光又不张扬，与同学相处随和又大气，老师们都特别喜欢他。他最大的不足就是有些小懒惰，在老师的严防死守之下，他的成绩还算过得去。上了初中之后，他还是觉得学习太累了，家长也同样心疼孩子学习太累，觉得国内教育太卷了，想出国，然而又赶上新冠疫情暴发，家长又舍不得孩子出国了。就这样，疫情几年，他一直没在学校上学，只是在校外上了一些准备出国的课程。每天睡到日上三竿，晚上又日落而息了。

2023年春节后，他终于可以出国了。他在出国前来学校看我，才几年的时间，但我惊讶于他的变化：他虽然身高已经一米八多了，但是目光呆滞，眼角嘴角自然下垂，已不再是曾经那个“韩范儿”的阳光男孩。这就是因为他处于精力旺盛的少年时期，长时间的无所事事没有寄托，生活没有一点目标，整个人就会显得无精打采，眼睛里都没有光，甚至让你觉得他的面容都发生了很大的变化。面对孩子的变化，家长也后悔当初心疼孩子学习辛苦，而纵容了孩子的懒惰，但是人生哪有返程的车票。

我们每个人的人生都有无限种可能，学习也不是唯一的出路，但是基础教育是孩子将来从事任何行业的基础。作为家长，我们不去干预孩子的人生，但是我们要让孩子具有选择人生的能力。当他有了这种能力后，今后是选择继续努力还是享受轻松的生活，都是由他决定的，而不是给他我们自以为的幸福。如后者那样，当他大了，就只能被动地接受家长赋予他的生活。

家长自己首先要想明白：“我为什么要让孩子学习？”随着孩子的成长，他自己也会思考这个问题：“我为什么要学习？”只有家长先想明白了，正确引导，孩子以后才有可能也想明白这个问题。

孩子的学习之路和我们的教育之路都是任重道远的，但是“路虽远，行则将至”，方向对了，目标就不会远了。

02 科学奖励，逐步激发孩子内驱力

我曾经教过的一个学生小陈，他学习成绩还算优异，但是非常不稳定。后来我和他的家长沟通了一下，我了解到这是一个高知家庭，父母有留学背景，家庭氛围非常民主。的确，小陈很独立，也有主见，规则意识还很强。

但是，我注意到这样一个民主的家庭从小就对孩子进行物质奖励，父母告诉小陈你想要什么都要自己去努力得到。比如想要一个玩具，就要通过优异的成绩来换取相应的钱，攒够之后自己去买。在他家，所有的事情都是明码标价的，小陈曾经明确地和我说过，他学习的目的就是为了得到家长的奖励，如果这一段时间他没有什么想要的东西，他就不会努力学习，直到他有了非常喜欢的物品，他才会再去努力。

小陈的这些表现都是家长单纯的物质奖励造成的，这不仅影响了他的学习动机，甚至也扭曲了他的价值观。

慢慢地，他与同学相处也是这样的思维模式。他做什么事情都有很强的目的性，只有一个原则就是看有没有好处。比如同学需要帮助，他就会想这件事能给我带来什么好处，如果什么都没有，我为什么还要帮他。在同学眼中，小陈就是一个精致的利己主义者。

奖励在心理学上也被称为“阳性强化法”。其实人及动物的大多行为都是后天习得的，是行为被强化的结果。如果想建立或保持某种行为可以对其行为进行阳性刺激，即奖励。通过奖励强化该行为，从而促进该行为的产生

和出现的频率，最后固化为习惯。

在低年级，由于孩子年龄还比较小，认知有限，他们的学习动力更多的是源于家长的要求。重赏之下，必有勇夫；赏罚若明，其计必成。对于低龄儿童而言，“胡萝卜加大棒”是很奏效的方式。家长和孩子一起制定明确的目标和规范，在执行的过程中，家长适时适当给予奖励或惩罚。

比如，每天的作业写得字迹工整并且是一百分，就奖励一块糖。也可以奖励一个玩具，如果玩具比较大，还可以每次奖励这个玩具的一部分，孩子特别希望得到完整的玩具，也会更加努力。只要是孩子喜欢的，当然也可以是其他的东西。还可以用积分卡的形式，每次奖励一个积分卡，可以累积，十个积分卡可以实现一个愿望。也可以画一个苹果树，孩子表现好的时候就画上一个苹果，当苹果树结满苹果的时候就可以换一个礼物。总之，为了调动孩子的兴趣，可以变换不同的方式，但是原理都是一样的，就是通过对孩子的正向行为的及时奖励来强化他的正向行为，久而久之便会将这一正向行为固化下来。

在鼓励正向行为的同时，一定要对孩子的不良行为进行惩罚。惩罚就是通过厌恶刺激的呈现来降低不良行为在将来再次发生的可能性。从这个角度来讲，惩罚不是教育孩子的主要手段，而是辅助手段，但是也是不可或缺的。家长一定要注意，惩罚不一定就是体罚，也可以取消一次他比较喜欢的活动。总之，惩罚的一定是孩子比较在乎的。在这个阶段，家长能发挥的作用还是很大的。如果说孩子是水，那家长应该是水渠。水的流向在一定程度上取决于水渠的方向。

这种阳性强化法在短期内就会效果明显，可以说立竿见影。但是家长一定要注意，当孩子的正向行为趋于固化的时候，物质奖励要慢慢退出，因为这只是在孩子正向行为没有形成之前我们临时采取的方法，不是长久之计。

如果在孩子的学习和成长过程中一直都用这样的奖励方式，孩子会迷失自己真正的学习动力。

要想真正激发孩子内在的学习动力，仅仅靠物质奖励是做不到的，只有直触孩子的灵魂最深处，才会引发他内心的震撼。

女儿是一个有童年的孩子，同时也是一个零基础入学的孩子。当时10以内加法她需要数手指头，拼音和英文字母都不会，连名字都是上学之前学会写的。零基础的孩子入学后其实就是行程问题中的追及问题，一追就是六年，从入学的倒数到在班级名列前茅。在这个过程中，最重要的就是学习动力，车子只有加满了油才能跑得快。

小孩子都会贪玩，都会有惰性。对于如何去激发她的学习动力，我也是想了很多办法，但是我觉得对她触动最大的还是我的一篇日记。那时候，她四年级，她以为是她无意中看到了我的日记，其实是我有意而为之。一个很精致的日记本，我在扉页写上了"用笔尖来诉说心中的幸福与苦闷"。接下来是我的一篇手写日记：

时间真是太可怕了，恍惚间我已做了十年的妈妈。十年前，我觉得自己还是个小女孩，一个小生命的到来改变了我的生活。她比一般的新生儿要漂亮许多，皮肤白白的，眼睛大大的，刚生下来就是睁着的。那时，我躺在病床上，医生把她放在我的胸前，她就像一只小青蛙一样趴在我的身上，感觉她的身体凉凉的，而我的泪水已止不住。接下来，我这个新手妈妈虽手忙脚乱，却也乐在其中。因为她实在太可爱了，每当她对我笑的时候，我的心似乎都被融化了，所有的疲惫也随之烟消云散。

慢慢地，她能爬了，会走了，能说话了，会叫妈妈了，能随着音乐跳舞了。那时候，她就像一个精灵，一个天使，她是上天送给我的最好的礼物。然而上幼儿园后，她开始接二连三地得感冒、肺炎，每次发烧，我都会整宿不睡，我担心我睡着后她再烧厉害了。就这样，她每生一次病于我而言就像扒掉一层皮一样，然而，这依然不能影响我作为母亲的快乐。

就在这样的无忧无虑、自由自在中，我们一起过完了学前生活，入小学的日子如期而至，看着她小小的背影，背着大大的书包，我的心里有种莫名的酸楚。而接下来的日子，过去的母慈子孝，全变成了鸡飞狗跳。她的学习成绩让我不能再平和。我不是老师吗？我教过那么多优秀的学生，怎么在自己孩子这里就玩不转了呢？

时间就这样一周一周地过去了，她的成绩却依然不见任何起色，让我最为苦闷的是她面对成绩的满不在乎、平时学习时的心不在焉，为什么会这样呢？原以为自己并不是一个虚荣的母亲，但是在同事一起谈论孩子的学习的时候，我还是觉得抬不起头、插不上嘴，简直就是教学等级年度考核不合格的感觉。该怎么办呢？该怎么办呢？我无数次地问自己，曾经，我是多少家长的军师，为他们出谋划策，如今面对自己的孩子，怎么就黔驴技穷了呢？看见她现在的样子，我的心被痛苦塞满，无数的夜里，泪水打湿了枕巾，模糊中还是她刚出生时那双美丽的大眼睛。

一切的原因都在我，是我没有照顾好她，学前经常生病；是我忙于工作，疏忽了对她的教育；是我在有了她之后，忽略了自我成长。我一直想做个好妈妈，然而我不是。但是，我不会放弃，我还会继续努力，我也相信我的女儿，她也一定会努力的，一定会的。

那天她看完我的日记，我假装不知道，但是在默默地观察她，我发现她的眼神有了变化，我再带她学习的时候，她不那么抵触了，不那么心不在焉了。这就是“世上无难事，只怕有心人”，只要她内心有想法了，其他的困难就都不是困难了。

在小陈这件事的影响下，我很少给女儿物质奖励，一般都是满足她的合理需求。需要什么，想要什么就买什么，而不会因为做了一次家务、考了一次好成绩就去与她进行等价交换。所以，现在当她遇到事情的时候她都是按自己的是非标准去考虑这件事情能不能做，按自己的内心想法去考虑这件事想不想做，仅此而已。一般不会去衡量其中的利益，她也不喜欢利益交换。

在物资相对匮乏的年代，“知识改变命运”是很多人的学习动力。而今天随着社会的发展，尤其是城市中的孩子，大多在物质生活上不说是应有尽有吧，也一定是衣食无忧的。举个最简单的例子，原以为猫抓老鼠是天性，然而我们不难发现，现在的猫很少有去抓老鼠的，有的甚至和老鼠一起玩耍，或者惧怕老鼠。听起来像笑话一样，事实就是如此，我们想一想，为什么呢？原因也很简单，现在的宠物猫有各种美味的猫粮，主人换着口味地给它弄吃的，在这种情况下，它为什么还要自己费力去抓老鼠呢？孩子也是一样的。

那么在物质相对充裕的今天，我们该如何去激发学生的学习动力呢？

随着孩子正向行为的养成、年龄的增长，家长要将对孩子由物质奖励过渡到精神奖励。我们可以和孩子一起制定小目标，感受努力后的成就感，在这种成就感中获得进一步学习的动力。在努力后取得成绩的时候，大脑会分泌一种让人愉悦的物质多巴胺，而这样的愉悦感会促使孩子更加努力，从而进入一个良性循环中。这时候引导孩子制定目标一定不要太大，不要太难，也不要长远，是孩子努力一下在短期内就可以实现的。经过几次这样的小循环，孩子不断地被认可，他的学习动力也会越来越强大，会让你觉得他在学习中越来越有劲头，从而也开始进入一个大的良性循环中。

老师在教学中也会对学生有相应的奖励。比如对于在考试中成绩优异的同学，开始的时候我也会给一些物质奖励，但慢慢地我会变成精神奖励。精神奖励也可以有不同的形式，可以是当众的语言表扬，可以是象征荣誉的奖牌、奖杯，甚至可以是一个拥抱。有一次期末考试之后，我说满分的同学到前面来，我要拥抱你一下，这时候，我发现无论是被拥抱孩子的幸福感，还是没有被拥抱的同学的羡慕之情，都远远大于我之前给出的物质奖励。

随着孩子年龄的增长，我们要把孩子对于学习的动力引向一个更高的高度。努力是一种习惯，优秀也是一种习惯，榜样的力量是无穷的。在良好的亲子关系之下，家长可以用自己的努力去感染孩子。家长努力的样子是孩子最好的榜样，这样也是间接地给予孩子学习动力。从身边的父母、老师，到各行各业的精英人士，我们的国之栋梁，让孩子感受到这些人在为社会做贡献的同时也在实现自我的价值。同时引导他们不断去发现自我，树立远大的理想，去感受生命的意义。

我的学生小卢毕业于剑桥大学数学系。在我看来，她不是一个智商超常的孩子，但是她一直很努力，并且这种努力从未间断过。一次聊天中，我问她："长久以来，你这么努力的动力是什么？"她动情地对我说："老师，谈到学习的长久动力，我最要感谢的是您。当我六岁的时候，睁着懵懂的眼睛看着您，您会讲那么多故事，会背那么多诗词，懂那么多的道理。仰望您的时候，就像歌曲里唱的那样，'长大后我就成了你'。您让我觉得渊博的知识能使人高贵，这就是我长久以来努力学习的强大动力。"

这个时候，我又一次体会到做教师的幸福——用一个灵魂去影响另一个灵魂。幸福之余，我思考她的话，"渊博的知识能使人高贵"，而以前我在思考学生学习动力的时候，更多地停留在物质的层面。以为物质生活得到了满足后，会削弱人前进的动力。其实，当物质生活满足了的时候，人就会有了更高层次的精神方面的追求。

“老师，我还有一个感受，不断地努力学习让我觉得自己离自由越来越近。”是啊，她的感悟多么深刻啊！在封建社会，学而优则仕；在美国如扎克伯格等人，学而优则商；在未来，我们的孩子应该是学而优则自由，包括物质上的自由、精神上的自由、时间上的自由以及认知领域的自由。自由很美好，但是它在高处。如果说每个人的人生如一个圆形，越大的圆，它的周长越长，他与外界的接触面越大，他的生命的宽度也就越宽，他看到的风景也就越多。而这一切对于学生来讲，都可以是他们的学习动力。

著名的教育家蒙台梭利曾说：“教育就是激发生命，充实生命，协助孩子们用自己的力量生存下去，并帮助他们发展这种精神。”从一块糖、一个拥抱的满足感，到实现一个小目标的成就感，再到自我实现、服务社会的使命感。**家长要随着孩子的成长不断地变换自己对孩子的教育方式，去激发孩子的学习动力，这才是教育的根本。**

03 坐得住——培养坚毅学习品质的第一步

我的学生小杜父母都是博士，这个孩子也是极其聪明。虽然刚上小学，但是他的阅读量特别大，知识面特别广。他最大的问题就是上课坐不住，老师一转身，他就不一定在教室的哪个角落了。就这个问题，我和孩子的妈妈进行沟通。我说了孩子在学校的表现之后，孩子的妈妈对我说："老师，您找我就这事吗？"我哑然了，一个"就"字让我感受到她并不觉得这是个事。

"他没怎么上过幼儿园，可能有一点不适应学校生活，一直都是我和他爸爸亲自教他。爸爸有时候给他讲一些天文啊，地理啊，连续讲一个多小时他都不动的，他尤其对飞机感兴趣。"

"作为老师，我想说，学校讲的内容未必都是每个孩子感兴趣的，但是作为学生，首先要遵守课堂纪律。这也是他日后学习的保障。"

这次沟通并不愉快，甚至有点话不投机半句多的感觉，我能感觉到这位妈妈觉得我的教育理念陈旧，甚至在扼杀孩子的天性。因为家长的不配合，我的教育效果也不显著。后来，小杜不仅在班级溜达，甚至还会溜达到别的班，如果是他感兴趣的课，还会留在那儿听一会儿，他就如同一个活在自己世界里的自由人。同学们似乎也习惯了他的这种状态，只有我每天会不停地找他。他的确很聪明，不听课基本也都会，在低年级成绩也很好，优异的成绩更让家长觉得孩子没问题。

到了三年级的时候，他不到处溜达了，因为该去的地方他基本去过了，但是他依然不听课，坐一会儿就会趴在桌子上，像没有骨头一样，脖子根本支撑不住头，必须用手臂支撑着。左手支撑累了，换右手。作业也不爱写，久而久之，在一个集体中，因为他总是游走在规则之外，和别人不一样，他也没什么朋友，成绩也越来越差。这时候，家长意识到问题了，开始想去纠正，但是已经很难了，后来，他转学了。

我在工作中发现，在小学阶段坐不住的孩子很少有成绩优异的。因为

他坐都坐不住，又怎么能听课呢？相反，能坐得住的学生大多数专注力比较好，成绩自然也不错。

小沈是一个零基础入学的小孩，完全一张白纸，只会写自己的名字，拼音、写字完全不会，识字量也不多。刚一上课，还没等我开始就有同学着急展示自己了："老师，这个我都学过，我会。""就好像谁没学过似的，我都学两遍了。"刚入学的小朋友好胜心爆棚，有人甚至喊出了一百遍，这时候，我默默观察，只有小沈一言不发，一直用他的大眼睛盯着我。

接下来的学习，他每天都是坐得端端正正，萌萌的大眼睛专注地看着老师。学期初，能感受到他和别人的差距，但是到期末的时候，他甚至比别的孩子学得还更扎实一点。这一切都得益于他坐得住。

所以说，坐得住是培养专注力的前提，坐不住的问题随着孩子年龄的增长会有些许改善，但是由此引发的注意力不集中，一旦习惯之后很难纠正。所以，有些初中生甚至高中生的注意力依然不集中。家长培养孩子"坐得住"，要抓住关键期，最关键的阶段就是小学一年级，争取用一年的时间让孩子能坐得住。

在幼儿园阶段，有些教室可能只有椅子没有桌子，所以孩子还是很随意的。但是上了小学之后就不一样了。一年级刚入学，我们都会教孩子，老师喊"一二三"，同学喊"坐端正"，老师会要求学生"双脚着地，双腿并拢，挺胸抬头，目视前方"。这就是在培养孩子坐得住。刚一入学，大多孩子坚持五分钟是没有问题的，经过一个学期，我们就能坚持到二十分钟，二十分钟的时候，课堂上会有一个小律动，让学生站起来跳个舞啊，活动活动，再继续后面二十分钟的学习。一年之后，大部分孩子基本就能坚持四十分钟了，这不是让孩子在四十分钟内像木头人一样一动不动的，而是让他们基本保持一个良好的体态，保持四十分钟的专注力。

很多小学在入学后的第一周一般都不讲课的，主要就是让孩子了解学校的学习和生活方式、学校的规章制度，培养学习和生活习惯。我会观察每一个学生，他们的意志品质是不一样的，有的刚一入学就能坐住四十分钟，有的不到五分钟就坐不住了，还有的孩子，在老师的教育和鼓励之下，能看到他在努力，在一点点突破自己，从五分钟到十分钟，到二十分钟，最后到四十分钟。

家长在孩子入学之初，一定要做好和学校老师的配合，先和孩子讲规则。告诉孩子你现在是小学生了，不是幼儿园的小朋友了，你必须遵守学校和班级的各项规则，上课要坐姿端正，并且要坚持到下课。并且不断通过奖励和惩罚并用的方式，规范孩子的行为，在孩子遇到困难的时候要及时给予鼓励。这个阶段的孩子，鼓励和表扬对他们的教育效果非常好。

家长还要及时看老师的反馈，多向老师了解孩子的情况。如果老师已经因为这个问题主动找你沟通了，说明问题已经比较严重了，这时候，家长一定要重视。就像前面讲到的小杜，家长如果错过了培养好习惯的关键期，以后再想去培养就会比较困难了。

这个阶段的家校配合也很重要。对于坐不住的孩子，家长要在家进行一对一练习，每天坚持，逐渐延长坚持的时间，让孩子获得成就感。在学校表现不错的孩子，周末也要进行巩固，否则学校老师五天的教育效果就会毁在周末两天上。

家长要注意区分孩子的多动与随性。现在被定义为多动症的儿童越来越多。作为老师，我一般不会认为坐不住的孩子就是多动症。我会重点观察孩子的动作幅度，一般多动的孩子会一直有些肢体或面部的小动作，是他不自觉发生的；而随性的孩子一般是有大动作，比如转身、下座位、趴桌子等等。再有就是孩子这种状态持续的时间，比如有的孩子有眨眼、晃头等小动作，有些孩子我们不去提醒他，不去关注他，过几个星期，自己就好了。如果持续了几个月还没有好转，就可以考虑去看看专业的医生。但是现在有些家长特别心急，看见孩子眨眼就一直提醒他，这其实是对孩子的一种心理暗示，让他更加关注眨眼这件事；或者直接去看医生，结果有可能更加严重。可以尝试先不去管他，然后默默观察一段时间。

对于小学低年级的孩子而言，有些时候，家长和老师就像动物园里的“驯兽师”，通过教育引导，一点点规范他们的行为。好的学习行为坚持下来就是良好的学习习惯，良好的习惯稳定下来就是优秀的学习品质。

宾夕法尼亚大学心理学教授 Angela Duckworth 曾对美国西点军校的学生开展过一项研究，结果显示虽然都是通过层层考验、严格筛选才来到西点学校的学员，但他们每五人中就有一人中途辍学。那么，能熬过更加艰苦训练的到底是哪些人呢？进一步研究发现，这些人往往毅力较强。我在工作中也发现，虽然孩子之间的智力水平存在一定差异，但是这并不是决定孩子成绩的最主要因素。那些最终在学习上保持优势的孩子，甚至在工作中都有出色表现的孩子，他们都具有坚毅的学习品质，而绝不是三分钟热血的小聪明。正如麦当劳创始人雷·克罗克所说：“世界上没有什么可以取代坚毅的地位，有才能而失败的人比比皆是，才华横溢却不思进取者众多，受过教育但潦倒终生的人也屡见不鲜，唯有坚毅的人才是无所不能的。”

有些孩子的坚毅的品质可能是与生俱来的，但是更多孩子还是需要后天磨砺的，正所谓“玉不琢，不成器”。坐得住就是培养孩子坚毅的学习品质的第一步。之后，家长要言传身教，做孩子的榜样，并引导孩子不断树立目标，因为带着自我驱动更容易坚持，同时，在学习中、劳动中、体育运动中、技能培养中不断刻意练习，从身体到心理，一步一步去培养孩子坚毅的学习品质，这会让孩子受益终身。

04 坚持是兴趣之母

我的学生小杨，一个胖乎乎的小男孩，很聪明，数学成绩在班级名列前茅，但是英语却是倒数。很滑稽的是，他的妈妈是大学英语老师。一次家长会后，他妈妈和我沟通孩子的情况。

“老师，这孩子太偏科了，让我很着急。”

“您自己就是教英语的，辅导他应该比较方便啊！”

“因为我自己学英语，所以就更没重视过英语，我觉得英语是这几科中最简单的，没想到他对英语就这么不感兴趣。”

“我也觉得英语相对而言，比较简单。您自己是学英语的，您更明白词汇量的意义，而背单词只需要勤奋就好了，即便是对单词不敏感，比别人背得慢一些，多背几遍也是可以的。”

“老师，您说得太对了，他就是对背单词没兴趣。”

这位妈妈又一次提及兴趣。

“您对背单词有兴趣吗？”

“也谈不上兴趣，毕竟背单词是很枯燥的。”

“但是您也去背了，也背下来了，就是因为您觉得这件事是必须做的。而对孩子，您不够坚定和明确的态度，让他觉得这件事还有不去做的可能性。”

后来，小杨妈妈接受了我的建议，开始坚持让孩子去背单词。后来，又让孩子开始背英语课文。仅仅一个学期的时间，小杨的英语成绩就有了大幅提高，他也逐渐地不反感英语了，甚至有点兴趣了。当家长不再接受孩子没有兴趣的借口，把背单词当成一件没有任何商量余地的事情的时候，孩子也就能去执行了。

对于一个懵懂的小孩子来说，最感兴趣的事莫过于玩乐了，他会对写字感兴趣，还是计算，还是英语呢？当然，我们不能否认在每个领域都有极个别的天才，他一接触上某种东西就比别人接受得快。即使这样，他如果不继续坚持学习练习，他之前的那点天分也会随着时间的推移被慢慢消耗掉。

家长要让孩子明白，学习是成长的一部分，是人生的一部分，学习是伴随终生的，尤其是在学生时代，学习就是你的分内之事，就是你的责任。因为没有兴趣就不去学习的做法是荒谬的，有些时候孩子所谓没有兴趣，就是给自己的懒惰找借口罢了。

那么兴趣到底是什么？它又是如何产生的？

心理学家认为兴趣是人们力求认识某种事物和从事某项活动的意识倾向。它表现为人们对某件事物、某项活动的选择性态度和积极的情绪反应。

兴趣的形成是需要一定的过程的。孩子在特定的环境的作用下对某一领域的知识可能产生兴趣，比如他看了别人演奏钢琴，下面是观众热烈的掌声，在这样特定的环境下，孩子可能对钢琴演奏产生兴趣，但是这种兴趣是短暂的。如果我们想让它持久地维持下来，就需要让孩子进一步深入学习，进行大量刻意的练习，并且在这个过程中不断地让孩子获得正反馈，产生成就感，这样，兴趣才能逐渐趋向于稳定，从而进入一个良性循环：努力—成就感—兴趣—努力。

我们不难发现，孩子对于新鲜事物，产生短暂的情境兴趣并不难，所以我们在生活中常见三分钟热度的孩子。**难的是要通过长期的努力，大量的刻意练习把兴趣维持并稳定下来。**孩子只有学到了一定的程度，达到了一定的高度，了解了一些其中的奥妙，才可能有成就感。所以说，兴趣是在不断努力，不断克服困难，度过一个个瓶颈期，不断取得成就感的基础上才慢慢形成的。而过程中的正向反馈，是孩子击败学习过程中困难的巨大动力。

著名作家肖复兴回忆自己的写作之路，源于中学时期的一次投稿，他说："当时叶圣陶先生在我的作文后面写了一则简短的评语：'这篇作文写的全是具体事实，从具体事实中透露出对王老师的敬爱。肖复兴同学如果没有在这几件有关画画的事儿上深受感动，就不能写得这样亲切自然。'这则短短的评语，树立起我写作的信心。"

兴趣的产生也与需要有关，如果从内心认为这件事很重要，然后努力去做，时间久了也会产生兴趣。

女儿在小学的时候恰恰和小杨相反，对于语文和英语中需要背诵和理解的内容都完成得比较轻松，但是数学却很让她头疼。难的不会，简单的算不对；老师讲还基本能听明白，再做题还不会。每天喊着："我恨数学！"对于一个学中文专业的老母亲来说，我又何尝不恨数学呢？我当年就是抱着这样的怨恨选择了中文，永远告别了数学。原以为是永别，没想到十多年后就又见了。不能让女儿重蹈我的覆辙啊！

首先，我和对待小杨一样，告诉她这件事没的选，数学是目前最重要的学科，必须学，还必须得学好。我还给她改编了一首小诗：

你见，或者不见
数学就在那里
不悲不喜
你念，或者不念
数学就在那里
不来不去
你爱，或者不爱
数学还在那里
不增不减
你想学，或者不想学
数学都必须得学
不舍不弃

人都是很聪明的，一般不会做无谓的挣扎。我告诉女儿先排除自己内心的不良暗示，不要再说，也不要再想自己不喜欢数学。

接着就要具体去做了，这时候最好不要让孩子孤军奋战，硬着头皮，我开始和女儿一起学习数学。我重点和她做了两件事，一件是计算，一件是错题。计算一直是她的弱项，因为她没有学前基础，所以入学的时候，当别的孩子对 100 以内加减法都张嘴就能说结果的时候，她 10 以内的加减法还在数手指头。在她四年级的时候，虽然小学学习过了大半，但是计算方面在当年欠下的债还没有还完，于是我开始每天带她练习计算，从 20 以内的加减法开始，到三位数乘以三位数，坚持了一年的时间，她在各种考试中基本不会因为计算丢分了。

再有就是错题，所有的错题她都要一道一道地给我讲，她还不会的，我给她讲。开始的时候因为错题特别多，我们两个几乎周末两天都在讲数学错题，从早晨到晚上，从天亮到天黑，讲得我们两个人都是口干舌燥，我态度温和，但却很坚定。就这样一天一天地讲，她也曾很烦躁：

“妈妈，我受不了，再讲下去我要疯了，咱能不能学点别的。”

“不能！我的感受和你是一样的，但是我告诉自己要给你做榜样，要坚持，数学错题没讲完，什么都不能做。”

就这样坚持着讲错题，慢慢地，她的数学错题越来越少了，成绩也越来越好了。她虽然没说，但我能感觉到她对数学开始有点喜欢了。这样坚持了一年半，五年级下学期的时候，我由于要参加一个比赛，周末要备课，没有时间听她讲错题，我和她说了这个情况，她欣然接受了。在她高兴之余，我还是不放心，我告诉她虽然我们不讲了，但是自己一定要把题弄懂。我忙了差不多两个月的时间，她都是自己复习错题，遇到不会的就自己上网搜题，我发现她会自己学习了，并且数学成绩又有了提高。在高年级，数学成绩好的同学中，男孩相对较多，她自豪地告诉我，她已经能挤进学霸男孩的梯队了。

就是这样的坚持，使这个痛恨数学的女孩开始把数学作为自己的骄傲了，开始对数学感兴趣了。而我这个学中文的老母亲，在陪伴她的过程中，也开始喜欢数学了，我开玩笑地和她说：“我要做语文老师里数学最好的。”

任何事情都是需要一个量的积累之后才会有一个质的飞跃的，学习也是一样的。无论你将来要从事什么行业，都必须有文化知识的积淀，否则总是停留在技术层面。我们先不提一些科研类的专业，即使你将来做演员，做画家，做歌手，等等，你如果想在这个行业有不俗的表现，一样需要文化底蕴的支撑。大家应该也能发现在近些年的高考中，对艺术生、体育生的文化课成绩要求越来越高了，这也是趋势。所以，对于学习这件事不能让孩子仅凭兴趣。

成功无捷径，古今中外，各行各业，令我们仰视的伟人，他们无一不是靠着自己的坚持完成了一定量的积累。在这个过程中不断体验成就感，兴趣也就慢慢形成，从而进入一个良性循环中，最后在自己所在的领域有所建树。这就像爬山一样，当历尽辛苦到达山顶的时候，那种居高临下、一览众山小的感觉会让你觉得自己之前所有的付出都是幸福的。

作家格拉德威尔在《异类》一书中指出:“人们眼中的天才之所以卓越非凡，并非天资超人一等，而是付出了持续不断的努力。一万小时的锤炼是任何人从平凡变成世界级大师的必要条件。”他将此称为“一万小时定律”。一万小时是多长时间？如果你练习一项技能，每天练习四个小时，一周五天，那么一万小时就是十年。这也不难让人联想到中国的古话“十年磨一剑”，其实是同样的道理。

当然，也有的人天生就对一些事情有兴趣，这可能就是我们常说的“老天爷赏饭吃”吧，他们接受起来比别人容易，并乐此不疲，在这方面做得越来越好，受到的鼓励也越来越多，取得的成绩也越来越好。但这样的人毕竟是少数，并且他们也需要后天的努力，否则也会如方仲永一样“泯然众人矣”。

而大多数的孩子虽然不是天资过人，但在后天的学习过程中，努力坚持，在坚持的过程中看到了自己的进步、增强了信心，从而更加努力，取

得更大的成绩，最终进入良性循环。兴趣就这样在日复一日、年复一年的坚持中形成了。

“不积跬步，无以至千里；不积小流，无以成江海。”任何学习都需要靠平时一点一滴的积累和坚持，所以说“不经一番寒彻骨，又哪得梅花扑鼻香”呢。

05 培养孩子的思维习惯

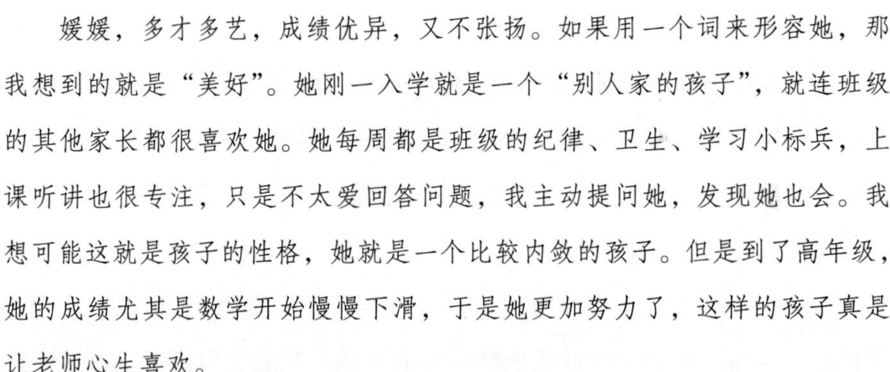

媛媛，多才多艺，成绩优异，又不张扬。如果用一个词来形容她，那我想到的就是“美好”。她刚一入学就是一个“别人家的孩子”，就连班级的其他家长都很喜欢她。她每周都是班级的纪律、卫生、学习小标兵，上课听讲也很专注，只是不太爱回答问题，我主动提问她，发现她也会。我想可能这就是孩子的性格，她就是一个比较内敛的孩子。但是到了高年级，她的成绩尤其是数学开始慢慢下滑，于是她更加努力了，这样的孩子真是让老师心生喜欢。

到了初中，她依然勤奋，但是成绩已经不像小学那么突出，文科成绩好于理科。我想到了高中，她选个文科就好了。然而，就在高中选了文科之后，她的成绩依然不理想，已经从小学的上游、初中的中游，到了班级的下游，最后高考只考了一个一般的本科学校。

媛媛学习习惯好，又很刻苦，脑子不算多聪明，但至少应该也不笨，成绩怎么就越来越差呢?

这个问题，我思考了几年，于是在工作中我横向观察不同的孩子、不同的班级，纵向观察某一个孩子，观察他们的学习状态，观察他们的成绩变化。我发现了问题所在：媛媛是缺少良好的思维习惯，也就是缺少拥有好奇心、求知欲、勇于探索、积极思考的习惯。

通过横向对比，我在课堂上能深切地感受到学生之间思维水平的差异、思维活跃度的差异。思维活跃的学生，新知识能更容易地进入大脑，也会与已有知识进行连接。而思维不活跃的学生，无论什么样的老师讲授什么的样的内容，都无法进入大脑。即使他们看起来也在努力，但是学习并未真实发生，因为学习是一种创造性活动，而不是一个熟练工种，所以需要真思考、真钻研。

学生和学生不一样，班级和班级也不一样。我同时教两个班，同样的授课内容，也能明显感受到两个班级整体的思维状态的差距：一个班思维活跃，课堂上，同学们会因为一个问题争得面红耳赤，我要努力控制局面；另一个班级纪律非常好，学生都坐得端端正正，却是死气沉沉。慢慢地，两个班级在成绩上就会出现差异。

以上是横向对比。从纵向来看，一个在课堂上思维活跃度差，成绩也不理想的学生，我曾一度认为他的学习能力相对较弱，但是当我对他进行一对一辅导，领着他一点点进行思考的时候，我发现他的理解和接受的能力是可以的，并不是在群体中表现出来的那样差。这样的学生坚持一段时间对他的思维进行训练，也就是用各种办法去刺激他用脑思考，他的状态越来越好，成绩随之也有很大的进步。这就是思维习惯的培养对于一个学生的重要性。

通过多年的观察，我明白了媛媛的勤奋主要用于机械记忆和为了熟练的重复练习。而这样勤奋的表象也蒙蔽了老师和家长，让我们忽视了她的深层思维水平。而思维的长期不活跃让它很难再度活跃起来，也就形成了不好的思维习惯，从而束缚了日后的学习能力。

在教育中，我一直强调家长既要关注当下，也要把目光放远一点，着眼于未来才能给当下以指导。有的家长问，那我应该把目光放到多远呢？至少要放到高考，虽然孩子才上小学，哪怕是学前，家长都可以看看每年的高考题。有的家长可能会觉得现在高考题太难了，也看不懂，但家长最起码能看到题型、题目内容，同时还可以看一些权威解读。透过这些，我们应该能看到思维习惯对于学生的重要性。

高考题目越来越灵活，这是趋势。因为这是一场选拔性考试，要选拔出具有创造力和高阶思维的人才。不需要太多的思考，熟能生巧学到的知识未来更适合用于技能方面的工作。包括前面提到的书写、计算我都称它为学习技能，这些都是学习过程中的工具，它们不需要太多思考。很多技能在未来的工作中都可能被人工智能替代，但是思维和创造力是不可被替代的。

菅原道仁，日本著名的脑神经科学家，依据自身二十多年的从业经验著有《超级大脑的七个习惯》一书。书中讲到人类的大脑是“懒惰”的，它更偏爱固定的自动化处理模式，倾向于避开全新的挑战或不熟悉的事物。因为从生理角度看，大脑是高耗能的器官，大脑会消耗人类一日所需能量的 20%，为了节能，大脑作出了“懒惰”的选择。

大脑本身就具有懒惰的特性，如果再长时间地允许它懒惰下去，长时间地处于思维不活跃、思维单一、思维肤浅的状态，就会形成思维懒惰的习惯，再想改变就很难了。我有时候会和学生开玩笑：“脑子总不用，就会生锈，并且会锈住的。”

所以在学习生活中我们要引导孩子多用脑，以激发孩子的大脑潜能，提升大脑活跃度。但是思维习惯的培养比较难，因为它不同于我在本书中提到过的学习习惯、阅读习惯、生活习惯、运动习惯等等，那些都是看得见的，相对而言，更容易被我们重视，也更容易养成。而思维习惯是看不到、摸不到的，它是隐性的。但是随着孩子年级的升高，从小学高年级开始，思维习惯的作用会愈加外显，到了高中阶段就会完全突显出来。

工作的过程中，我看到了一些像媛媛这样的孩子，学习成绩在小学低年级非常好，有的到了小学高年级开始下滑，有的到了初中开始下滑，即使在初中靠着勤奋还能保持着成绩上的优势，但是到了高中大多还是会下滑。

有了媛媛的教训，我开始关注学生的思维习惯的培养。

在教学中，在学生掌握必会内容之后，我会有适当的拔高和拓展，设置一些略微有点难度的问题，这一部分内容并不要求学生掌握，只是在一定程度上去刺激学生的大脑进行思考，以激发他们的大脑潜能、提升思维活跃度。比如，在给二年级的孩子讲《日月潭》的时候，有一段文字：“清晨，湖面上飘着薄薄的雾。天边的晨星和山上的点点灯光，隐隐约约地倒映在湖水中。”我问他们，为什么是隐隐约约地倒映呢？孩子们顿时就来了兴致，有的学生说因为天还没亮，也有细心的学生发现因为湖面上飘着薄薄的雾。在五年级教学《田忌赛马》的时候，我会继续追问，还是同样的马，如果你是孙膑，作为齐威王的军师，你还能再赢了田忌吗？学生的思维立刻被调动起来了。

训练学生思维的过程，我感觉就像是在挖掘宝藏一样，每个孩子都是一个潜在的宝藏。只有打开了他们思维的大门，才能知道里面到底有多少宝藏，只有打开了他们思维的大门，接下来的知识才能顺畅地进入。

培养孩子的思维习惯，可以重点关注以下几个方面：

一、思维的活跃度

其实就是勤用脑，让大脑高速运转起来。在课堂上，学生听课时候的状态，大致可以分为这几类：身体不动脑子动，身体动脑子动，身体不动脑子不动，身体动脑子不动。

如何评估学生是否动脑？课堂上动脑的学生会与老师积极互动，课堂的参与度高，能跟着老师去积极思考，并与老师的思维发生碰撞，能提出自己的想法，有时候甚至会去质疑老师。这样的学生就是思维活跃度高。

课堂中处于第一类听课状态的孩子，是具备学霸素质的，他们既有良好的学习习惯，又有良好的思维习惯。而处于第二类听课状态的学生就是我们常说的聪明的淘小子，他们学习习惯不够好，也不够勤奋，但是思维活跃，随着年龄的增长，找到了自己学习的动力，也可能会成为学霸。处于第三类听课状态的大多是我们眼中的乖孩子，女孩稍多一点，纪律好，习惯好，学习技能熟练，学习态度端正，但是思维活跃度不够，这样的学生在低年级会成绩优异，但是随着年级升高，可能会出现成绩下滑的情况。处于第四类听课状态的孩子是在工作中占用老师精力最多的学生，也是最应该引起家长关注的学生。

因此，家长要和老师多沟通，了解孩子的上课情况。如果老师反馈孩子在课堂上不够活跃，要寻求老师的帮助，家长发现孩子的些许进步就要不断鼓励，一点点去改变孩子的思维状态。

同时，思维的活跃度不仅表现在学习上。在生活中，家长要和孩子多交流，让孩子多去接触生活，保护孩子的好奇心，这样才能更多地引发他们的思考。学贵有疑，我们要鼓励孩子多去问问题，对于孩子提出的问题，家长一定要认真对待、认真解决。对于自己不能确定的问题，可以去查阅资料，或者请教专业人士，一定不要给孩子敷衍过去，更不要给孩子错误的答案。

二、思维的发散度

发散度其实就是思维的多元化。在学习中，一个汉字，可以根据不同的方法去记住它，比如根据意思想字形，换偏旁，等等，启发孩子思考还有什么样的办法。做数学题更是如此，力求从多个角度去思考，鼓励孩子用多种方法去解题。

在教《曹冲称象》的时候，我问他们，你们还有什么好办法吗？孩子们有各种奇思妙想；然后我让其他同学评价这样的做法是否可行，并说出依据，孩子们也是说得有理有据，这也是在锻炼学生理性的表达。

条条大路通罗马，不仅是学习，在生活中遇到任何事情，家长都要引导孩子有了一个解决办法之后，再去思考还有没有其他的解决办法。

三、思维的纵深度

思维的纵深度是就一个问题能不停地进行更深入的思考。去追根溯源，去在已知的基础之上发现未知。我们的科学就是这样一步一步发展的。例如伦琴在 1895 年发现 X 射线以后，物理学家贝克勒尔立即由此追踪，在 1896 年发现了铀的天然放射性；居里夫人又沿着这条发现思路进一步深入研究，发现了元素镭。这三位物理学家的三大发现打开了 20 世纪向微观世界进军的大门。

在教学古诗《三衢道中》（梅子黄时日日晴，小溪泛尽却山行。绿阴不减来时路，添得黄鹂四五声）的时候，在学生掌握了字词、能够熟读之后，我提问，你们能感受到这首诗写的是什么季节吗？你的依据是什么？有的学生回答春天，因为小溪融化了，立刻有同学反驳，这里是三衢，在浙江，不是我们东北，冬天小溪也不会结冰。有的同学很快就抓住了“梅子黄时”，说梅子成熟应该在夏天。

学生们讨论得热火朝天，我告诉他们的确是夏天，更准确地说是六七月份，这个时间段被称为“梅雨季节”。有学生立刻就问：“老师，梅雨季节不下雨吗？怎么还日日晴？”我及时表扬了提问的同学，但是并没有给出答案，而是把这个问题当成了周末作业，建议他们可以去找找关于梅雨季节的诗词，看看别人是怎么写的；可以查阅资料去了解梅雨季节到底是什么样的天气；也可以从你能想到的其他角度入手，总之最后要得出结论，作者到底写错了吗，要有翔实的依据。

下周上课，学生们做了充足的准备。我一进教室，他们就已经迫不及待地要表达自己的想法。有的学生带来一本地理杂志，给大家讲了梅雨季节形成的原因，什么“东南季风”“太平洋暖流”，有的学生立刻又问：“季风是什么意思？”“这个，你等我下周再给你讲。”我知道他还要周末继续回家“备课”。

还有的学生搜集了很多梅雨季节的诗词，我选取了赵师秀的《约客》（黄梅时节家家雨，青草池塘处处蛙。有约不来过夜半，闲敲棋子落灯花）进行对比。通过刚才的地理知识，学生们知道了梅雨季节大部分时间都是阴天下雨的，如果能赶上一个晴天，那是很难得的。于是学生立刻能感受到作者的心情。

这是三年级的课堂，我就是这样不断引导学生从一个知识点入手，一点一点向深层次去挖掘。长时间地坚持训练，慢慢地，他们的思维习惯也在形成。平时家长也要鼓励孩子的打破砂锅问到底的精神，鼓励孩子能就一个问题进行深入探究。

关于思维习惯的培养，家长还可以做些什么呢？

首先，让孩子多动手。

我们常说"心灵手巧"，大脑是我们人体的最高指挥官，我们无论做任何事情，只要动起来，大脑也会动。我们去参观博物馆，当我们看到一件件精美的展品的时候不禁会感叹，很多可能是我们今天都无法完成的，然而在科技十分不发达的几千年前，都是靠人力、人工来完成的，所以我们常常会说这些艺术品都是"古代劳动人民智慧的结晶"。毋庸置疑，智慧在劳动中产生。因为我们完成任何一项劳动，都不仅仅是手的工作，而是大脑要进行周密的部署安排，在这个过程中，大脑要高速运转，思维也被一步步打开。

家长只让孩子学习，不让孩子动手去探索、去实践、去劳动是舍本逐末的做法。孩子对于动手的工作通常还是很有热情的，年龄小的孩子可以多做一些像折纸、剪纸、翻绳、拼插等动手的活动；大一点的孩子，家里买的一些东西，都可以让他们尝试着去组装。尽量去多做需要左右手共同完成的工作。通过练习，不仅手部和身体的肌肉会灵活，大脑也会更灵活。

其次，少些简单重复练习。

家长在带孩子学习的过程中，不要做大量的不需要用脑思考的简单重复的习题，做题的质量远远要比数量重要。比如在给孩子听写的时候，有些家长只要孩子出现错误就要把所有的字再考一遍，其实大可不必，与其花时间这样重复还不如让孩子动脑筋想办法来记住那几个比较容易出错的字。比如有的孩子写"纸"总在下面多一个点，我就让他们自己想办法，有个孩子说

“白纸上不能有一个污点”，这样很多孩子就都记住了。

在学习数学的时候不能只是死记公式，不要让孩子用套路去做题。家长可以尝试让孩子给你讲题，讲的过程是他又一次思考的过程。如果遇到不会的题最好不要直接给他讲，可以一点一点给他提示，也可以给他全部答案，让他自己把答案弄明白，然后再讲给家长。

家长一定注意区分学习中的简单重复练习和为形成技能而进行的刻意练习的区别。我曾经在女儿的学习中，把书写能力的刻意练习错误地理解成了不必要的简单重复，以至于我女儿的书写无论是质量还是速度，一直都不过关。

它们的练习对象是不同的，简单重复练习的是习题，比如有些低年级的家长，为了追求极致的满分，平时给孩子做大量的重复性习题，包括有些错题，孩子已经会了，也要再举一反十。这样的现象主要在小学低年级比较突出，这不等同于初高中的刷题，因为这个阶段知识简单，还无须大量刷题；这个阶段，孩子小，要给他更多活动的时间，不要磨灭他对学习的热情。技能练习在小学阶段主要包括书写技能、计算技能、快速阅读技能。

再有，要鼓励孩子有逻辑地表达。

语言是思维的载体，思维是语言的母体。我们成人的表达要注意从事件到道理，从原因到结果，从现象到本质等的逻辑性，让孩子也能感知到事物之间的这种逻辑性，并引导孩子也像我们这样表达。

能听懂别人说话，能让别人听懂自己说话都是大脑的创造性的思维活动。比如说一些访谈类节目，主持人需要清楚地表达自己的问题，然后在倾听对方说话的时候，大脑一定是高速运转，因为要记住对方所说内容的主要信息，以方便继续沟通。

我们会发现生活中有些成年人也会说不明白话，甚至是吵架也吵不过别人。因为他总是抓不住自己的理，也抓不住对方的错误。语言的混乱代表了他思维的混乱。

有逻辑地表达需要训练。从儿童开始训练，表达不明白的孩子通常有“善解人意”的父母。就像有些孩子说话比较晚，其中一个原因是他只要一个眼神，家长就明白他要做什么，所以他不需要语言。表达也是一样的，有的孩子虽然说不明白，但是家长一样能听明白，这样时间久了，孩子的思维和表达就形成了混乱的模式。所以，家长在孩子表达得不清楚、没有逻辑的时候，即使听明白了也要表现得没有听明白，让孩子重新思考、重新组织语言，直到他能有逻辑地表达为止。这样反复练习一段时间，孩子不仅能提升表达能力，还能锻炼思维。

在学校，我会组织学生开展辩论活动。在辩论的过程中，学生需要用严密的思维整合自己的语言，突出表现自己的优势；用批判性思维去发现对方的漏洞，突出对方的劣势。在这个过程中，孩子的思维会不断地被对方激发。

平时家长不一定在家和孩子辩论，但是当有些事情和孩子的意见不一致的时候，可以让孩子用充分的理由去说服自己，这样既能锻炼孩子的思维，也会让孩子觉得家长不是强制，而是在给他表达自己的空间。

除此之外，还有很多很好的能打开孩子思维的方式，比如学习乐器。在弹钢琴的时候，不仅需要左右手的配合，还需要脚，还需要眼睛和耳朵，这样多个器官的同时工作，需要大脑的统筹安排。还有下棋，棋类的核心是既要关注自己，做好防守；又要同时关注对方，准备进攻。再有读书，读小说的时候，要通过思考捋顺人物之间的关系，读到后面的时候，要记住前面的情节。

儿童思维的形成是从形象思维过渡到抽象思维的，足够的形象思维的积累有助于抽象思维的形成。他感受过风，你再和他说风或者这个汉字的时候，他一下子就会明白了，所以家长要放手让孩子尽可能多地去感受。

习惯的培养，不是一朝一夕的事情，思维习惯的培养需要的时间更长。**家长首先要有关注孩子思维的意识，然后用各种方法去激发孩子多用脑去多元思考，深度思考，并长期坚持，使孩子的思维处于活跃状态，他就会逐步养成良好的思维习惯。这才是提高孩子学习力的关键。**

06 提高学习效率

我们来看每年的高考状元。在介绍那些学霸的时候，你会发现如今的学霸已不是单纯的书呆子，天文地理、音乐美术，他会的远远比你想象的还要多。在我们学校，每年都有很多被国内外著名大学录取的学生，他们大多也都是多才多艺。一些家长可能会很疑惑，学习任务那么重，我的孩子每天写作业都要写到半夜，哪还有时间再去学别的？这其实就是效率问题。那些学习优秀的孩子通常能短时高效地完成学习任务，剩余的时间可以根据自己的喜好去安排，而经过放松之后再回来学习，可能效率更高。

相反，生活中有很多让父母上头的“小蘑菇”，一直将自己埋在学习里，学得头昏脑胀，学习效果却还很差。那么，如何提高效率呢？

首先，家长要做表率。

需要提高效率的不仅是学习，而是包括生活中的所有事情，这点是我的切肤之痛。我不是一个做事效率高的人，其实女儿在高效方面的能力是好于我的，但是由于在日常生活中受我的影响，她做事情效率也比较低。我真的明白了那句话："你想让孩子成为什么样的人，你自己首先要成为什么样的人。"

反思到这一点之后，我从改变自己开始。以前早上从起床开始，我就一直在催她。其实，我自己的速度也不快。后来，我早上叫醒她之后就专心做自己的事情，但是我会努力加快速度，把自己的事情做好之后，坐在沙发上等她，既不催她也不帮她。她开始对我的变化很惊讶，慢慢地，她有点和我比赛的感觉。有些时候，她会比我还快，然后也是坐在沙发上等我。生活上的事情效率提高了，对于学习效率也是促进。

其次，家长不要过多干预。

生活中我还发现有些急性子妈、慢性子娃。

小雅妈妈做事情雷厉风行的，小雅和她妈妈完全不一样，小雅妈妈就很困惑地问我：

"赵老师，我做表率了，但是她一点儿没受我影响啊，每天看着她磨叽，我的血液就往脑袋上涌啊。"

"每当这个时候，您怎么做的？"

"催啊，可是催也没用，实在太着急的时候，我就得帮她了。生活上的事能帮的都帮了，作业我都恨不得帮她写。"

我都能脑补出当时的画面，妈妈一边唠叨催促，一边帮孩子做事。其实孩子的小耳朵早就屏蔽了妈妈的语言，内心却窃喜于自己的事又不用干了。所以很多时候，我都觉得孩子对家长的了解，大于家长对孩子的了解。他们很清楚自己这样慢节奏做事的结果是什么。后来我就建议小雅妈妈控制住自己，不说也不做，要让孩子知道早晚都是你自己的事情，浪费掉的也是你自己的时间。

小雅妈妈就按我说的去做了，小雅开始很惊讶于妈妈的变化，她觉得凭她对妈妈的了解，只要她再慢点，妈妈一定会着急帮她的。晚上十点，她妈妈给我发信息：“赵老师，她一双袜子洗了半个多小时了，我真受不了了，这样的感觉还不如我替她洗了痛快呢。”这时候，家长和孩子之间其实就是一场心理战。我告诉她挺住不要管，正常关灯睡觉。她就这样痛苦地坚持了一周，小雅发现妈妈真的不管了，她也不故意磨蹭了。

网课期间，她妈妈又问我，小雅写作业的速度还是那么慢，怎么办呢？我建议她每天规定关灯时间。时间到了，无论作业是否写完都要关灯，同时关灯之前的时间由她自己安排。

小雅一听自己安排时间非常高兴，吃完晚饭就开始看她喜欢的课外书，一看入迷忘了时间，快到关灯时间了，作业还没写。这时候，她妈妈坚持原则，关灯睡觉。无奈之下，小雅第二天早上自己定好闹表，提前起床写完了作业。为了不再早起，第二天开始，小雅决定还是先写作业，当然为了给自己多留出一点儿自由时间，她自觉地提高了写作业的速度。这时候，家长要多关注作业的质量，否则孩子可能为了多留出自由时间而不认真完成作业。千万不能因提速而减质，那样是得不偿失的。

再次，切实让孩子收到提高学习效率的红利。

要让孩子切身体会到提高效率给自己带来的甜头。

我平时也经常这样对学生说：“就这些作业，早晚都是你自己的任务，与其磨蹭，不如快点写完，剩余的时间可以自己安排。”“老师，还是慢点写吧，因为作业永远写不完，写完学校的作业还有补课班的作业，写完补课班的作业还有我妈额外留的作业，并且我妈留的作业没有尽头。”家长千万不要陷入作业“多多益善”的怪圈。当孩子在规定的时间内完成了规定的内容的时候，家长一定不要再趁机增加学习内容，这样就会让孩子觉得还不如慢点写了呢，甚至懊悔之前的高效，他下一次一定会吸取教训的。

就像孩子吃饭一样，重要的不是吃进去多少，而是吸收多少。并且这样吃太多会伤害孩子的脾胃啊！所以想提高孩子的学习效率，尤其在他还没有养成高效的习惯之前，家长千万不要用孩子的剩余时间来增加额外的作业。家长要时刻清楚提高孩子学习效率的目的是缩短学习时间，留出孩子可自由支配的时间，去做自己喜欢的事情。

那么孩子提高效率节约出的时间做什么？一定要让孩子自由支配，让他享受到高效学习给自己带来的最直接的红利。但是家长还要注意一点，这个时间做什么由孩子来决定，但是不能做什么要由家长来决定。比如有的孩子想玩网络游戏，家长一定要制止，否则学习效率虽然是提高了，但同时网络游戏也上瘾了，这无异于跳出虎穴又入狼窝啊！

正向奖励的同时，也要有相应的惩戒，这也是让孩子明白权利和义务是对等的。如果孩子没在规定的时间内完成作业，那么只要到时间了就不允许他再写了，必须要在规定的时间休息、睡觉。不能因为拖延而用牺牲睡眠来弥补。至于第二天被老师批评，那就是他自己的事情了。如果孩子多次因为自己的原因不能在规定的时间完成作业，家长也可以和老师进行沟通，取得老师的配合，让老师对孩子进行批评教育。

最后，制定详细的计划，灵活执行。

比如周末的时候先把要学习的内容都罗列出来，然后规定具体完成时间，计划越详细越好。定计划容易，难的是执行，更难的是坚持。在这个过程中，光靠孩子的自控力是不够的，家长要有一定的监督和反馈。

家长这个时候既要把握住原则，但同时也不要太教条，要把握好适当的尺度。有些特殊情况，可以特殊对待。比如今天的作业的确比之前要多；比如到规定时间的时候，孩子就差一道小题了，家长也用不着像高考收卷一样严格。还有，当孩子身体不舒服或者情绪不佳的时候，要让孩子先休息，调整情绪后再去学习。一定要记住我们这样做的目的，就是为了不让孩子在学习的过程中拖延，提高他的专注度。如果孩子已经做到了，就不要因为细枝末节的事情和孩子发生冲突。或者第一次出现的时候给予警告，允许写完，但是再一再二不能再三。家长要根据自己孩子的实际情况，去把握好坚持原则和灵活处理之间的尺度。

在执行计划的过程中，建议大家当到达第一个时间点没有完成规定内容的时候，后面的时间不要顺延，而是要在规定时间停下第一项内容，继续下一项内容。当计划中所有内容都完成的时候，再去补第一项没有完成的内容。

并且提速也是一个逐步的过程，在这个过程中，家长一定不要太心急，不要太激进。其实每天的作业数量、每周的学习内容都是差不多的，孩子如果能长期按照自己制订的时间计划坚持执行下来，也就慢慢养成了习惯。有人说 21 天养成习惯，其实还远远不够，时间越久，习惯越牢固。

07　家长要看到分数的真实意义

有些家长拿到孩子的试卷，如果看到成绩不理想，就会直接归结于孩子马虎，总是抱怨。无论是作为老师，还是作为老母亲，我也很是为此头疼，仔细想想，其实没有那么简单，**家长要看到分数背后反映出来的问题。**

第一，发现知识漏洞。通过试卷分析，罗列出孩子丢分的分布情况，这样很容易就可以发现孩子在知识点上哪里有欠缺，然后再进行有针对性的学习，效果会更好。比如语文学科，可以先大体看看孩子大部分的分值是丢在基础知识还是阅读，还是作文。再具体地看基础部分的丢分是字词，还是病句、标点，阅读的丢分是哪种文体类型，作文是字数不够，还是缺少人物描写，等等。数学也是一样的，先大体看丢分是哪个题型，再具体看是哪个知识点。这样的卷面分析的过程，会像镜子一样客观地反映出孩子的学习情况，也能让孩子很清楚地看到自己的不足。

第二，看学习态度。在学习中，大部分情况还是一分付出一分收获的，成绩不理想的同学一般存在一个共同的问题，就是学习态度不端正，有着不同程度的懒惰。学习态度是很容易看出来的，一看分数，二看卷面的整洁度。比如有的孩子，答完卷纸还有剩余时间，但是也不检查，甚至在卷纸上面或者背面乱画，这样的学生对待考试都没有严肃的态度，平时的学习情况就可想而知了。家长一旦发现这样的情况，就应该对孩子进行严厉的批评，及时纠正，及时教育。

第三，看到孩子做事的思维方式。有这样一道二年级语文考试题目："照样子写一写"买——（卖）甜——（　　）复杂——（　　）。看到这个题目，有的学生能够发现买和卖是一组反义词，后面的题目也就是填反义词。但也有的学生觉得是给"买"加偏旁变成了"卖"，然而后面的字又不知道该如何去加偏旁，于是就空着了。考试之后，我和学生说："这道题的确不够严谨，你可以把它理解成是加偏旁的题，但是当你发现加不上的时候，一定要换个角度再去想这道题。就像当你要去一个地方，有几条不同的路，你不知道该走哪一条，可以选择一条去试一下，如果发现走不通就要立即返回，换一条路走。这也是告诉我们，做任何事情都不能固执地一条路走到黑。”

发现了孩子的问题之后，再有针对性地去改进，就会事半功倍，除此之外，家长也要看到与孩子的分数相关联的不仅仅是知识、态度、思维习惯。家长在以下这些方面也要多去关注：

首先，在生活中培养孩子严谨。有些孩子性格细腻，而有些孩子性格大条。这种大条性格所表现出来的不严谨，不仅体现在学习上，他们在生活中也会经常出现“丢三落四”的情况。比如，上学忘带桌布、文具，总之每次忘带的东西可能都不一样，但是基本也没有都带全的时候。这样的孩子通常也没有很好的生活习惯，平时物品摆放也没有条理，到处乱放。大到房间小到笔袋可能都是乱七八糟的。可想而知，他的学习也是一样的。他的卷纸就是他平时生活的一个缩影，所以家长想让孩子在学习上严谨，就要在生活中全方位要求孩子严谨，平时家长不要包办太多。

我们班的小吴就是这样的孩子，他的成绩始终不是很理想，考试的时候不写单位啊，忘写“答”等状况，都是经常的事情。这次是这个状况，下次又是另一个状况，为此，家长也很头疼。我开始观察他，他每天的生活也是如此，经常找不到学习用品，找不到卷纸，要不就是穿错校服，系错扣子，他还经常忘事。

小吴是一个特别好看的男孩，还很会关心人。在学校，老师和同学都很喜欢他。后来和他的家长沟通，家长说他在家也特别懂事，全家人都特别喜欢他。只是家人越是喜欢他，就越愿意帮他做事。比如在他学习的时候，他妈妈会把所有内容都安排好，并随时在旁边候命，看孩子还需要什么，对于家长的付出，小家伙也是及时给出反馈："妈妈，你真好。妈妈你辛苦了。"在他的正向鼓励之下，家长也是越干越起劲。所以，他什么都不用想，他日常生活的一切事务都有人安排和打理。

后来我建议家长让孩子从生活上的事情做起，能自己做的都要自己去做。比如每周都有什么作业，返校都要带什么，等等，这些事情都要孩子自己去想。我还送给小吴一个精致的小本子，防止漏掉什么事，或者忘记什么事，建议他把要做的事情都先想好，然后写在小本上；包括每天穿哪套校服，什么东西都放在哪里了，也记上；考试之前，把考试可能出现的问题，需要注意的问题，也都写在小本子上，反复看看。就这样，这个小本子就像他的小秘书一样了，经过一段时间的调整，小吴不仅在生活中丢三落四的情况少了，考试中的马虎也减少了很多。

悲催的是，有一天，这个小本子找不到了，他伤心地大哭。我又意识到了问题，小本子应该是一个过渡和辅助，不能让他像以前依靠家长一样去依靠小本子。于是，我鼓励他对于简单一点的事情先用脑子记，对于特别多的内容再记到小本子上，并且不要记录太详细，简单点，自己能看懂就好。接下来，有些常规的事情他就不再记在小本子上了，将每天最重要的事记在手上，再慢慢地，随着他的成长，随着家长的退出，随着我的不断引导，没有了小本子，小吴同学也能把自己的生活和学习安排得井井有条了。

其次，调整孩子的心态。有的孩子无论在生活上，还是在学习上，都很严谨，平时成绩也不错。但是在重大考试中，却会经常出错。

我们班的小姜同学平时成绩在班级里都是佼佼者，一次二年级的期末考试，他的成绩竟然在班级里是最差的。我开始有些不理解，因为他即使发挥不好也不至于有这么大的落差，连数出短文有几个自然段这样的题目都出错了。我拿着他的卷纸心平气和地和他聊："你考试的时候有身体不舒服吗？""没有，有一道题写出'烦恼'的反义词，我不会。"我一下子就明白了，遇到不会的题，他一下子蒙住了，就一直想这道题，后面的答题就很没有状态，对于自己不确定的答案还不敢往上写。

我没有批评他，我问他：

"你会下象棋吗？"

"会。"

"那你在和别人下棋的时候，你的目标是赢还是保住所有的棋子？"

"当然是赢。"

"你会因为保住一个小卒，而不顾及整盘棋的输赢吗？"

"当然不会。"

"考试和下棋是一样的，要有大局观念。不是一定要考一百分，而是要努力把自己会的都答对。"

虽然只是一个二年级的孩子，但是他很容易地就明白了我的意思。

在工作中，我发现越是成绩好的孩子，越是担心自己考不好，想赢的想法越迫切，随之压力也越大，这种状态很不利于考试的发挥。考试中一旦出现一道不会的题，他会瞬间心态崩塌，后面的题就会答得一塌糊涂。

几年前，我曾经看过一次对乒乓球世界冠军张怡宁的采访，她对记者说："我的球技并不能说是全世界最好的，但是我的心态比较稳定。"虽然我不懂体育，但是我觉得那些顶尖高手之间在技术上的差距应该不是很大了，最后拼的就是一个心态。尤其在自己处于劣势的情况下，如何保持平稳的心态更为重要。有的选手一旦比分被落下，内心的焦灼甚至崩溃会特别影响后面的发挥。孩子的学习也是同样的道理。

造成孩子在考试中焦虑、心态不好的一个重要原因就是家长过度地关注分数。家长要知道，无论是人生还是考试，谁都不可能一直步步为营，要允许孩子有波动。考试会一直伴随着每个孩子的学习生涯，

家长要先调整好自己的心态，以积极的心态去影响孩子，以平常心去对待结果。比如，我们平时都会努力工作，但是对于年终奖、晋升职称等等，我们既不会忧心忡忡，也不会为了不理想的结果黯然神伤。这些无声的教育恰恰都是孩子能最直接地感受到的。

胜败乃兵家常事。考试亦然，只有输得起，才能够坦然面对所有的突发情况。有了这样的心态的支撑，考试的时候就能减轻一下过重的心理压力。在每年的中考、高考中，我们都会发现几匹“黑马”，这些孩子最终的成绩会高出平时的成绩很多，其实一切偶然也是必然。良好的心态一定是他们取得优异成绩的原因之一。

再次，良好的学习习惯。我女儿小学阶段在解方程的时候，平时经常不写“解”这个字，每次我说她的时候，她都会说:“放心，正式考试的时候，我一定写。”然而，在六年级的期末考试中，她却因为没写“解”而被扣了分。这次考试满分 100 分，全年组 95 分以上的有 171 人，从这个数字不难看出，这张试卷的难度不大。然而满分的只有 4 人，其实在这 171 名同学当中，因为题真的不会做而扣分的并不多，大部分都是我们所说的“马虎”，而这些马虎中，很大一部分是平时没有良好的学习习惯。

我发现当试题设置不同难度的时候，除了个别高手，无论题怎么出，他都岿然不动，其他学生的成绩会变化很大。有的学生在题目难度比较大的时候成绩会名列前茅，但是当题目设置简单了之后，他的成绩反而会落后，这

就是他们思维很好，但是学习习惯不好、严谨度不够的原因。

在考试中也需要学生的兼顾能力，比如一道数学题，学生要考虑到解题的过程、运算的准确、单位的统一等很多方面，只要其中有一个环节疏漏了，整道题就可能错了。所以我常和女儿说，数学需要严谨，同时，数学也能培养一个人的严谨。一道题尚且如此，那么一张卷纸呢？更是需要学生头脑清晰，有较强的兼顾能力。一件事情形成习惯就是减少了一件你需要兼顾的事情。

要注意在学习过程中的脚踏实地，让知识在大脑中形成一个从输入理解到自我消化，再到输出应用的完整闭环，再辅之以细节上的学习习惯，这样考试就能很大程度地避免“马虎”。

最后，加大平时的练习强度。跑过 5000 米的人，再来跑 800 米，就会觉得很轻松，先是腿上绑着沙袋跑步，再卸掉去跑一样觉得很轻松。小学低年级考试每科通常是一个小时，高年级每科通常是一个半小时。这就要求学生平时至少能够连续高度集中注意力两个小时以上，他才能够轻松应对一个半小时的考试。平时连半个小时都坐不住的孩子，考试又怎么可能坐住一个半小时呢？坐都坐不住，又怎么可能专注于答题呢？结果就可想而知了。这就是只有加强平时的练习强度，才能让自己有居高临下、运筹帷幄的感觉。

家长不要过度关注孩子的分数，但是一定要看到分数的意义，要帮助孩子总结，找出具体的原因。开始的时候可以是家长带着孩子一起总结，教给孩子总结的方法，慢慢地变成陪着孩子总结，以他为主，家长可以适当做些补充，最后变成孩子能够自己独立地去总结反思。就这样，每次考试都是一次总结反思，并能通过反思不断发现问题，不断改进，孩子一定会在这个过程中不断进步。如果能将这种反思的习惯从考试中再延伸到其他的事情，将会是让孩子受益终身的一个习惯。

08 补课不是多多益善

每当周一上课的时候，总会有一批学生精神萎靡。起初我特别生气。“才周一就这么没有状态，不是刚周末休息过吗？”有个学生举手说：“老师，学校能不能连上七天，不休周末啊，受不了了，我周末连午饭都是在车上吃的，我妈疯了，给我报了N个补课班。”“是啊，老师，我妈更狠，周末根本没有休息，还是上学好啊！”“那你们是打算累两天，休息五天啊？”他们调皮地朝我使劲点了点头。

现在的孩子实在是不容易，周末不是在补课，就是在去补课的路上。甚至吃饭都要在路上解决。每个周末别说双休，连单休都很难，比平时都累，所以孩子们都不喜欢周末。

2021年7月24日，中共中央办公厅、国务院办公厅印发《关于进一步减轻义务教育阶段学生作业负担和校外培训负担的意见》，简称“双减”。

作为一线教师，初闻“双减”这个消息，我也是欣喜了几天。多年来，看着孩子们一个个大书包、小眼镜、没有童年，我在内心一直呼喊着“救救孩子”，然而现实中的自己如同一个稻草人，眼睁睁地看着害虫吞噬庄稼，却也无能为力。终于盼星星、盼月亮般地盼来了国家的政策。

“双减”之后，各大中小补课机构虽然上有政策下有对策，但毕竟不能如以前一样光明正大。那么我们的家长和孩子是什么样的反应呢？

我第一时间和住校的孩子分享这个喜讯，教室里一片欢腾，欢腾声中也有几处落寞。

“小林，你怎么不高兴呢？”

“老师，问您一个问题，学生补课犯法不？”

我没太明白他的意思。

“你几个意思？”

“只要不犯法，我妈就不会不给我补课的。”

教室里一片哗然。

“对，我妈也不能就这样放过我。”

……

接下来一段时间，我们没有人再谈论这个话题，一切如故。

直到全国最大的两家培训机构都关门了，我又告诉学生这个消息的时候，他们告诉我：“老师，大机构是不在了，还有小机构啊，就是小机构不在，机构的老师也还在啊。”

“是啊，老师，现在补课特刺激，补课老师把三十六计都学透了，什么声东击西、瞒天过海、金蝉脱壳啊。抗日战争的战术也是应用自如，游击战、地道战的。”

我哑然。

小乔的妈妈也是给孩子补课多多益善型，别人补啥她补啥，弄得孩子很疲惫，成绩也不是特别理想。这时候，她还会继续归因于补课不够，继续加量。我把她约到学校，我特别能理解她的焦虑与迷茫，和她讲孩子吃进去多少和吸收多少是两回事，孩子也是人，不是机器，也讲了我自己教育女儿的经历。她都很认同，表示马上就酌情精减孩子的补课，小乔听了，也很高兴。

没过几天，她在接孩子的时候遇见班级里成绩优异的小明的妈妈和小天的妈妈。家长见面交流最多的就是孩子都学什么，听说小明都学了两年的编程了，小天在学新概念英语，她又坐不住了，周末直接把编程和英语都报了。

课补得越多，小乔的状态越萎靡，但是他妈妈给他补课的脚步还是停不下来。

像小乔妈妈这样的家长很多。家长这样盲目补课的做法就是“杀鸡取卵”般的目光短浅。就这样大量地重复练习，短时间在成绩上会有效果，但是这样却会磨掉孩子的灵性，磨掉他对这个学科的热爱。拿语文学科为例，随着年级的增高，这种识记性的知识在考试中出现得会越来越少，而理解的内容会相应增加。有些孩子由于只会记忆，阅读量又不够，成绩会大幅下滑。

有的家长给孩子补课是对孩子潜力挖掘的贪得无厌。这些家长在学习成绩上奉行“进取无极限”“只许前进，不许后退”。考了前二十，下次目标就是前十；考了前十，下次就是前五；考了前五，下次就要第一；考了第一，就永远不能再第二了。所以，有些孩子甚至后悔，认为自己当初不应该努力，因为永远不能让家长满意，索性就不再努力了。为什么有些孩子写作业磨蹭呢？有的学生和我说：“老师，不慢点写会累死的，因为作业永远也写不完。为了不把自己累死，我就只能慢点了。”长此以往，就会导致孩子缺乏学习动力，在学习上假努力，自欺欺人。

有的家长补课属于跟风型，对孩子的教育没有自己的思考，觉得“连班级的第一名还补课呢，如果我们不补课，永远也追不上他，还会被落下得更远”。不管自己孩子的实际情况，别人去哪里补，他就去哪里补，别人补什么，他就补什么。结果可想而知，孩子花出去的与其说是补课费，不如说是家长给自己上的智商税。

有的家长给孩子补课是自己不愿意陪孩子学习，觉得花点钱自己就省心了，也是为了给自己对孩子的不负责求得心理安慰和心理宽恕。等孩子长大了，他会说，你小时候也没少给你花钱，该补课都给你补了，再学习不好，那就是你自己的原因了。

还有的家长为了抢跑，一味地让孩子提前学习。过多的以提前学习为目的的补课非但无益，反而不利于孩子的学习。学生提前学过一点儿之后，一知半解，自以为全会了，到学校就不再认真听讲，其实用一个假期学完一个学期的内容，根本就是囫囵吞枣。

这样大量的补课让孩子对于知识一直都处在一种被喂的状态下，同时因为补课占据了孩子大量的时间，以至于孩子没有自己去深入思考的时间。久而久之，自己主动“进食”的意愿和能力都会越来越差。因此，家长不要给孩子太多以提前学为目的的补课，但是可以鼓励孩子进行独立自主的预习，这才是有意义的学习，这才是真实的学习。

同时，我们不能不承认每个孩子的学习能力还是有差异的，不是谁努力了就都能考上清华北大的。就像运动员，他们都会努力去突破自己的极限，但是能一直突破下去吗？最终一定会有一个他不能再逾越过去的极限……

那时候，努力而不可得，孩子可能会从自我否定到厌恶学习，从而影响他的心理健康。家长要明白学习是一辈子的事情，所以不要让早期的大量学习浇灭孩子的学习热情。

我们要教育孩子努力学习，但是孩子是人，就是机器也得休息，也不能超负荷地一直运转下去。每个人的精力都是有限的，每个人的情绪都需要一个宣泄的出口，孩子更是如此。孩子经过一周五天的学习，周末的两天本应是放松、调整情绪。尤其在小学阶段，家长要为孩子后期的学习留有余地，因为谁也不可能一直处于满负荷运转的状态。就像在长跑中，运动员都有自己的发力计划，而不是冲出起跑线就拼尽全力，那样还没等到冲刺的时候，力气可能就用完了。学生也一样，如果早期用力过猛，伤到了，他有可能就不想再用力了。在哪里跌倒，就直接在哪里躺平了。

“双减”政策好不好？当然好了。为什么要“双减”？就是不要违背儿童身心发展的客观规律，不要进行没有必要的消耗。那为什么有些家长还不能给孩子“减”？冰冻三尺非一日之寒，“鸡血”家长们也不会因为一个政策就退缩。由于长期的惯性，家长想要停下来还需要一个过程，在这个过程中，大家也在不断观望。

我作为一位母亲很能理解家长们的种种做法，本能的爱让我们都想把最好的给孩子，教育更是如此。总是希望他们过和自己不一样的人生、比自己更精彩的人生，所以要求孩子在学习上努力，再努力些。其实，全天下的父母对孩子的希望都是一样的，希望他身心健康，希望他幸福快乐。只是很多时候，我们对孩子养着养着就忘了自己的初心。而在高速的惯性之下，又很难做到急刹车。我相信国家的“双减”政策是一个正确的方向，只是还需要给家长一些时间去反思，去调整。

我们要全方位了解自己的孩子，因材施教，在家庭教育中去找寻适合自己孩子的平衡点，不走极端。所以，对于补课，我们也不能一概而论，补课也非百害而无一利。

比如，有的孩子对某一学科特别喜欢，学校的学习不能满足孩子的学习需求，这种情况下，可以给孩子拓展学习，前提一定是孩子在学校学有余力。还有的家长对学校的老师实在是不满意，又在校外遇到了德才兼备，能在诸多方面对孩子产生积极影响的老师，这时候家长就可以根据孩子的意愿进行选择。

在我们学校，从小学到高中，有些顶级学霸是从不补课的，因为在学习上他们不想和别人同行，他们觉得一起学要照顾别人的速度。

也有很多学霸从小就补课，但是他们对自己的学习有很清晰的认知。哪里不会补哪里，在补之前，自己会充分地做功课，所以补课老师也能更有针对性，这样的补课有自己的规划，他不是被老师牵着走，而是指导老师为自己服务，这是非常高效的学习。这样的补课，是学习在真实发生。

还有的学生在学校实在跟不上，已经被远远地落下，对学习极度不自信。这时候可以一对一地补习，帮助孩子及早追上来，否则他会越落越多。对于这样的孩子，一定不要学校学 A，孩子没学明白，补课又去补 B，这样补课的结果就是又多了一些不明白的内容，孩子的成绩自然不会提高，因为旧的问题没解决，又补回来一堆新问题。

对于补课，家长要根据自己孩子的实际情况，具体问题具体分析。其实就像给孩子吃钙片一样，只有缺才有必要补，过犹不及。并且家长要明白孩子钙的摄取还是要以食物（学校学习，学生自主学习）为主，而不是吃钙片。而学习态度和内在的学习动力就如同维生素 D 一样，没有它的存在，再多的钙也不会被吸收。

家长要明确这样的理念：学习的过程应该是孩子独立完成的，孩子不能总是依靠别人去喂，要学会自己“进食”。所以，培养孩子自主学习的能力，才是最终的目标。

小学生的周末最主要还应该是用来复习和巩固一周所学，查漏补缺，对于孩子掌握不好的内容，可以再适当补充些相关习题。至于预习，主要是教给孩子预习的方法，然后由孩子独立去预习。在孩子预习的过程中，家长们还可以充分利用国家的免费教育平台，现在各种学习资源是非常丰富的，学习的方式是可以多元化的。坚持这样，一般到四五年级就可以逐渐放手了。周末再有剩余时间，可以让孩子运动、看书，或者学习一点特长。我女儿小学阶段就是这样的安排，也没有补过课。

在孩子的教育上，家长一定要有高视野、大格局，不能只顾眼前。我们常说，人生是长跑，不是百米冲刺。从这个角度来讲，家长要把目光放长远，关注孩子的可持续性发展。如果孩子有强大的学习动力、熟练的学习技能、坚毅的学习品质、良好的学习习惯，他对知识的汲取都是水到渠成的。

09 培养孩子的阅读习惯

《最强大脑》这个节目的选手大多来自国内外名校。2022 年最强大脑第九季，迎来了年龄最小的选手——郭泽昊。当时他是东北育才学校小学部四年级的学生，我是他的语文老师。

天才、神童、别人家的孩子，郭泽昊生活中到底是一个什么样的孩子？如果用贴标签的方式介绍他，且只能贴一个标签的话，那就是“热爱读书”。

一年级刚入学的时候，在四十多个活泼可爱的孩子当中，他并没有引起我的注意。班级阅读时间，我站在讲台上向下望去，花花绿绿的书皮，孩子们看的大多是各种绘本。这时，一本黑色封皮的大厚书在这些花花绿绿中显得格外醒目，我走过去一看，他看的这本书是纯文字的，里面没有一张图片。

“里面的字，你都认识吗？”

“差不多，个别不认识的基本也能猜出来。”

他头都没抬，风轻云淡地回答了我的问题，继续看他的书。似乎我并不是老师，只是在他身边吹过的一丝微风，完全不能打扰到他。我一直注意保护孩子的专注，便识趣地走开了，接下来便默默观察他。他在读书的时候特别专注，可以完全沉浸在书籍中。阅读速度也很快，几天就看他又换了新书。

“你识字挺多，上过识字课吗？”

“没有。”

没等我再问。

“老师，我什么课都没上过，我妈妈忙的时候，就让我自己看书。”

小家伙似乎急着结束和我的对话，赶紧回去看书。

开始的时候，他的成绩并不突出，因为他只是会认字，会写的并不多。但是在我的语文课堂上，略有难度的问题一定是他最能说到关键点上。随着年级的升高，他的成绩越来越好，尤其在语文阅读理解方面，还有奥数方面。

看完他在《最强大脑》中的表现，我回想他的成长历程。这个别人眼中的天才儿童是如何造就的？有一点是不容置疑的，那就是大量的阅读。阅读到底能带给一个孩子什么？知识性的内容是我们能看到的最显性的结果，而这其实只是最小的红利。阅读还能提升理解力、建构逻辑、拓展思维。

四年级的郭泽昊读过多少本书，我没有具体统计过，他平均每周都能有三四本的阅读量。儿童期大量的阅读，就如同在向银行里存款，这将以利滚利的形式在学习和生活中给孩子带来巨大红利。随着年级的增长、科目的增多、难度的增大，阅读量大的孩子的优势会更加凸显，并且不仅仅是在语文学科，因为任何学科都需要理解、逻辑和思维。

那么，如何让孩子喜欢上读书呢？

首先，家里要有书。大家应该都听过这句话："最好的学区房是你家的书房。"现在越来越多的家长也意识到这个问题了，我发现家长的这种意识直接影响到家庭的装修风格。前些年，很多家庭的客厅都是沙发，对面一台大电视。而近些年比较流行"去客厅化"的风格，很多家庭的客厅已经没有了电视，而是变成了一面墙的书柜，把客厅装修成一个家庭图书馆。

每个家庭都要有一定数量的家庭藏书，古今中外的名著、中小学的一些必读书目都是基础款，凡是你想让孩子看的统统都买回来。书要成堆买，不要觉得孩子没看会很浪费，在你成堆成堆地买回来的书籍中，他只要能看一部分，你就不白买。在我家，我买回来的书，女儿最多看过一半。她现在没看不代表以后不会看。我家里的很多书，都是在书柜里尘封了好多年女儿才读的。

其次，家里要有读书的人。总有家长向我抱怨，孩子如何不爱读书。这时候，我会反问他，你爱读书吗？在读书方面，成人如果能做孩子的榜样是最好的，无论在家还是在班级，我不要求孩子读书，但是我会自己读书，这时他们就会凑过来问我看的什么书。平时我给他们讲一个故事，会告诉他们节选自哪本书，这样也能激起他们的阅读兴趣。

在读书方面，家长常见的两个借口：一是我没文化，看不进去书。我想说，只要不是文盲就能看书，只要能看手机，就能看书。二是我忙，我没有时间看书。有多少行业的精英在挤时间看书？有多少日理万机的国家领导人也在读书？很多时候，我们所谓忙，可能还是惰性吧。

最后，家里要有读书的环境，最大程度地减少孩子可以选择的娱乐项目的种类。想象一下，在家里一边电视，一边手机，孩子还能愿意去读书吗？女儿平时在家的时候，读书会达到如饥似渴、废寝忘食的程度，让我觉得她对读书绝对是真爱。然而，在假期她要去姥姥家住几天的时候，在我们出去旅游的时候，她有大量的闲暇时间，但是她并不会选择看书，为什么呢？因为这时候她可以看电视、看手机、看电脑。当选择变得多元的时候，读书不再是她的第一选择。而回到家没有了电子产品，她就又变回了小书虫。这也是我经常和一些年轻的家长提到的，从小给孩子喝饮料，那样他就不会喜欢喝白水了；尽量少给孩子看动画片，习惯了那样的立体的视觉冲击，他就不喜欢看平面的文字了。都是同样的道理。

万事俱备只欠东风了，那就是读书的时间。有的孩子周末被各种课外学习填满了，即使家里有一堆书，也没有时间看。所以家长要合理安排孩子的周末时间。

培养孩子的阅读兴趣，不同学段的读书内容和方式也是不同的。

读书的过程是一个很好的识字的过程，但对于低年级的孩子，如果识字量不大，听书也是一个不错的选择，孩子在听书的过程中也会逐渐爱上读书。无须刻意安排大块的时间，只要见缝插针就好。比如，平时家长和孩子会有很多时间开车在路上，这时候就可以给孩子听书，还有孩子洗漱的时间也都可以利用。当孩子爱上听书之后，他会自己去找很多时间。

我个人比较推荐听四大名著，可以从《西游记》听起，然后是《水浒传》

《三国演义》，最后是《红楼梦》，按这样的顺序。之后还可以听一些历史方面的，先从简单的开始，把朝代的顺序捋顺一遍，比如《写给儿童的中国历史》，然后再听每一个朝代的详细讲解。

有的家长可能会说，小孩子听四大名著、听历史，能听懂吗？我是先有的实践，后得出的结论。

女儿是一个零基础入学的小孩，虽然学前读过点绘本，但是都是整篇图画，只有两行字那种，并且她也不识字，以看图为主，她的识字量使她很难进行阅读。开始让她听书只是为了帮她打发时间而已，尤其是她坐车的时候，为了让她能听进去，就选个简单点，她能了解一点的，因为之前她看过一点图画书，于是就选了《西游记》。不得不说，孙敬修老爷爷实在是讲得太好了，娓娓道来，引人入胜。对于我这样一个从动画片到电视剧，从小人书到原版书，看过N遍《西游记》，已经将情节熟记于心的人来说，一样能听得进去。女儿就更不用说了，简直是入迷，坐车、吃饭、洗澡，只要有时间就听。

很快就听完了《西游记》，但是她还是意犹未尽，接着，我只是抱着试试看的心理给她听了《水浒传》，我也担心她会听不懂，因为之前她对这本书没有任何接触，但是让我意外的是她听这个比听《西游记》还入迷。一、二年级这两年，她相继又听了《三国演义》《红楼梦》，事实证明我的担心是多余的，因为故事讲述的节奏和语言完全都是儿童能够接受的。

儿童的记忆力真是惊人，她听完，很多内容都能记住，还总会让我考她一些内容。我便会到网上搜集一些中学考试可能涉及的四大名著的文学常识，大部分她竟然都会，她自己也特别兴奋。随着年级的升高、识字量的增长，相对来说看书会更多一些，但是一些看过的书，她也喜欢再听一遍，比如《哈利·波特》，她就是一边看书，一边在闲暇的时候听书。还有一些历史方面的，把每个朝代按着时间顺序听，从皇帝到大臣再到文化名人、历史事件，她也很喜欢听。可以说，是听书开启了女儿的阅读之路。

有了女儿的经验，我开始将听书在家长中推广。开始我也想过女儿对听书的喜爱是不是个例，我按着女儿的听书顺序，指导家长也是从《西游记》听起，但是实践证明这不是个例。学生们也如我女儿一样喜欢听书，很多孩子在我推荐的基础上听了比我女儿更多的内容并且养成了听书的习惯。在孩子们的带动下，一些没有时间看书的家长也开始了听书。

随着词汇量的增长，可以将听书与看书相结合。很多儿童读物都有相对应的音频，让孩子先听后读，边听边读都可以，这个过程中，孩子会把听到的内容和文字进行对应，会让孩子的识字量有一个突飞猛进的发展。

中年级段属于阅读习惯培养的过渡阶段、桥梁阶段。当孩子能独立阅读之后，一定要保护好孩子的阅读兴趣，因为此时的阅读兴趣就如同一个小火苗，它可能燃烧成熊熊烈火，也可能被熄灭。在这阶段，家长一定不能强迫孩子读书，要尽可能给孩子阅读时间上的自由、空间的自由、阅读内容的自由。让阅读在愉悦的氛围下，自然发生。但是家长要把握好一个原则：孩子读什么书可以自己决定，但是不能读什么书一定要由老师和家长决定。

孩子到了高年级，我们要开始引导他们读名著，前期培养孩子好读书，就是为了他们以后能读好书。美学大师朱光潜先生曾经说过："多读一本没有价值的书，便丧失可读一本有价值的书的时间和精力。"名著是那些伟大的作家一生所学、所思、所感所凝练成的几本甚至是一本书，而后再经历时间的洗礼、历史的沉淀，最终流传至今。只有这样的作品才能真正实现滋养灵魂、深邃思想的意义。所以作家莫言说："读中外名著，犹如拥有一笔财富。"

名著虽好，家长切不可贪心，绝对不能强迫孩子阅读，否则之前的所有努力可能会付之东流。同样要从兴趣入手，对于阅读内容，家长给孩子画一个大圈，让孩子在里面自由选择，也就是你要他读一本，你就要买十本、一百本，不要担心浪费，他现在不读，不代表以后不会读。

家长这时候的引领作用很重要。比如，我如果想让学生看什么书，我会先给他们讲一个精彩片段，然后戛然而止，还想继续听的就要自己去看书了。兴趣还可以从看电影入手，很多优秀的文学作品都被拍成了电影，比如《城南旧事》《查理与巧克力工厂》《哈利·波特》《傲慢与偏见》《简·爱》等等。电影的特点是压缩、跳跃，用两个小时的时间把一本书呈现出来，更考验孩子的理解能力，但是内容不够全面，这也会激起孩子对书籍的阅读兴趣，读完之后可以让孩子进行对比评价。

也可以看一些英文电影。对于词汇量大、英语水平比较高的孩子来说，英文电影能提高孩子的听力和口语水平，但是对于小一点的孩子，英文电影还有一个好处，就是听不懂英文的时候，要去看中文字幕，这个字幕的速度还是比较快的，所以在这个过程中就能锻炼孩子的阅读速度。

当孩子读过一定数量的名著之后，他基本上就养成了良好的阅读习惯。家长除了买书、给孩子留出读书的时间，还需要做点什么可以锦上添花呢？那就是与孩子读后交流。这样的交流不仅能更加激发孩子的阅读兴趣，还能让孩子在原有理解的基础上有一个他能够接受的提升，思想从而逐步走向深刻。

学生读过《假如给我三天光明》，我和他们交流，学生的注意力更多地放在海伦和莎莉文老师身上，而我关注到了海伦的母亲，是她给了莎莉文老师足够的信任和教育空间。这让他们知道了对于一本书可以从不同的角度去看，对一本书的理解也是多元化的。

交流《你在为谁读书》这本书的时候，我让学生思考《大学》中的“修身、齐家、治国、平天下”是不是我们选择读书的意义，从而让他们能就读过的一本书进行思维迁移，并与自己已有的知识储备进行关联。

我也会经常和女儿交流，有时候也会交流电影。比如孩子们都喜欢的《哪吒》，看完，我问女儿觉得怎么样，她说：“我觉得导演对灵珠有点不公平。”她能有这样的感受，我有点意外，也很欣慰。我自己也觉得影片为了表现一个人物而牺牲了另一个人物，而不是让每一个人物都是有血有肉的。看完《流浪地球》，我们交流，女儿说：“跟《星际救援》相比，还是觉得差了点，那个逃学的男孩，怎么就变得那么厉害了？”的确，人物跨越式的成长，主题虽宏大，但内容却有些单薄。看完《中国机长》，她觉得画面很震撼，但是故事性不强。看完《满江红》，她觉得结尾有点画蛇添足，我也有同感。就是在这样一次次的交流之后，我觉得女儿在不断成长、成熟。

各位家长，最后我想和大家说，没有孩子不爱读书。如果您的孩子目前还没有爱上读书，那一定是我们成人没有创造足够的让孩子与书籍相爱的机会，一定是我们成人没做好孩子的榜样。**读书要趁早，让孩子在对的时间遇上书籍，养成读书的习惯，与书籍这位博古通今的谦谦君子相伴一生。**

10 刻意练习书写技能

《庖丁解牛》的故事大家一定听过，庖丁十九年解数千牛，最后才能游刃有余。《卖油翁》中的老翁能让油从钱孔注入葫芦，而钱却没有湿，他自己说："我亦无他，唯手熟耳。"这些都告诉我们熟能生巧的道理。

这就是典型的通过练习达到熟练掌握技能的事例。**技能是什么？技能是你能学会的，但是如果你没有实践去操作，没有去刻意练习，它就不是你真会的。技能是一种肌肉记忆，是稳定的，时间久了不去做，即使有点生疏，也不会忘记，只要很短的时间就依然可以轻车熟路。**比如骑车，只要你通过练习掌握了这项技能，即使你多少年没有骑车，只要你花几分钟再熟悉一下，依然可以。

《说文解字》中讲："学，觉悟也；习，数飞也。"通俗点讲，学就是通过阅读、听讲、研究等手段，使自己觉悟，获得知识；而习是在实践中反复练习形成技能。所以，《论语》中也讲"学而时习之"。很多技能都是后天习得，并需要大量地刻意练习来实现的。比如开车，理论的学习讲解之后，你能把车开走，如果你想达到会开并且熟练，就必须在实践中不断练习。

书写技能是小学阶段需要练就的最重要的技能之一（还有计算技能和快速阅读技能），一手好字总是能给阅卷老师留下一个美好的第一印象，尤其在语文试卷中，字的好坏还会影响作文的分数。同时，书写速度也会影响孩子的答题速度和学习效率。很多学科的学习都需要在课堂上去记笔记，记笔记的时候需要书写达到自动化的水平，不需要大脑的参与，这样才能一边记笔记一边正常听课，所谓能做到一心二用，其实是有一处不需要用心了。

书写技能的训练应该从正确的握笔姿势和正确的书写姿势开始。现在很多孩子在学前就开始写字，因为手部力量不够，加之学前阶段的要求不够规范，很多孩子都是带着错误的握笔姿势和书写姿势入学的，再改起来很困难。作为小学老师，我宁愿刚入学的孩子是一张白纸，也不愿他是一张涂鸦，所以家长一定要慎重选择孩子的学前教育。

揠苗助长的错误我们都明白，自然界的万事万物生长都要遵循一定的规律，都需要一定的过程，孩子的成长也是如此。有些问题是能随着孩子的成长就自然消失的，比如手部力量的问题。但是就如我们常说的，每个孩子的花期是不同的，每个孩子的发育情况也会略微有些差别，在这个过程中，如果我们发现孩子的手部力量和同龄孩子比有点弱，也不用着急，我们可以做一点适当练习。

家长可以借助一些抓握的小玩具，也可以和孩子做小游戏。比如把自己的手放在孩子面前让孩子来抓，他抓的时候，我们要躲闪，他一旦抓住，我们要努力挣脱，我们挣脱掉，游戏继续；也可以抓到之后，换另一个人再来抓，最后比一比谁抓到的次数多。平时生活中让孩子多帮助家长去拎东西，拧瓶盖，多让孩子参与劳动。

孩子手部有了一定的力量之后，可以再练习灵活度，吃饭的时候引导孩子多用筷子，还可以平时玩一些折纸，玩各种做手工的游戏。要衡量孩子的能力，不要一下子将游戏设置得太难，要有一个循序渐进的过程。像玩一些拼装类的玩具，可以先从大块入手，逐渐到小块，让孩子不断挑战自己。

手部力量和灵活度都可以了再进行书写练习。正确的握笔姿势，手离笔尖要有一定的距离，大约两厘米，距离太近的结果就是手会遮挡住自己写的字，而孩子为了要看到自己写的字就会趴桌子，就会歪头。长时间这样就会近视眼，并且两个眼睛的度数还不一样。错误的握笔姿势还会影响孩子的书写速度，甚至会让孩子的手指变形。家长可能在很多地方看到的都是手离笔尖一寸远，这个距离对于成人都有些远，对于孩子的小手就更不合适了，因为距离太远用不上力，也会严重影响书写的速度。

书写技能的训练一定要先求好再求快。因为即使写得很快，但是很乱，也没有意义。一定注意，训练是一个有梯度的逐步的过程，不可心急，开始的时候就是要求孩子慢写，从每一个笔画每一个偏旁练起，只要能写好，完全可以不去考虑速度。就像学钢琴，开始的时候老师都会要求学生慢练，是同一个道理。当真正写字的时候，一定要注意笔顺和字的结构，笔顺也会影响书写速度，而结构会影响字的美观。

练习的量要随着孩子的年龄和能力的增长而逐步增加，直到孩子的书写达到了一个相对稳定的水平之后才可以逐步练习提高速度，一定是在保证自己原有书写水平的情况下再去一点点提速。提升到一个速度，就要保持这个速度来练习一段时间进行巩固，等稳定之后再进行下一轮的提速。

不去上书法班的同学跟着学校老师学，自己模仿语文书上的楷体也可以练出标准的"考试体"，也就是字体工整、结构匀称、横平竖直。

首先，宏观整体把握与微观笔画定位相结合。宏观整体把握就是先整体观察这个字，我们通常可以把汉字看成是一个人，一个身体健康的人。什么样的人让我看来就觉得他很健康呢？一定是高矮胖瘦很适中，身材比例比较匀称的人。这样的比喻也能让刚开始写字的理解能力相对较弱的孩子更容易接受，比如孩子的字写得太宽了，你就告诉他这个人太胖了；如果上下都顶格，甚至出格了，你可以和孩子说这个人太高了，以至于他都不能进入这个门，你看他的头是不是被卡住了。

把握好一个字的大小之后，要尽量做到横行、竖列都对齐。这时候，可以这样和孩子说："小朋友要站排了，横排竖排都要对齐哦！"如果孩子写的字一个大，一个小，可以和孩子说："你写的字这个大的像妈妈，小的像孩子。"

家长采取立正的姿势，用身体向孩子展示"横平竖直"的重要性。先站直，再伸平双臂，让孩子去观察直与不直的区别，哪个更好。然后让孩子自己去站直，去感受，要站得像小士兵一样，像松树一样笔直，手臂也要伸得直直的，孩子自己展示的时候，可以让他照镜子。横竖没有问题了之后就是撇捺，妈妈可以穿一个裙摆比较大的裙子，用双手拉起两边的裙角，展示给孩子看，让孩子观察撇捺舒展的样子最好看，同时，妈妈漂亮的裙子通常是不会拖地的，一定要把脚露出来，到脚踝的位置比较合适。再来观察一下这样的汉字，比如：木、来。

讲完上面的内容，孩子对于汉字就有了整体的把握。接下来要和孩子讲汉字的稳定性。依然把汉字当作人来看，我们双脚同时着地，并且略微分开时，身体最稳定，所以很多汉字都是至少有两个落脚点，并且基本是在同一水平线上。比如我“作、同、有、两、分、开、身、体、并”，还有两个以上落脚点的，比如“汉、依、然”，这样才能站立得比较稳定。还有些字是一个落脚点的，比如“平、子、字、不、个”，而这些字大多是对称的，因为一只脚站立的时候，需要通过对称来保持平衡。对于写完的字，要引导孩子去观察这个字能不能很稳定地立住。

宏观上的把握主要是字的轮廓，接着来说微观笔画定位。如果继续把汉字比作成人，微观笔画定位就像是人的五官和四肢，虽然每个人的五官和四肢的长短都略有不同，但是大致的位置一定是固定的，任何人的眼睛都长在头的上半部，胳膊都长在身体的上部，这是无可争议的。汉字的笔画也是如此，哪个笔画应该写在哪里也是固定的。写字之前要教会孩子观察汉字，观察每个笔画在田字格中的具体位置，是在田字格的哪个格，是在横中线或者竖中线的什么位置，哪里起笔，哪里收笔，都要观察好再写，尤其是横中线或者竖中线上的笔画，一定要定位准确。多观察，多练习，慢慢就会发现一些规律，比如“口”做偏旁的时候，一般都写在左上格，贴着横竖中线去写；独体字中如果有竖，一般要写在竖中线上；“王”做偏旁，中间的横写在横中线上；等等。

其次，引导孩子去感受汉字文化。我们的汉字中蕴含着深厚的中华传统文化，可以让孩子在写字的时候慢慢感受，比如，汉字中的“避让原则”。我们在教孩子写字的时候，会强调撇和捺要写得舒展，比如“木”，但是当“木”做了偏旁的时候，笔画捺要变成点，比如“林”。为什么要发生这样的变化呢？因为如果不变，两个木就会撞上了，就像当你自己睡一张床的时候，你可以随意伸展四肢，但是如果你和妈妈或者家里的兄弟姐妹共同睡一张床的时候就要谦让一点，尽量不要影响到别人。在把握避让原则的同时，也要引导孩子把握合适的距离，避让并不是越远越好，有的孩子写字就会出现这样的问题，一个合体字由于偏旁之间距离太远，让人看起来简直就是两个字，这样也不合适。这也正像人与人之间的关系，既要保持亲密又要收起自己的棱角，不要影响甚至伤害到对方。

家长对孩子写完的字要和孩子一起评价，找出需要改进的地方。同时对于孩子的进步，要及时给予肯定，让孩子在枯燥的写字中获得成就感，引导孩子用审美的眼光去看待汉字，感受汉字外形结构的美感。

最后，家长要督促孩子进行大量的练习。技能的训练没有捷径，就如同水滴石穿的过程不需要每天大量的练习，但是需要长年累月的坚持。技能练习虽然枯燥，但是随着孩子的练习，会越来越轻松。技能发展的高级阶段叫熟练，在熟练阶段，人的意识对完成动作的调节作用减弱到最低程度。熟练的学习技能如同学生学习中的地基，同时也能够提高学生的学习效率。

书写技能主要在小学阶段进行训练，初中阶段进一步强化，到了高中阶段就基本稳定了。所以，从孩子入小学后家长就要监督孩子按照学校语文老师的要求去写字，力求达到规范、工整、美观，在小学毕业前达到全自动化书写的程度。

11 数学其实挺有趣

我所在的学校是语文、数学分科教学。我大学读的是中文专业，工作后在学校也没有教过数学，但是自从孩子上学之后，作为老母亲，便开始钻研数学，尤其是奥数。这些年一路走过来，女儿的数学成绩有所提高，同时也让我这个文科生觉得数学还挺有趣的。

走近数学

我们的孩子可能在幼儿园就开始接触数学，一般都是从数字开始，然后是计算。我认为我们的数学教育不应该从数字开始，而是应该从数学史开始，很多学校这方面做得并不多，那么家庭教育可以作为学校教育的一个补充。家长不用纠结能否给孩子讲全，不讲错就可以，重点是趣味性。让孩子知道数学不仅仅是数字、计算，也不等同于做题，而是一个历史悠久、内涵丰富的王国。

可以先了解一些古今中外的著名数学家。我们在语文学习中，学习一篇课文、一首诗歌，都会了解它的作者以及创作背景，数学一样需要的。要让孩子通过数学家的故事知道有很多很了不起也很有趣的人，喜欢这个学科，并终身致力于这个学科的研究。比如，享有“数学王子”之称的高斯，著作《几何原本》的欧几里得，创造勾股定理的毕达哥拉斯，发现斐波那契数列的斐波那契，等等，以及中国的刘徽、祖冲之、陈景润、华罗庚、徐光启等等。家长可以让孩子通过阅读来开阔视野，感受数学的宽广。

同时，数学是一个实用性很强的学科，与生活的联系是非常紧密的，要让孩子感受到这样的联系。可以带孩子去超市、市场买东西，感受商品的价格，在商场打折搞活动时，让孩子帮你算算怎么买比较划算。这是数学在生活中最简单的应用，随着孩子学习的深入，他能够用数学解决的生活中的问题会越来越多。同时也可以向孩子介绍生活中他不能接触到的数学应用，比如在新冠疫情期间，生物数学家会通过数学模型来预估数据的走势，慢慢地，孩子会发现，生活无处不数学。

在学数学的过程中，别让孩子把数学学得太死板。数学中的一道题有很多种解法是很正常的，要鼓励孩子能从不同的角度去思考问题。对于有些数学题本身不够严谨的情况，不要为了分数强迫孩子去完成正确答案。比如："小明和4名同学一起看电影，电影票15元一张，小明给了售票阿姨100元，阿姨应该找给小明多少钱？"答案是25元，因为算小明一共5个人，但是有的孩子的答案是85元，理由是题目没有说小明要请客啊。这种情况就属于题目本身不严谨，孩子的思考方式是没有问题的，只要会这样的运算就可以，不必要强求孩子一定得出25元的答案。

计算技能

现在很多家长不太重视孩子的计算，觉得用计算器算出来的又快又准。其实我们练习计算不仅是为了应试，在复杂计算中也能锻炼孩子的耐心、逻辑，甚至专注力等方面。

在小学阶段，学生的计算能力可以说是数学学习的重中之重，也是小学阶段数学学科最重要的学习任务。熟练的计算技能能为孩子争取更多的答题时间、减少考试中的失误率，也能提高孩子平时的学习效率。有些孩子就是在小学阶段没有练就熟练的计算技能，到了中学有些理科的题目基本思路都对，就是最后结果会算错，严重影响成绩。有些家长将此归结为马虎，其实就是不熟练，能力不够。

那么如何能让孩子做到计算又快又准呢？这是一项大工程，也是孩子的一项内功，绝不是一朝一夕的事情。需要从实物到数字、从具体到抽象这样循序渐进的过程，还需要大量的刻意练习。

第一，在实物中建立数感。具体做法就是让孩子去感受数字的实际意义，一个苹果，三个梨子，十支铅笔，五十粒豆子，等等，让数字在脑海中有一个具体的形象的概念。这个过程不仅能为下一步的计算奠定基础，也有助于孩子数感的形成。

先从感受比较大的物品开始。比如苹果，让孩子去数十以内的苹果的数量，不停地变化，之后可以去估计数量。再去数小一点的物品，比如糖果，这时候可以数到二十个，也是不停变化，让孩子去数。之后再去估计数量，这时候还要让孩子去练习两个两个地数，以加快数的速度。

最后就可以数豆子了，数量可以变成一百个了，教孩子五个五个去数，因为这个数量比较多，所以需要练习的时间也会相对比较长，家长不要着急，也不要增大难度，要让孩子感觉就像玩游戏一样。当数量比较大的时候，数数的过程中也是在锻炼孩子的耐心。

能数准确之后，可以给豆子分堆，感受数字的拆分，每堆 10 个，让孩子感受数字 10，再数出整十的数字，一堆就是 10，两堆就是 20，10 堆就是 100。而 25 就是两堆 10 个，还有一小堆 5 个；37 就是三堆 10 个，还有一小堆 7 个。最后再去练习估计数量。家长可以和孩子玩这样的游戏：随便扒出一堆豆子来猜一猜豆子的数量，谁猜的数字更接近实际数量就是谁赢，小孩子对这样的游戏非常感兴趣的，玩得越多，他估计得就越准，他的数感也越好。

这是孩子学习数学的起点，然而很多孩子在学习数学的时候，却跨过了这个非常关键的一步。包括我女儿都是这样的，在后期的学习中，要花费很大的精力来弥补这一段的缺失，并且效果还不是十分理想。

第二，理解加减乘除的意义和联系，清楚表达算理。感受实物的数量，理解了实物计算之后，可以开始数字计算，孩子接触任何一种计算都要先理解后表达，以表达促理解，然后再强化练习。

要通过实物去感受加减乘除的意义，不要让孩子单纯地去记运算方法，比如“平十法”（是把减数分成两个数，被减数减去第一个数后要等于10，然后再用10来减去第二个数）、“破十法”（即当被减数个位不够减时，就用10减去减数，得到的结果和个位上的数相加），有的孩子完全不理解，就是在背诵老师的话。

这时候，要让孩子用实物动手去操作，豆子、火柴棍都行，比如15－8，先让孩子直接在15个豆子中拿出来8个豆子，这就是减法。

我们在感受数字的时候，就练习过以10为单位给豆子分堆，15个就是分成两堆，一堆10个，一堆5个，10以内的加减法，孩子此时是会的，10－8＝2，再加上另外5个，就得出了结果7。另外一个思路，还是先分成两堆，我们先减去5个那一小堆，再从另外一堆中减掉3个，结果也是7。

孩子反复操作，一边操作一边用语言表达，熟练之后就尝试脱离实物，用脑子去想这个过程，一边想一边用语言表达。这样不仅有助于孩子加深理解，还能提升孩子的表达能力。这样的状态可以一直持续到口头表达影响运算速度的时候。包括运算法则也不要死记硬背，也要让孩子理解导出运算法则的过程。

第三，大量刻意练习。当孩子完全能清楚地理解计算的意义，表达计算的过程之后，就可以通过大量刻意练习，来熟练计算技能，达到计算又快又准的目标。

其实所有加减法计算的核心都是20以内加减法，所以孩子要把20以内加减法练习到非常熟练的程度，到最后其实就是能把结果背下来了，达到看题直接写结果的程度。这个练习的过程也是漫长的，不需要每天花大量的时间，但是需要长时间地坚持练习。

先慢练，一定要算准，当连续多天100道题能够做到一道不错的时候就可以计时练习了，在保证准确率的前提下，再逐渐提速。20以内的加减法练到2分钟左右，100道题连续几次全对的水平，就可以练习100以内的运算了。

乘除法要先熟练背会乘法口诀，同时要引导孩子在计算的过程中总结特殊情况，比如数位上带零的乘法或者除法的计算方法。明白算理之后，乘除法的练习，和加减法练习的不同之处是可以反其道而行之的，可以先练习难题，也就是多位数的乘除法。通常来说，练习三位数的乘法就可以了，坚持每天练习10道题，在保证准确率的前提下不断提升速度。

如果加减乘除法都能做到准确熟练，后面的分数、百分数等相关的计算也就都不难了。在计算的过程中还要关注孩子草稿纸的使用情况，规范使用草稿纸是一个良好的学习习惯，也是计算准确率的保障。同时，书写工整也有助于保证计算的准确率。

每天，低年级拿出5—10分钟，中年级拿出10—20分钟，高年级拿出20—30分钟来练习计算，练习的时候注意要规定时间和习题数量，每天记录成绩，每两三个月根据成绩总结一次速度与准确率的提升情况，鼓励孩子不断挑战，不断突破，同时也能获取成就感。坚持小学六年，孩子的计算水平一定不会差的。

奥 数

在聊数学这个学科的时候，不得不说的就是奥数。奥数不容易，曾经被捧得红极一时，也曾经如过街老鼠一样人人喊打。一般的学校是不开设奥数课程的，它却是校外比较火的课程。所以有的家长在纠结该不该让孩子学奥数。很多人并不了解奥数，以为奥数就是很难的数学，就是偏难怪的题目，其实是很多人在教奥数的时候曲解了奥数，很多人在学奥数的时候曲解了奥数。

首先，不要盲目跟风，看别人学就跟着去学，因为不是所有的孩子都适合学奥数，就像不是所有的孩子都适合学唱歌、学画画一样的道理。家长要客观地评估自己的孩子，适不适合，学一段时间就会有所感受，并且一定要有专业的老师，否则也会出现因老师的教学方式不当，导致孩子厌烦这个学科的情况，让家长误认为孩子不适合。

其次，要在孩子在已有的理解能力之内去学习。这是不可以违背的自然之道。开始学的时候，一定要放慢速度，在孩子不理解的情况下，不要进入新的内容。有的孩子在接触奥数的时候年龄比较小，不能理解，有些老师就告诉孩子答题的公式、套路，孩子生搬硬套，奥数就变成死记硬背了。越学，思维越死板，凡是没见过的题一定不会，甚至题目有一点变化也不会。

最后，选择专业的老师。奥数课程要关注孩子的理解，最忌讳套路。我作为语文老师，在做奥数题的时候，完全没有任何套路，因为我不知道都有什么套路，所以都是靠自己的理解。不过，语文老师在理解题意方面还是有自己的优势的。这也证实了语文是各学科的基础，有些比较复杂的题目需要学生能够迅速捕捉到有用的信息，并有条理地捋顺出来，这也是学生阅读能力的体现。所以有些阅读能力弱的学生会出现读不懂题的情况。

总之，要适合的孩子在恰当的年龄选择专业的老师，用正确的方式去学奥数。在学奥数这件事上，最可怕的就是盲目跟风学，然后孩子会直接就被奥数拍在沙滩上了，从此一蹶不振，并且“株连九族”，凡是和数学相关的就都不喜欢，有些孩子甚至会对数学怀恨终生。

一旦孩子开始学习奥数，家长要随时关注孩子的学习情况，孩子一旦反感就及时止损，一定要保留住孩子对数学学习的兴趣火种，因为星星之火可以燎原，随着年龄的增长、理解能力的增强，未来他还可能会喜欢上数学的。

12 兴趣班那些事

都说现在的孩子太累了，除了学业负担很重之外还要上各种兴趣班。其实大可不必把兴趣班当成负担，而应该把它当成孩子学习生活中的一种调剂。无论是我的学生还是我的女儿，都在上兴趣班，看到的多了也会不自觉地去总结一下大家的经验和教训。

一、普遍培养，不纠结

如果想知道现在市面上都有哪些兴趣班，看看我们班小敏妈妈的朋友圈就可以了，那叫一个丰富啊：羽毛球、乒乓球、网球、高尔夫，骑马、滑雪、击剑、跆拳道，围棋、象棋、中国画，钢琴、古筝、舞蹈，咖啡、茶艺、礼仪、外教，对了，还有编程。开始我觉得这是一个妥妥的"鸡妈"啊，我带着同情心对小敏说："你妈妈太狠了，你的周末好辛苦啊！"没想到接下来她并不是向我诉苦："老师，我不辛苦啊，这些课都很有意思，就像玩一样。是我妈觉得她交学费挺辛苦。”然后就笑着跑开了。

后来我又和小敏妈妈聊起这件事，她说：“我四十岁了，也不知道自己喜欢做什么事，很多东西我都没有接触过，所以也不知道自己是不是喜欢，我想在我的能力范围之内让孩子多去接触，多去了解一下，帮她去找到她的兴趣点。”

其实，每个人于自己而言都是未知的，很多时候我们需要随着成长和学习，在认识外部世界的同时认识内在的自己。像小敏妈妈这样，只要孩子愿意接受，就让孩子广泛涉猎，去接触、了解、感受，也是让孩子去找寻自己，发现自己。

二、重点选拔，不贪多

随着孩子年级的升高，学习任务也会加重，孩子的时间也会越来越少，所以也必须要对兴趣班进行重点选拔，其实也是一种自然淘汰。

经过一个阶段的对兴趣班的普遍培养，如果孩子还没有发现他最喜欢什么、最擅长什么，没有特别明显的兴趣点，这时候我们就可以用排除法，因为此时他至少也能发现自己不喜欢什么、不擅长什么，哪些课程已经到了无法继续的程度了。

如果孩子不想学了，家长不要觉得这样是半途而废，勉强孩子去坚持。因为毕竟每个人精力都有限，孩子不可能把所有的项目都坚持下来，并且种类太多的时候，也很难保证家长在经济上的投入，孩子在时间上的投入，最后可能每一样都没学好。

小敏每个学期都减掉一些不喜欢的课程，慢慢地，文艺类的基本减掉了，留了两种运动类的就是为了强身健体。但是在这个过程中，她妈妈发现这个孩子对绘画很感兴趣，她能一整天待在房间里一直画，画得也非常好。她妈妈说未来如果她依然很喜欢，会尊重她的意愿，来决定是否以此作为专业。

我女儿在小的时候也泛泛学了很多，最终按她自己的意愿，选择留下钢琴和舞蹈。当剩余的种类变少的时候就可以集中火力，发动总攻，孩子投入更多的精力进行大量的刻意练习，家长投入更多的财力找更专业的老师，以学专业的心态去培养业余爱好。作出选择之后最好就要坚持下去，这样，兴趣才可能称得上是特长。

三、自由进退，不强迫

当孩子的兴趣班进入第二阶段后，虽然种类变少了，但孩子会觉得更累了。周末的时候，小敏每天至少都要连续画画三四个小时。我问她妈妈怎么坚持的，她告诉我，留住学习过程中的资料，让她自己舍不得放弃。

我女儿的舞蹈课还比较轻松，每天也就是睡前压压腿，一般不再需要额外的练习。钢琴就不一样了，平时每天至少练习一个小时，周末每天至少练习两个小时，这都是会被老师批评的练琴时间。在这个过程中，她也曾觉得辛苦，几度差点儿放弃，这时候家长一定不要强迫，如果她真的不想弹了，我们逼着，她哭着，这样也没有多大的意义，毕竟没有几个家长能像郎朗的父亲那样。

记得女儿第一次坚持不住的时候是在四年级，因为学校的作业越来越多，钢琴的内容也越来越难，每次上课都被老师批评。我想到了小敏妈妈的话，于是我找出了她五岁刚学钢琴时候的视频给她看，那时候，她只会弹几个音，肉嘟嘟的小手指在钢琴上一跳一跳，她哈哈大笑；接着又给她看她一年级时候弹《小汤》里的曲子……我们一起看了一个多小时。“当初你学钢琴的时候，我都没有想过你能弹到现在的程度，我觉得这简直是一个神奇的过程。”她笑了。我趁机话锋一转：“如果你实在不想学，就放弃吧，以后别后悔就行。”

“放弃啥，都学到现在了，现在放弃，以前的努力不都白费了吗？”我的台词就这样成功地被她说出来了，我内心偷笑一下，连忙附和：“我觉得你说得也有道理。”

后来也有过类似的事情，我知道她只是撒撒娇抱怨一下，不会真的放弃的。直到考完十级，我和她都很清楚，她又到了瓶颈期，并且这次不同于以往，她如果想突破，要花费更多的时间。我还是让她自己做决定，她说这么多年弹钢琴，其实她自己早就知道她并不适合，只是不想半途而废，现在考完十级就画句号吧。

接下来，她想学习一种民乐，然后去考学校的民乐团。我希望她学大提琴，在我心中，女孩穿着白色长裙，披着长发，演奏大提琴，真是太美了。但是女儿告诉我她不喜欢大提琴低沉的音色，她以后也不会是那种优雅端庄的长发飘飘的女孩。于是她自己上网去找各种民乐的种类，然后找一些别人演奏的视频来看，最终她自己选择了阮，因为喜欢加上有多年钢琴的基础，她进步的速度非常快，如今她已经是东北育才学校民乐团的一名大阮乐手。

四、时间管理，不冲突

有的家长总觉得培养特长太耽误孩子的学习时间了，其实也不完全是这样的。还记得在即将升入六年级钢琴考十级的那个暑假，女儿在一个多月的时间里一直在练琴，没有学习文化课。开学初，我很是担心，因为很多学生可能在假期已经把六年级的课程都学过一遍了，而她一点儿都没学。但是让我惊喜的是，开学后，她的学习成绩不但没有退步，而且又实现了一次飞跃。因为她清楚自己假期一点儿没有学习文化课的情况，所以开学后会更加努力。那个暑假，她每天练琴七八个小时，即使开着空调也是汗流浃背。此时，学钢琴这件事的意义于她而言已经完全超越了钢琴本身，并在一定程度上锤炼了她的意志品质。正是这种坚毅的学习品质，也在她未来的学习中发挥了巨大的作用。吃过弹琴的苦也就能吃下学习的苦了，能在琴凳上坐住七八个小时，在教室里坐四十分钟，已经是非常轻松的事情了。

还有，毕竟不是作为专业去学，所以平时花费的时间也不是特别多，这个时间只要孩子愿意挤一挤还是可以挤出来的。比如说我女儿的周末有半天的时间要去乐团排练，看似耽误了半天的学习时间，然而在疫情这段时间，乐团没有排练，她也并没有多学什么，乐团排练的时候，她也没少写什么，时间有限，她自然便会提升做其他事情的效率。就是时间节奏紧一点，还是松一点的问题，从某种意义上来说，时间都是具有延展性的，花费在特长上面一点时间反而能提高她的学习效率。

我的学生小姝，一个看起来很普通的女孩，小学阶段成绩不错，但是算不上突出，其他方面也是如此。别的孩子一般从小学高年级开始就陆续停掉各种兴趣班，到初中基本停掉了，但是她并没有这样。到了中学之后，乐器大赛、羽毛球比赛、书法比赛……学校的各种活动，她都是轻松取得第一名，在同学中，她开始熠熠发光，而学习成绩依然是不错。要知道在我们这样一所遍地学霸的省级名校，她这样的成绩上一个 985 大学是非常轻松的。

我问她妈妈，初中学业那么重，高中更是如此，她怎么还能坚持那么多兴趣班。她妈妈告诉我，这么多年，小姝在兴趣班中的收获之一就是学会了时间管理。同时，她认为小姝即使没有上这些兴趣班，成绩也未必就比现在能好多少。我明白她的意思了，到了小姝这样的成绩，再想提高一步，是需要花费大量的时间和精力的，与其提高几分，还不如让孩子全面发展。

这么多年，女儿在乐器上也投入了不少的精力，虽说这也是普遍培养之后重点选拔出来的，多年的学习也证实了她并不适合走音乐这条路，但是现在学习累了的时候，她会跳一支舞放松身心，在心情不好的时候，她会弹首曲子愉悦自己。在我看来，这就足够了。

现在有人问我让孩子学习各种兴趣班的意义，我会告诉他：发现潜在专长，磨炼意志品质，提高做事效率，培养生活情趣。

第五部分

家校合作

一场“封建包办婚姻”

01 别忘了自己的家长身份

我在工作中曾经遇到这样一位家长，是我们班小吴的爷爷。我新接这个班级一周多的时间，一天上午，我刚下了第一节课，一位白发苍苍的老者，已经在我办公室了，并且就坐在我的座位上。看见我回来，他起身，过来和我握手:“小赵老师吧，我是小吴的爷爷，以前是区里的教研员。”老人虽然态度非常谦恭，但是也第一时间亮出了自己的身份。

“您好，这么早来学校，您有事吗？”

“没事，这不听说换老师了，我来看看。”

他是怎么进来学校的呢？来看什么呢？我心生疑问。

“您是教育前辈，欢迎您来指导工作。不好意思，家长进入学校需要登记，我想问一下，我没有接到门卫的电话，您……”

“对对，小赵老师，给我一下你电话，以后咱们联系方便，刚才我给小孙（前班主任）打的电话。”

“不好意思，如果您没什么事，我下节还有课。”

“那正好，我去听课。”

说着，他从双肩包里拿出了水杯和笔记本，就要跟我走了。

“不好意思，要不咱们改天吧，今天挺突然的。”

“没事，公开课都是表演的，我就愿意听常态课。”

这样一位白发苍苍的教育前辈，我没法再推却。

老人家的笔记本记了满满几页，下课后，就开始给我评课，态度极其认真，并且评价也很客观，对于我这节课中存在的问题把握得也很准确。虽然对于这突如其来的推门课，开始的时候我心有不悦，但是此刻听到老人家专业的点评，我内心对他还是很敬佩的，能看得出，他真是做了一辈子的教育工作以及他对教育的热爱。

“今天很感谢您的指导！”

“你们年轻人不烦就行，我这退休也没事。”

“不烦，有时间欢迎您多来指导。”

真后悔我这句话，我本是一句寒暄，结果老人家当真了。隔两周就会来一次，不仅听我的课，别的老师的课也听，后来任课老师都受不了了，都来找我。

“这段时间特别感谢您对我们年轻教师的指导，但是学校也有学校的规定，家长不能随便来学校，也不能随便进入课堂，我已经给您破了几次例了。”

“家长？我不是普通的家长啊，我以前是教研员。”

“是的，那您一定更明白学校的要求，以后我有什么不懂的，我可以打电话向您请教，我们学校太远了，您也别大老远往这儿跑了，太辛苦了。”

我努力把话说得委婉，我也能理解这样一位老人家。

终于，他没有再来学校。小吴的父母离异，平时她就由爷爷照顾，但是老人家有点儿“愤青”，各种看不惯，也会传递给孩子很多负能量。我试图和老人谈过，但是不等我说完，又变成他教我了。小吴这个孩子脾气比较大，有时会和同学发生矛盾，我也试图和老人家沟通，但结果也是一样的。看着小吴的问题，我内心也很着急，然而面对这样一位做了一辈子教育工作又有些固执的前辈，我总是碍于情面没有把话说透。为此，我也苦恼了一段时间。

后来，我明白了，我和小吴爷爷之间的关系定位是不对的。即使他是一位令我敬佩的热爱教育的前辈，但是他在我面前也应该是孩子的家长，只有明确这样的关系，我们才能很好地沟通和解决孩子的问题。于是我想再进行一次电话沟通。

“小吴爷爷（这次，我没有再称呼他‘吴老’）您好，今天我想和您沟通一下小吴的问题，生活中，我很敬重您，教课方面，您也能给我指导，但是此时我是孩子的老师，您是家长，如果我的语言有过重的情况，请您担待。”接着，我就如同和其他家长沟通一样，希望他平时多给孩子正能量，关注孩子的情绪，引导孩子遇到事情多在自己身上找原因。并和他要了小吴父母的电话。“赵老师，不好意思，这段时间多有打扰，做了一辈子教育，还没做够啊，总想倚老卖老到处指导工作。你今天说得对，我也得自我反思。同时，特别感谢你能和孩子的父母去沟通。”这次，他直接叫我“赵老师”，去掉了前面的“小”，以后他再也没到学校，也没在电话中指导我工作，但是我感觉到了小吴的变化。在我几次沟通后，小吴的父母也开始关注小吴了，小吴还高兴地和我说：“爷爷不像以前那么‘愤青’啦！”

家长在老师面前，只有忘记自己的职业身份，明确自己的家长身份，真诚地听取老师真诚的意见，和老师各司其职、相互配合，才能与老师沟通得更顺畅、更深入，才有利于帮助孩子解决问题，不断进步。

我自己既是老师又是家长，女儿还和我在同一所学校，每次家长会的时候，我一般都是上午在台上讲，下午在台下听，这时候，我要迅速地进行角色转换。

女儿的老师都是我的同事，我们一起共事多年，彼此特别熟悉，但当他们成了我女儿的老师的时候，我会去调整这样的关系，时刻提醒自己就是家长。因为我深知关系的混淆会导致彼此定位的不清，教育过程中，分工不明确，老师对孩子的问题也不愿直言。

尽管我努力去重建我和女儿老师之间的关系，但是我们毕竟是同事，这是改变不了的。而女儿多年也是一直贴着“老师家孩子”的标签，直到她初中毕业，高中和我不在一个校区了，这一点让她格外欣喜，她告诉我，到了新校区不要让我告诉别人她是老师家孩子。

其实，于孩子而言，他也希望家长就是家长，老师就是老师。我的学生小丁的爸爸在教育局工作，他很不愿意他爸爸来参加家长会，他说爸爸不像是来参加家长会，而像是来学校检查工作，他不喜欢爸爸这个样子。

很多时候，职业会给我们打上深深的烙印，也像我们的一件外衣。就像很多陌生人都能一眼看出我是语文老师一样。我先生曾经和我说，你能不能回到家之后对我和孩子不要像对学生一样总是讲道理，并且讲道理之前还要埋伏笔。起初他这样说我完全不理解，因为我自己并不能觉察到。直到我听了小丁的感受，想想小丁的爸爸再反观自己，我终于明白了。我明白了我自己，也明白了有些家长，他们在老师面前展现出来的职业特点、职位身份有些时候可能也是无意为之。在不知不觉中，职业角色便覆盖了家长身份。

作为成年人，我们要认清自己，同时还要对自己的各种身份进行认同，并及时转换。有人曾经和我说过，成熟的标志是能同时兼顾几件事情。我还想说，成熟的标志是能兼顾几个角色，并自由转换，就像影视剧中的一人饰演两个角色一样。还是这个演员，换套衣服就要迅速进入另一个角色。

生活中，我们有各种各样的职业角色——教师、医生、商人等等；我们还会有各种各样的头衔——董事长、局长、会长等等。**但是，当你出现在孩子的老师面前的时候请记住：你只有一个身份——家长。**

02　不用和老师处朋友

一次，我去参加同学聚会，大家好久不见，聊得很开心，都忘了时间了。我一看表，晚上十点多了，赶紧叫停："时间不早了，明天还要上班，咱们找时间下次再聚。"这时，我的同学小李说："不行不行，咱们今天必须尽兴！""姐姐啊，下次吧，你还带着孩子呢，你家少爷明天不用上学啊？""我家少爷别说明天迟个到，就是不去上学都没问题，我和他们老师处得像姐妹儿一样。你不也是老师吗，这你还不懂吗？"我敷衍地笑了笑。

允许你带着孩子一起践踏学校和班级的各种规章制度就是姐妹吗？给你的孩子特殊的关照，对孩子来说就是好事吗？这就是现在的一些家长，就像小品里演的，卖你一副拐，回头你还得说声谢谢。

在这种家长与老师的亲密关系中，表面看起来，老师和家长各取所需，可能都很舒服，孩子被"各种关照"着，感觉也不错。但是如果从孩子成长的长远角度来看，这是对孩子不利的。因为在需要给孩子建立规则意识的时候，老师对他的态度会模糊他的规则意识，甚至助长他的特权意识。

家长和老师在情感和关系上发生了变化，并不利于老师对孩子的教育。这样的人情面子反而让老师很为难。当孩子再犯错误的时候，因为碍于情面，老师在与你交流的时候可能就不好意思把话说太重，这也会导致你认识不到孩子错误的严重性，不利于孩子下一步的改正。比如，同样是没有认真完成作业，如果是别的孩子，老师可能就会比较严肃地和家长谈话，而对于

“朋友”“兄弟姐妹”家的孩子可能就是点到为止了，这种“点到为止”当时会让你面子上很舒服，但是不能起到警醒孩子的作用，可能下次孩子的作业还是这样的。因为现在的小孩子都很聪明的，他们甚至知道老师和我妈妈关系好，所以我犯了错误老师也不会批评我的。

家长想要和老师处朋友无非就是想自己的孩子在老师这里得到偏爱。但是家长要想清楚，今天的老师，你能处成朋友，你的孩子可以得到偏爱，下一个老师，再下一个老师，你都能吗？如果不能了，孩子的内心会有落差吗？下一个老师的没有偏爱的公平给你的孩子带来的落差，又会给孩子带来什么样的影响？

一个周末，我开车在外面与别人发生了剐蹭，一起去快速理赔中心处理。路上，小琳的妈妈给我打电话，我当时车右边的后视镜被撞掉了，开车比较小心就没有接她的电话，想等到了地方再回给她。然而她就一直打，第三次我接了，我本想解释一下我在开车，可是她根本没让我说话。

“赵老师，你知道是我打的电话，为什么不接？你什么意思？”

虽然是问句，但是她并没有给我回答的时间，并且声音更大了，她应该是在喊，因为我把手机放在旁边没有开免提，听起来声音都很大。

“我女儿在学校受了多大委屈你知道吗？我这当妈的啥心情啊，凭什么这么对我们家孩子？”

我终于插了一句：“孩子怎么了？”

“你还好意思问我孩子怎么了，你作为老师，孩子在学校发生了什么你都不知道吗？你是干什么的？你们班小雪在班级一直很霸道，往我女儿脸上吐口水，以前她根本不敢这样，自从你来到这个班，开始不喜欢我女儿，大家才敢这么欺负她。”

我终于有点听懂了，可是她还是没给我说话的机会。

“下周一我就去学校找你们校长，我就不信我女儿受这么大委屈还没人管了，连你一起告，不负责的老师。”

刚才的交通事故已经让我有点焦头烂额的，又在大周末平白无故地被数落一顿，并且这是我从教以来第一次有家长和我这样讲话，我也有些生气。

“那你就去告吧，我这边还有事。”

这句话更惹怒了她，她的声调又提高了一倍。

“你什么意思？你作为班主任，你班学生受了委屈你就不管呗，你就是不喜欢我女儿也不至于这样吧！”

“是您没有给我说话的机会，我刚出了点交通意外现在要去处理，小琳的事，如果您希望由我解决，就等我周一调查一下然后回复您。”

她听我这样说，似乎平静了一些。

“那我就等你回复，不给我一个满意的答复，我依然会找校长。”

我知道这件事情其实只是她向我爆发的导火索而已，因为小琳和小雪这两个女孩属于好两天打两天，打两天又好两天的，一直就这样。她在和我打电话的过程中两次提到我不喜欢小琳，这才是问题的根源。小琳是个什么事情都比较“咬尖”的女孩，有超出年龄的成熟，会察言观色，也深得很多老师的喜欢。所以班级里的一切好事她都觉得给她是正常，不给她就是不公平，就是老师不喜欢她。

周一早上，我做的第一件事就是调查事情的经过，经调查，两个女孩就是在一起玩，在玩的过程中生气了，并且是小琳先吐的小雪，调查完我也有点惊讶，女孩子怎么能有这样的行为呢？我对两个孩子一起进行了教育。我让小雪先走，留下小琳，她立刻和我说：“老师，我错了。”

“你哪儿错了？”

“我不该和妈妈说谎。”

“你为什么那样和妈妈说呢？”

“我觉得你不喜欢我。”

“孩子，如果你觉得新年联欢会没选你做主持人就是不喜欢你，运动会没让你做啦啦队长就是不喜欢你，作业不认真写批评你就是不喜欢你，那你算一算赵老师不喜欢的学生有多少？”

她笑了。

“从老师的内心，我非常喜欢你，但是作为老师，我不能单纯地凭借自己的喜好去对待学生。我承认，这一年多给你的机会要比以前少，但这不是老师不喜欢你，而是老师要公平地对待每一个孩子。”

和小琳沟通之后，我拨通了她妈妈的电话，她态度明显平和了很多。

“赵老师，我今天公司都没去，就等您电话呢。”

我把事情的经过和她讲了一遍，因为孩子也比较大了，为了给孩子留面子就没有让小琳留在这里当面对质。

“这孩子怎么这样呢？避重就轻，不说自己的问题。”

接下来，她便开始向我道歉：

“赵老师，昨天都是我不好，太冲动了，您大人大量别和我计较，您也一定理解我听说孩子受委屈后做母亲的感受。”

“我理解。但是我也想和您说，我没有不喜欢小琳，我也承认我没有偏爱她，因为我要公平地对待每一个孩子，这是对每一个孩子负责任，也是为小琳负责任。”

有些家长就是这样，总想自己的孩子被偏爱。就像希望阳光不要普照大地，最好只照耀着自己的孩子，但是这现实吗？自己的孩子不被偏爱就是不公平，但是自己的孩子被偏爱，是不是对别的孩子的不公平呢？老吾老以及人之老，幼吾幼以及人之幼。当家长拥有博大的胸怀，不计较眼前的蝇头小利的时候，那样才能更好地成就孩子。

对于孩子而言，年少时的太多的偏爱也可能成为他人生路上的绊脚石。正所谓少年得志大不幸，千金难买少年穷。人生不如意十之八九，又怎么能什么好事都落在一个人的头上呢？再有，即使真的能，那就一定是好事吗？凡事都具有两面性，物极必反。所以家长不要总想让自己的孩子得到老师的偏爱，要不断引导孩子，任何一份尊重和认可都不是凭空而降的，都是靠自己的努力来赢得的。

家长还要想清楚，对于孩子的人生，你有能力一直在他前面为他铺路吗？即使你有这样的能力，孩子的人生还有意义吗？

我的一个亲戚现在三十多岁了，已婚孩子爸。每个月赚着几千块的工资却心安理得地过着每个月消费几万的生活。工作上迟到早退，上不上班全凭心情，每天就是打游戏。他不喜欢现在的工作，不喜欢现在的生活，但又无力改变，现在也不想改变了。他的家里从小一直给他铺路，从上小学开始就各种被老师关照、各种特殊化，一直到现在工作。他就如同单位里的自由人，一切都被照顾得妥妥的。但是这些在他看来并不是幸福，而是被操控的人生，他说自己活成了傀儡，既然这样，家里就一直养着他吧。

即使现在做了爸爸，他依然是这样，这又将对他的孩子造成什么样的影响呢？然而他的父母依然认识不到自己的问题，依然觉得自己给儿子的都是最好的。

家长不是孩子人生的编剧，不是为孩子写好剧本让孩子出演一下。而是应该尊重孩子作为独立个体的存在，从小就教育孩子要用自己的努力去赢得自己想要的东西，用自己的努力去赢得别人对你的尊重和认可。这样，即使有一天没有父母的守护，孩子也一样能走得更远。这样，孩子才能活出真正属于自己的人生。

还有的家长觉得和老师处好关系，孩子就能当班干部。于是碍于关系、迫于情面，班级里就会出现N个班长。可有的孩子连自己都管不明白，怎么办呢？小李是负责卫生方面的班长，主抓黑板的卫生；卫生很重要啊，小王也是负责卫生的班长，主抓窗台卫生吧；小张是负责文明的班长，主抓有没有人在卫生间不冲厕所；小赵是负责文艺的班长，主抓课前一支歌……家长逢人便可以炫耀一番：我家儿子在学校是大班长。殊不知，真正的班长都改名叫“体育委员”了。

家长要清楚地认识到，你努力和老师经营出来的亲密关系会让老师对你的孩子管也不是，不管也不是。只能尽量说好话，努力维系这种看似繁荣实则脆弱的关系。

并且每个老师的性格也不一样，可能有的人热情开朗，有的人高冷内向。很多家长可能比较喜欢第一种，觉得很好沟通，容易和自己走得比较近。但是作为成年人，你要能够理性地认识到老师对你什么样并不重要，重要的是这位老师于你孩子的意义，以及这位老师能对你的孩子产生怎样的影响。即使老师和蔼可亲，平易近人，家长也要自己把握住尺度，凡事过犹不及，家长要清楚自己和老师之间保持什么样的距离对孩子的教育是最有利的。其实，家长和老师之间的距离也是孩子的成长空间。愿意和老师走得比较近的家长其实在某种程度上来说，也是对孩子掌控欲望比较强烈的家长。

心理学中有个词语——“刺猬效应”：在寒冷的冬天里，两只刺猬要相依取暖，一开始由于距离太近，各自的刺将对方刺得鲜血淋漓。这就是告诉我们，人与人之间只有保持一个适当的距离，才能够让彼此相处感觉都很舒服。也就是我们平常所说的“距离产生美”。

家长和老师走得太近，随着你们接触的深入、彼此了解的增多，相互的好感可能不但不会增加，反而会减少。因为你在试图走近老师的时候，无论老师的反应是怎么样的，可能你的内心都会有不舒服感。如果老师不愿意和你走得很近，你会觉得这个老师不好相处；如果老师愿意和你走近，高兴之余，你的内心可能也会对老师少了一丝敬佩。同时，当你们真的走得很近，真的处成了你认为的朋友，360 度无死角地完全暴露在对方面前的时候，彼此在对方心中的形象也会大打折扣。

如果是关系普通的两个人，出现这种情况倒是无所谓，大不了就继续变回路人。但老师和家长的关系比较特殊，所以就会陷入进退两难的境地，就会有些尴尬，这样对孩子的教育是极为不利的。

于是，有些家长在孩子入学后就很苦恼，不知道该如何去处理和老师之间的关系，如何去把握和老师之间距离的这个尺度。的确，老师和家长之间的关系比较特殊。但是大道至简，大家可以把复杂的事情简单化，不要想太多。很多时候，你想得越多，关系就越复杂，只要对老师足够真诚、足够尊重就好。我们教育孩子讲因材施教，其实家长和老师的相处也一样，因为每个老师也都不同。

毛主席曾经说过这样的一句话：“我们都是来自五湖四海，为了一个共同的革命目标，走到一起来了。”家长和老师其实就是这样，共同的目标就是把孩子教育好。**所以保留一点界限感，彼此尊重，做配合默契的队友最好。**当然，如果家长和老师能志趣相投、彼此欣赏，在孩子毕业后可以再做朋友。

03　状告老师不是最好的解决问题方式

在网上看到一则名为“困在厕所里的老师”的笑话。

老师正在上课，一学生要求上厕所，老师觉得影响课堂秩序，不准。结果孩子尿于裤中。家长状告：该老师违反人权，剥夺学生上厕所的权利，应严惩。

又一日上课，一学生要求上厕所，老师批准。谁知该生在厕所滑倒受伤。家长状告：上课期间，该老师擅自让学生离开教室，导致学生受到伤害，教师未尽到监护义务，应严惩。

又一日上课，一学生要求上厕所，老师害怕他在厕所滑倒，前往陪护。谁知老师离开课堂期间，其他学生在教室打闹，有人受伤。家长联名状告：该教师上课期间擅离工作岗位，致使学生打闹受伤，应严惩。

又一日上课，又一学生要求上厕所，于是该老师带领全班学生一起去厕所。家长状告：该教师上课期间不传授学业，工作态度有严重问题，玩忽职守，不务正业，应严惩。

一般人看完，看到的是笑点，而老师看完，看到的是泪点。学生上课要求上厕所的情况在小学生中，尤其是低年级学生中是很常见的。我也遇到过，不让去吧，他真可能坚持不住；让去吧，万一出点儿万一，结局可能就和笑话中的老师一样了。

中国最古老的治家格言《太公家教》中有一句话，“一日为师，终身为父”，体现出了人们对老师的尊重程度。从什么时候起，家长可以状告老师了呢？在我的学生时代基本上还没有，家长都希望老师对自己的孩子严加管教。家长状告老师的现象可能就是随着人们法律意识、人权意识的增强而产生的，上面我讲的只是个段子，这样的事在生活中时有发生。

用正常人的思维来想问题，能让老师冒着触碰高压线的风险去教育这个学生，也说明这个学生可能是太过分了。这时候，家长如果成功地告走了老师，结果就是孩子从此更加嚣张，哪个老师还敢管，他就扬言“回家让我妈告你”。之前的老师是被告走的，也是给新来的老师一个下马威，不能在战友刚刚跌倒的地方再次跌倒啊！这个孩子接下来的状况就可想而知了。

在孩子的教育中存在着三方力量——家长、老师和学生，有点三足鼎立的感觉。三方分成两队，怎么分呢？三种可能：家长和老师一队，家长和孩子一队，老师和孩子一队。第三种情况基本是不存在的，那么也就剩下了两种可能。在这两种可能中起决定作用的，手里握着选择权的是家长。家长是选择和老师站成一队，还是选择和孩子站成一队？像上面我们提到的状告老师的家长就是选择了和孩子站在一队，这时候，二比一的情况，家长孩子方赢的可能性很大，但是能赢得了什么呢？而老师是输了还是退出了呢？

荀子在《劝学》中讲道：“假舆马者，非利足也，而致千里；假舟楫者，非能水也，而绝江河。君子生非异也，善假于物也。”**在教育孩子的过程中，智慧的家长要学会借力而行。借谁的力？当然是借老师的力啊！**如果家长选择和老师站成一队，结果会是怎么样的呢？也是二比一，相信家长老师方赢的可能性会很大。而家长老师赢了不就是孩子赢了吗？所以，智慧的家长，你千万别站错队啊！

有些家长可能会说，哪个家长没事干就愿意去告老师啊。这些道理我们都懂，可是我们孩子的老师实在是不尽如人意！的确，任何一个行业的人，无论国家干部、医生、警察，还是工人、农民，他们的综合素质都不是齐刷刷的，教师也是一样的。更何况老师和家长的关系就像封建包办婚姻，而不是自由恋爱，之前彼此不了解，不认识，就这样生硬地被“拉郎配”了。遇上什么样的都是命运的安排，如果能遇上志同道合的，当然是极好的了；如果彼此不讨厌，相处中求同存异，相敬如宾也不错；如果实在是八字不合，话不投机半句多，怎么办呢？除了状告老师，还有没有别的解决办法呢？

首先，家长要接纳老师的不完美。家长亲其师，孩子才能信其道。没有完美的教育，更没有完美的老师。我们常说“人生得一知己足矣”，其实能遇见一位德才兼备的恩师也是人生之幸事。

从老师的角度来说也是一样，一个班级几十个家庭，尽管我已经很努力，也很难让每一个家长对我都满意。因为每个家庭对老师的期望是不一样的。比如有的家长希望老师严格，有的家长却希望老师温和，老师会努力因材施教，但是有时还是众口难调。比如在学生写作文这件事上，我觉得要先教会学生写，之后再去形成自己的风格。所以对学生的作文我会一遍又一遍面批，教孩子一点一点去修改自己的作文。很多家长都觉得我这样对孩子的写作帮助很大，但也有个别家长觉得我这样束缚了孩子的创造力。

老师很难让每一个家长都满意，在孩子求学的过程中，家长也很难对孩子的每一位老师都满意。回想自己的求学经历也是如此，一定有你喜欢的老师，也有你不喜欢的。但是家长作为成年人要有基本的识人能力。衡量一个老师的标准首先是人品，其次是教学，无须求全责备，更不要吹毛求疵。只要这个老师人品没有问题，教学不是太差，就可以求同存异，当老师不够给力的时候，就要最大化地发挥家庭教育的作用，因为“铁打的家长，流水的老师”。同时要对孩子进行正向引导，要在孩子面前树立老师的威信。

我有个表哥，事业很成功，自己经营很大的公司。我们两家一起吃饭的时候，他会当着孩子的面和我抱怨："晓东的班主任水平太差，我去开过一次家长会，听她说话完全没有逻辑性，以后家长会我就都让司机去了。"这时，孩子在旁边帮腔道："我们老师就那样，平时就老磨叽了。"可想而知，在家长这样的引导下，孩子怎么能尊重老师呢？而在学校不尊重老师，对自己的孩子而言有什么好处呢？晓东就是这样的例子，在父亲的影响下鄙视老师，所以老师说什么都不听，专门和老师对着干，成绩也越来越差。

后来，我和表哥单独谈了一次："的确，晓东班主任的能力一定是不如你的，这无可争议。如果她各方面的能力也能像你一样，也自己去做老板了，还当什么孩子王？还得被你们这些家长看不上。所以你不能用你自己的标准或者你身边的人的标准去衡量她。你别说她，就说我吧，我处理问题、交际的能力都不及你秘书的一角，但是这并不影响我成为一名优秀的教师。老师每天面对那么多学生，有时候会把要求多说几遍是很正常的。'亲其师才能信其道'，你要去发现老师的优点，引导孩子去敬佩老师，这样，孩子在学校才会听老师的话。"

表哥是个聪明人，和聪明人沟通很容易。后来我们再次一起吃饭的时候，谈起晓东的班主任，表哥说："晓东班主任可真认真，上周晓东的作文，我和你嫂子各检查一遍，家教老师又检查一遍，结果有两个错字我们都没注意到，老师给圈出来了。"这时候，晓东也在旁边说："我们老师的确火眼金睛。"我和嫂子相视一笑。在表哥的影响下，晓东也能去尊重老师了。

其次，家长要及时和老师沟通。冰冻三尺非一日之寒，很多时候，家长和老师之间的矛盾并不仅仅是一件事，而是积怨已久。平时遇到问题不沟通，然后越积攒越多，当下这件事只是导火索而已。家长状告老师的问题大多是体罚或变相体罚，但其实很多时候，这并不是家长状告老师的根本原因，只是这是能告倒老师的一个关键点而已。

还有些时候，由于缺少沟通，老师并不知道家长对自己的有些教育理念、教育行为不认同，家长都愤怒了，老师还一无所知。

大部分时候，家长和老师并不存在原则性问题，因为双方对孩子的目标是一致的，都是为了孩子好，只是在过程中的方式方法可能有分歧。所以能友好沟通还是对孩子最有益的方式，否则家长和老师两败俱伤，而最受伤的还是孩子。

所以家长遇到问题，一定要和老师沟通，沟通的时候注意态度、方式方法，不是指责老师，而是诉说自己的苦恼，因为弱者更会得到别人的理解。很多老师尤其是已经做了父母的老师，还是能理解家长的。

再次，家长和孩子都要学会适应老师。当家长尝试和老师沟通后，情况有所好转，是最好了。如果沟通后也没有什么效果，这时候怎么办呢？

我有个学生小微，上了初中之后就是不喜欢班主任，甚至有时会和班主任发生言语冲突。小微妈妈给我打来电话，我让她尝试和老师沟通一下，她说沟通过没有效果，小微是个粗线条的女孩子，而她的班主任是很细腻的人，小微觉得老师每天事无巨细地盯着自己，像一个360度无死角的摄像头，每天都会出现各种问题。小微的妈妈为此也很苦恼，她想给孩子转学。

“我不建议你给孩子转学，如果孩子不喜欢阴天，你能做到每天都是晴天吗？转学后的老师她就一定喜欢吗？解决问题的根本是要让孩子学会适应。告诉孩子，对于老师，她可以不喜欢，那是她的权利。但是她必须尊重，无论多不喜欢老师，也不应该和老师顶嘴。不是任何两个人都能彼此欣赏，都能做朋友的，但世界上的关系不是除了朋友就是敌人，还可以折中一下的。”后来，我也和小微聊了一次，告诉她：“遇到这样的情况是正常的，我在上学的阶段也不是遇到的每一个老师都喜欢啊！你的同学，你也不是每一个都喜欢啊！如果任何两个人遇上就能彼此喜欢，那任何一对男女都可以恋爱结婚了。”她听我这样说，哈哈大笑了起来，看她心情好了，我又补充一句：“尊重老师，能体现出的是你的个人修养。”

人与人之间也很奇怪，我觉得喜欢一个人不需要理由，不喜欢一个人有的时候也没有具体的理由。小微虽然最终也没能喜欢上这个老师，但是她不再抵触这个老师了。每天就是正常学习，做自己该做的事情，也没有再和老师顶撞过。初中三年很快就过去了，小微顺利升入高中，又有了新的老师。我也不再担心她与老师相处的问题了，因为她都经历过了，她知道该怎么面对了，已经学会适应老师了。

最后，家长要做尊师重教的表率。家长要在自己的内心明确：教育不是服务性行业，老师也不是服务员。国将兴，必贵师而重傅；贵师而重傅，则法度存。国将衰，必贱师而轻傅；贱师而轻傅，则人有快；人有快而法度坏。尊师重教，最直接的受益者是孩子。

经济快速发展的今天，教师也会面对着各种冲击，教师的群体也的确存在一些问题，也会给家长带来一些困惑。在家庭教育中，无论是孩子自身，还是亲子关系，我一直在提循环。有的孩子可能就进入了一个良性循环，而有的孩子可能就进入了恶性循环。其实老师的问题也是一样的，当全社会对老师的尊重度不够，老师索性底线更低，这样就进入了一个恶性循环。我希望全社会都能去尊师重教，在这样的光环之下，老师也会更加自重，从而进入一个良性循环。

家长不要一时冲动就去告老师，当老师真心实意地帮助你教育孩子的时候，家长对他所使用的方式方法可以尽量包容，多去想老师这样做的出发点。

但是如果遇到特殊情况，老师的人品真的有问题，孩子的人身都受到了侵害的时候，家长也一定不能姑息，要站出来保护孩子，维护孩子的权益。

04　把握好和老师的沟通尺度

网上有个笑话：

“我是孩子的班主任王金莲。”

“潘老师您好！”

看着好笑，其实并不夸张。我也曾多次被家长“张老师、李老师”地叫过，这时特别感谢父母没给自己取名叫“金莲”。

有些家长很少和老师沟通，或者说是从不，即使参加家长会也是一闪而过。我曾经有过教了孩子几年却没见过家长一面的情况。

有一些家长自身比较优秀，是自己所在行业或者领域的精英，自己有渊博的知识，也有很高的社会地位，在工作中备受尊敬。他们的孩子很多也的确比较优秀，有父母先天的优秀基因和后天的耳濡目染，孩子的学习能力很强，阅读量很大。

他们比较懂教育，一是的确很忙，二是觉得孩子各方面都很好，并且自己能做好孩子的教育，所以不太在意和老师沟通。其实家长不明白，没有一个孩子是不存在任何问题的，只是存在问题的方面不一样而已。家长在家看孩子和老师在学校看孩子有些方面是不一样的，有些问题只有在群体中，才能体现出来。而且老师在学校见孩子见多了，再加上角度不同，可能会更多地发现家长发现不了的问题。

我的学生小钱，学习成绩优异，文艺体育样样精通，同学们都很崇拜他。他从上一年级开始就是班长，简直就是完美小孩。我不在班级的时候，他就是小老师一样，把班级管理得井井有条，我们班也让每周的流动红旗常驻了。

有一天，我拿着流动红旗回到办公室，有位老师说：“你们班真厉害，每周都有流动红旗。”另一位老师说：“她们班班长厉害啊。”

“是，我们班班长的确让我很省心。”

“这孩子交际能力太强了。”

我越听越感觉有点不对呢：“我没明白交际能力强是什么意思！”

“赵老师你不知道吗，无论哪个值周生给你班减分，你班班长都能给要回来。”

还有这样的事情？我起身就去班级想要找他，但是到班级门口，我停住了。

于是，我私下找几个同学先问问。起初没有人敢说，在我的追问下才说出来的确有这样的事情，还嘱咐我一定不能出卖他，否则后果很严重。

我继续调查他是如何要回班级的减分的。据同学说，因为他自己也是值周生，所以有些人他们彼此相互给面子，还有的值周生，他会给点小好处，比如巧克力什么的。“他从家带的巧克力吗？”“不用，班里自习课他负责纪律，谁表现不好他就记上；给他一块巧克力，他就擦掉了。”我的天啊，我真是惊掉下巴了。“为什么没有同学和我说呢？”“谁敢啊，他在咱们班那可是一人之下，万人之上啊！”

一不小心，班级还滋生出这样的小官僚。都调查清楚了，我便找他了，他对自己做的事情供认不讳。但是他也和我强调，同学给他的巧克力他一块没有吃过，他就是为了给值周生，同时也是给同学一次改过的机会，毕竟他们犯的错误也不是原则性的。

“那我问你，什么错误是原则性的？你的错误算吗？”

“伤害别人的事应该是原则性的，我就是想让班级多得几次流动红旗。”

“你知道吗，你做的事情在成人的世界里就叫行贿受贿，就是原则性错误，金额较大的要判刑的。”

后来，我又和他的父母进行了沟通，这是我们之间的第一次沟通。他的父母也表示很惊讶于孩子的行为。后来，在我们共同的教育下，小钱同学也认识到了自己的错误。

经过这次事情，他的父母也意识到了和老师沟通的必要性，他们会定期和我沟通孩子情况。其实，越是这样优秀的孩子越容易让老师放松对他的观察，如果家长和老师适时沟通一下，也能起到引起老师关注的作用。

还有的孩子知道他的父母平时不和老师沟通，会去父母那里“假传圣旨”，这时候说需要家长和老师沟通去了解事实情况。在某种意义上说，家长和老师的沟通也能对孩子有一定的震慑作用。

家长虽然在很多方面都比老师优秀很多，但是在孩子教育方面未必有老师专业。我曾经和我的家长讲:“术业有专攻，至少在教育方面我应该比大家专业一点;如果您也是从事教育工作的，至少在小学教育方面我比您专业一点;如果您也是从事小学教育的，至少对于我们学校的教育教学我比您更了解一点;如果您恰好就是我的同事，我想说，至少对待您的孩子，我比您更客观一点。”所以家长要相信老师。

还有的家长觉得老师太忙，不好意思打扰老师。

有一次，我收到一位妈妈在微信里发给我的一封信件，很长。主要意思:一直以来没有和老师交流过孩子的情况，主要考虑老师太忙了，白天要上课、管学生、批作业;下班后，老师也有自己的生活、孩子，老师也需要休息，就更不忍心打扰。说实话，看后我很感动，感动于家长对于老师的理解和尊重。

我是这样给她回复的:很感动于您的理解，但是有问题可以随时和我沟通，因为这就是我的分内工作，您无须多想。如果白天打电话我不能及时接听，有时间的时候，我会回给您。后来，我们沟通过两次，这是一位聪明的妈妈，因为家长都有学校的作息时间表，她会看好时间，找一个我不忙的时候打过来，或者提前在微信中询问我什么时候方便，她从来没在下班后给我打过电话。

孩子上学后，家长有时会有种鞭长莫及的感觉。一是对孩子在学校的情况，看不见摸不着，虽然可以通过孩子去了解一些，但还是不够客观，不够全面。二是对孩子存在的问题无从下手，找不到原因和解决的办法。这时，家长与老师保持顺畅的沟通，能让家长及时了解孩子在学校的情况，以及孩子在群体中存在的问题。同时也能让老师去了解孩子产生问题的根源。通过这样的沟通，家长和老师相互配合共同去帮助孩子，会对孩子的教育起到事半功倍的效果。

但与老师的沟通也非多多益善，要把握好合适的尺度。有的家长走向了另一个极端，几乎周周给老师打电话，甚至一周打不止一次，都是一个问题："老师，孩子这周怎么样？"这是很大的一个问题，家长也不说问的是哪个方面。当老师说了学习方面之后，他一定继续问，那纪律方面怎么样？总之，就是希望老师每周对他孩子的每一方面甚至每一个细节、每一处变化都做出一份详细的总结然后汇报给他。

家长要理解老师的工作，毕竟班级有那么多学生，老师做不到把每个孩子的每个细节都与家长沟通。再有，孩子在一周这么短的时间内也不会有太大的变化。如果孩子在学校真的发生了什么事情，老师会主动给家长打电话的。还有的家长甚至觉得打电话还不够，每周都要和老师当面聊一会儿，见面也还是那个问题："老师，孩子这几天怎么样？"这样的沟通其实对孩子的成长一点儿意义都没有，时间久了，老师可能就会概括性地回答"都挺好的"。有时即使孩子出现了问题，老师都会纠结是否要和家长沟通，因为老师在内心可能会有点恐惧这样的家长的喋喋不休。

我也遇到过这样的家长，无论是你找他还是他找你，结果都是一样的，就是谈话的百分之九十以上的时间都是他在讲话。有的甚至要从她和她爱人谈恋爱开始讲起，自己工作多么出色，管孩子多么不容易，孩子爸爸如何缺席孩子的成长，等等，什么都讲，绝对不拿老师当外人。这一类家长中，孩子妈妈们居多，但是个别也有孩子爸爸，让我觉得哭笑不得。

总之，家长要认识到和老师的沟通是有必要的，毕竟老师见过的孩子多一些，在教育方面相对还是专业一些的。但是也要注意和老师沟通的频率，如果没有特殊情况，一个学期沟通两次左右比较合适。**与老师沟通前先想清楚自己沟通的目的是什么，言简意赅，多听老师说，这样才能在尽可能短的时间内达到最好的沟通效果。**

05 正确处理意外伤害

在孩子上学期间，家长可能都特别害怕接到老师的电话。因为老师在工作时间给家长打电话，通常都不是什么好事，并且一般都是比较紧急的事。孩子生病啊，孩子受伤了，孩子打架了，等等。面对各种突发情况，家长首先要做到的就是冷静，别冲动。先不要去管当下事件的原因，先去处理当下事件的结果。

下面和大家聊聊孩子在学校意外受伤的处理，家长的处理方式不仅会给老师留下深刻的印象，也会影响自己孩子以后处理问题的方式。

一、孩子自己造成的受伤

孩子怎么能受伤？这在学校太常见了，而且五花八门。吃橡皮、嚼笔盖的；削笔刀划到手的；自己在运动器械上摔下来的；走路踩空台阶摔倒的；平路转着圈走，转晕撞到柱子上的；走路左脚绊右脚的……只有你想不到的，没有他们办不到的。正常的处理方式就是家长赶紧去学校接孩子，特别紧急的情况，为了节省时间，学校也会直接送孩子去医院，家长就直接去医院。

但是有些家长看到孩子受伤会很心疼。于是，除了医药费还要找学校、找老师赔偿，通常有两个理由：一个是孩子是在学校受伤的，是学校和老师监管不到位；另一个是学校的某个台阶、某个柱子设置不合理。其实，如果孩子受伤不是特别严重，家长大可不必这样，学生都有意外伤害保险，产生的医药费都可以报销。

家长们可以冷静地思考一下，孩子即使是在家和在家长的看护下也是有可能受伤的，对于学校的设施如果有不合理的可以提意见。如果这样的事情处理好了，家长会给老师留下一个好印象，也会给孩子树立一个好榜样。

我们班的小鹏自己平时就爱摔跤，有一天中午在户外活动的时候，在学校的连廊，他一边转圈一边跑，就像地球一边自转一边公转一样，结果把自己转晕了，然后磕到了柱子上。同学们告诉我，我急忙赶过去，看到他额头上有一个伤口，已经满脸都是血了，我赶紧送他去校医室。校医一边处置我一边给家长打电话，等校医处理得差不多，家长也到了，因为伤口太深了，还要去医院进行缝合。小鹏走后，我一直放心不下，因为他流血太多了。大约一个多小时后，小鹏的妈妈给我打来电话说缝合好了，还一直安慰我，让我放心，没什么事，小孩子愈合很快的。但是凭我多年的工作经验，我知道的，如果伤口深还要缝合就很可能留疤的。

第二天，小鹏回到学校恭恭敬敬地给我行了个礼："老师，对不起，是我淘气，让您为我担心了。"看着他额头的白色纱布，我的鼻子酸酸的，我俯下身去拥抱了他。

小鹏的妈妈甚至没有问我孩子受伤的详细过程。家长这样的处事态度反而让我内心产生自责，觉得孩子在学校是我没有照顾好，以后我一定要更加好好照顾这个孩子。

我也遇到过处理方式截然不同的家长，小泽在体育课上跑步的时候自己摔倒了，因为穿着长裤所以并未擦伤，体育老师带他去校医室看了一下，校医也说没有问题。但是小泽回到班里还说疼，我想到以前曾经有过孩子摔倒后骨裂的情况，出于谨慎，我还是给他妈妈打了电话，他妈妈立刻急得不行了，说要接孩子去医院检查。她到了学校后就问我孩子到底怎么摔的，我说："孩子现在挺疼，你先去医院，检查完我再和你说，咱们别耽误时间。"也是大约一个多小时之后，她给我打来电话，说孩子检查后，什么事都没有，还是继续问我怎么摔的，我把体育老师描述的经过讲了一遍，她觉得还不够，又要了体育老师电话。

第二天，体育老师来找我："以后你班小泽要不就别去体育课了，他平时就爱摔跤，大家一起跑步热身他都能摔倒，然后他妈妈就不依不饶，关键我真的不能保证他以后不摔啊。""别，体育课还得上，男孩摔一下没事，我再做他妈妈工作。"小泽去上体育课了，以后也没再摔过，因为大多时候，都是体育老师牵着他的手。

正确的处理方式：家长带孩子去过医院之后还要对孩子进行安全教育，让孩子反思导致自己受伤的原因，今后尽量避免。同时要趁着这个机会教孩子如何自我保护，因为无论家长还是老师都不可能一直陪在孩子身边。

二、自己的孩子被别人弄受伤

孩子在学校除了会自己受伤，更多时候还是同学之间导致受伤，可能是打闹、打架，也可能是游戏。一旦接到老师的电话知道孩子受伤了，家长也要学会正确处理。

首先，要保持冷静，孩子受伤，家长心疼是一定的，但是冲动不能解决问题。还是要第一时间带孩子去医院，然后再考虑后续的问题。

其次，要相信学校，相信老师，不要自己去解决。比如有的家长直接到学校，不经过老师就去找对方孩子指责甚至恐吓，这就有理变没理了。

最后，在处理的过程中，如果对方孩子不是故意造成的，如果不是很严重就尽量选择原谅；确实很严重的话，就在态度平和的情况下协商或依法处理，表现出作为家长的气度，不要得理不饶人。此时你的态度和处理方式，自己的孩子、老师还有对方家长都会看在眼里。如果对方孩子是有意伤害，家长就要表明自己的态度，取得学校和老师的帮助。

有过这样的案例：两个孩子玩得很兴奋，都在奔跑，不小心撞到一起了，结果一个孩子的鼻子被撞伤，去医院检查鼻骨有轻微骨裂。在对方家长支付了医药费之后，受伤的孩子家长依然不依不饶，来到学校，要求对方除了医药费还要给孩子营养费、精神损失费以及她的误工费等等。最后算完是五万多。然后表示自己的大度，零头不要了，要五万，并且扬言如果不给钱，就让对方孩子的鼻子也骨裂。作为老师和对方家长其实都很能理解受伤孩子家长的心情，但是这样的做法实在不合适。

这位家长虽然最后如愿得到了赔偿，但是却将自己的孩子在同学面前置于尴尬的境地。拿了钱之后，对方孩子不但一点儿歉意都没有了，还会有些轻视，可能一段友情就这样结束了。其实同学之间的情谊又怎么能是钱所能比的呢？而其他同学也会议论纷纷，别人不是故意伤害到他，他的家长就会要钱，其他的家长甚至也会叮嘱自己的孩子别和他玩，万一伤到他还要赔偿。最终的结果就是孩子原来是身体受伤，现在是心理也受伤了，对孩子今后的成长负面影响很大。这个损失也远远不是金钱能够衡量的。所以家长处理问题一定要看大局，要看长远。

三、自己的孩子导致别人受伤

当家长知道了自己的孩子导致别的孩子受伤之后，先别着急问原因，因为老师和对方家长都在忙着处理受伤的孩子。无论自己的孩子是否有意，既然伤害已经造成，就要拿出让对方家长心里感到舒服的态度。第一时间打电话表达歉意，并且一定要陪同去医院，如果在外地不能去，也要安排一个家人去，实在没有人，要真诚地向对方解释。

我遇到过这样的家长。在电话里和对方家长说："你带孩子去看病吧，我这边挺忙的，你放心，留好医院的单子，花多少钱我赔。"这无疑就是在激化矛盾。孩子都受伤了，对方家长差的也不是钱，而是想听到一句安慰。受伤孩子的家长可能本来并没有想怎么样，但是在被激怒后一气之下提出了索赔的要求。

还有的家长一直追问对方孩子受伤的具体过程，在这个过程中，一直在找理由为自己的孩子推卸责任，这也是让受伤孩子家长心里很不舒服的做法。因为无论什么原因，伤害毕竟造成了，就尽力去承担这个责任吧，这也是在教自己的孩子懂得担当。和对方家长的问题都解决之后，可以再去问自己的孩子事情的经过，并对自己的孩子进行相应的教育。对于孩子的描述是否属实可以向老师求证，因为有的时候孩子可能为了逃避批评会歪曲事实或者避重就轻。

也有这样的家长，到学校后当着老师和对方家长的面就没完没了地批评自己的孩子。小孩子哪有不犯错的，很多孩子这时候一般都能认识到自己的错误了，内心中更多的是恐惧。这时候，其实他也特别希望得到别人的帮助，希望家长能来帮助他处理这个问题。所以家长在解决问题的过程中，也要顾及自己孩子的心理感受。

四、老师也断不明白的案子

老师有些时候还要当法官，但是有些乌龙案实在让老师也很挠头。比如：A 试图去推 B，但是 A 只是做了推 B 的动作，并没有碰到 B，恰巧的是 B 为了躲避 A，把 C 撞倒了，导致 C 骨折。这件事的责任由谁来承担呢？老师的意见是由 A 和 B 来共同承担，但是这两个孩子的家长都不同意。A 家长认为我的孩子连 B 都没有碰到，跟 C 更没有关系；B 家长觉得我的孩子也是受害者，这一切都是 A 造成的。最后谁都没负责，医药费都是 C 家长自己承担的。最主要的其实还不是医药费，而是在这个过程中 C 孩子所遭受的痛苦以及另外两个家长的相互推诿给 C 家长带来的气愤。C 是最无辜的，却遭受到了痛苦。老师将一切都看在眼里，这时候，老师只能尽力去安慰 C，弥补整个过程给 C 带来的伤害。

家长一定要有同理心，如果自己的孩子很无辜地受伤了，对方的家长还相互推诿，自己的心情怎么样呢？中国古话讲“吃亏是福”“有舍有得”，家长衡量一下，逃避了这次事件的责任，得和失哪个更多？

我们都说遇事见人品，家长如果能妥善处理好各种意外伤害事件，及时对自己的孩子进行教育，让孩子从中吸取教训、获得经验，坏事就变成了好事。同样的一件事，经过不同家长的处理之后，结果是完全不一样的。

比如孩子打了别的同学，老师约家长来学校，有的家长会很客观地看待问题，从自身去找原因。

“老师，无论如何，孩子打人都是不对的，让他向对方孩子道歉，同时，我也会和对方家长沟通，表达我的歉意，对方孩子如果需要去医院我可以陪同，并且承担一切费用。”

这时候，孩子可能会觉得很委屈：“是他先说（打）我的。”

“如果是他先侵犯你的，你应该选择正确的方式去处理，而不应该以暴制暴。错了就是错了，要在自己身上找原因。”“老师，真对不起，孩子给您添麻烦了，是我平时忽视了对他这方面的教育，也感谢您及时和我沟通，让我及时发现孩子的问题。”

也有这样的处理方式：

家长见到孩子，先一顿骂，发泄一下自己的怒火，同时也撇清自己的责任：“你这熊孩子，能让我省点心不，和你说了几百遍了，不许打人不许打人，你怎么就是不听？老师，这孩子我是真教育啊，不是家长不管啊，每周都会千叮咛万嘱咐的，没有用啊！这孩子就是欠打，你等回家的。”

“家长，您先消消气，咱们还得解决问题，对方孩子鼻子被他打出血了，他父母已经带他去医院了，还不知道结果怎么样。”

撇清自己责任之后，又开始逃避孩子的责任。

“这么严重？你说，你为啥打人家？你是不是闲的，没事就打人？”

这时，孩子赶紧将计就计：“是他先说（打）我的。”

“他说你啥了（他打你哪儿了）？”

“他说我笨（他打我头了）。”

“你没招没惹他，他就说（打）你？”

“嗯。”

“孩子，妈错怪你了，他怎么能这么说你呢（你头疼不）？”

“疼。”

“老师啊，您也听见了，打人是他不对，但这事也不能全怪他。孩子头疼，我也得带孩子去医院检查检查。”

第一个家长主动为自己孩子做的事情承担责任，所以他道歉并承担医药费。而第二位家长逃避责任，为自己和孩子找各种借口。而在旁边的孩子看到了这一幕，会在无形中学会家长处理问题的方式。平时给孩子讲再多的道理，告诉孩子要大气、要有担当，都远不如他亲眼所见到的家长的行为更有说服力。在行为面前，语言苍白无力。

在我们人生的舞台上，孩子始终是忠实的观众，我们在台上的一言一行、一举一动，他都会尽收眼底，即使是他并不认同的东西，几十年如一日地潜移默化地强化也会渗入孩子的内心，这就是浸润的力量，这就是家长对孩子的身教。

正如有句英语所说的：“No news is good news.”没有消息就是好消息。但是生活又怎能事事顺意呢？孩子在成长过程中遇到磕磕绊绊也是在所难免的，如果伤害不是很严重，并且家长能妥善处理好，坏事也可能变成好事。

我们班的小李是一个在班级存在感不太强的男孩，各方面不太突出，但也不会惹事。一天自习课，小李的腿从自己的桌子底下伸出来了，真是很巧合，平时他并不这样的，然而就这一次，绊倒了出来交作业的班长，瞬时鲜血就从班长嘴里流出来。我根本无法判断血是从哪里流出来的，就赶紧带班长去校医室，校医简单处理后，我说得去医院再看看，这时候班长的嘴唇就肿起来了。我赶紧联系双方家长，小李的家长都在外地出差，班长的妈妈恰好在学校附近办事。

班长的妈妈一直安慰我说没事，她自己带孩子去医院就可以了。小李的妈妈也第一时间给班长妈妈打电话，表示马上买机票回来。到医院检查后，主要是上嘴唇被牙齿硌到，一个比较大的伤口，门牙略微松动需要观察。班长妈妈表示小孩子不是故意的，不需要对方赔偿，孩子都有意外伤害保险，而小李的妈妈从机场直接到商场给班长买了个礼物，就赶往班长家了，并且每个月都亲自带着儿子陪班长去医院检查。就这样一来二去的单独接触，两个孩子还成了好朋友，两个家长还在工作上有了一次合作。

有人说，生活每天都是现场直播，没有彩排的机会。但是有些事情我们还是可以在自己心中先预演一下的，比如关于孩子意外伤害的种种情况，我们可以在心中预演一下正确的处理方式，这样，真的遇到事情的时候就不至于太慌乱。

06 一定要来参加家长会

在女儿刚上小学的时候，我先生总是抢着去开家长会，能以家长的身份出席活动让他很兴奋。可是次数多了，新鲜感过了，他就不爱去了。给我的理由就是还有一堆工作没完成，不好请假。其实这并不是主要原因，主要原因是好几十人坐在一间教室里，坐的还是孩子硬邦邦的椅子，尤其是暑假的家长会，天特别热，每个老师讲一会儿，加起来就得两三个小时。所以他每次回来就和我抱怨，开完家长会腰酸背疼的。

像我家孩子爸爸这样不爱开家长会的家长有很多，刚工作的时候开家长会，我用眼睛一扫下面的家长，怎么年龄层差距这么大呢？后来才知道，来开家长会的有些根本不是孩子的父母，或者是家里的老人，或者是司机、家教、保姆等人。后来我便在班级里提出了要求：来参加家长会的必须是孩子的父母。其实，家长不愿来开家长会，最主要的原因还是觉得家长会意义不大，否则工作忙、天热、椅子硬等诸多问题都可以克服。

家长会一般一个学期才一次，最多也就一个学期两次，无论对于孩子还是对于家长来说，参加家长会都是十分必要的。

首先，通过家长会能增进对孩子的了解。我们可以了解到经过一段时间的学习，孩子在学校的学习状态是怎么样的，学习效果是怎么样的，还存在哪些问题。也可以了解到孩子近期哪些方面有了进步，不同学科的老师还会对下一步的学习给孩子和家长提一些建议。总之，通过家长会就可以全方位地了解孩子近期的情况。

孩子在学校过群体生活和在家里还是有差异的，孩子很多优点和缺点都会在群体中被凸显出来并放大。会有诸多的家长“想不到”。小琪的爸爸想不到家里的娇公主能在学校将地面擦得一尘不染；小伟的妈妈想不到自己那看起来大大咧咧的儿子，内心也很敏感；小敏的妈妈想不到她腼腆的女儿，能在教师节和老师说“我爱你”；小益的爸爸想不到在家懂事的儿子，在学校和同学相处却不够大气……

小方的爸爸在外地工作，第一次来参加家长会，会后，这位外形硬朗的爸爸和我沟通的时候，竟然眼里饱含泪水：“老师，看到孩子在学校那些成长瞬间，听到您对孩子的反馈，了解了其他优秀家长对孩子的教育，我真的很惭愧，我竟然都没有您了解我的孩子，这些年，我错过太多了。”这次家长会让他改变了自己对未来的规划。

其次，家长会是一次反思，一次与老师沟通的机会。家长可以利用家长会的契机让自己停下来反思自己对孩子的教育。无论是孩子的进步还是孩子的不足，家长都在自己身上以及自己的教育方式上去寻找问题的根源。平时家长和老师都很忙，彼此很少能有大块的时间坐下来去沟通孩子的问题，而家长会就是为家长提供了这样的机会，会后，家长还可以与老师再就自己孩子的个别问题进行单独沟通。

再次，参加家长会，还能让家长更好地理解孩子。作为家长，我们总觉得自己工作很辛苦，自己童年的物质条件比现在的孩子差很多，而现在的孩子还没有我们努力。其实他们也有他们的不易。几十个家长在一间教室坐两三个小时就会觉得腰酸背疼，我们的孩子常年都是这样的。我们的学生时代，物质生活相对匮乏，但是我们有童年，我们没有那么繁重的学业压力。不设身处地，很难换位思考，只有你坐在孩子的椅子上，你才能切身体会到孩子的感受，才能更好地理解孩子，才能与孩子有顺畅的沟通。

最后，参加家长会还能横向看到其他同龄孩子的情况，以及其他家长对孩子的教育。看不到别人，不去横向地比较，就如同井底之蛙一样。之前你可能觉得自己的孩子挺努力的，参加完家长会之后，你才知道原来还有很多孩子更努力。之前你可能觉得自己作为父母对孩子挺用心的，参加完家长会之后，你才知道自己做得还远远不够。通过了解别人、学习别人，对自己的家庭教育会是一个很好的促进。

然而，有的家长前几次家长会还能参加，时间长了觉得还是这几个老师讲，估计内容也没有什么太大的变化，就找各种理由不愿意再参加了。其实不是这样的，老师虽然没有变，但是孩子在变，孩子在成长。随着孩子的成长，会有新的变化和新的问题。小学学制比较长，我一个班最多可能会教六年，但是我每次的家长会内容不会有一点点的重复。

还有的家长虽然每次家长会都能参加，但就是出个人场。在其他老师发言的时候，我会默默地观察下面的家长。有的听得很认真，还会记笔记；但是也有的家长一直看手机，或者望着窗外放空；还有的昏昏欲睡。

在家长会上，即使老师讲的内容一点儿都不能吸引你，也应该对老师有最起码的尊重。何况家长会中除了各个任课教师与家长交流自己所教学科的内容之外，班主任老师还会对家长进行家庭教育的指导。**所以，家长只要去参加家长会，认真听家长会，就一定会有收获的。**

可能还会有人反驳我，觉得自己孩子的老师实在是水平有限，讲不出什么有价值的内容，所以参加家长会就是浪费时间。的确，我之前也讲过，任何职业的从业人员水平都是参差不齐的，老师也是一样的，我也不否认这一点。

但是参加家长会，即使在老师那里得不到收获，也一样有意义。最起码，你能让老师感觉到这个家庭对孩子教育的重视，因此，老师也会对孩子更加关注。可想而知，一个学期一次的家长会你都不愿来参加，平日里你对孩子又会是什么样的态度？家长对自己的孩子都如此不上心，又怎么让老师对自己的孩子上心呢？

同时，家长很正式地去参加家长会也能让孩子感受到你对他的重视。孩子的内心其实都很敏感，当孩子知道家长推掉了很多重要的事来参加他的家长会，把他的事放在第一位的时候，孩子能感受到家长对他的爱，他会觉得很幸福，这样十分有助于拉近亲子关系。但是，有些家长并不能体会孩子的心意，因不能去参加家长会而让孩子很伤心。

家长如果每次都能按时参加孩子的家长会，当孩子在学校有不良表现的时候，他也会意识到：我的父母会来参加家长会，到时候我在学校所发生的一切他们都会知道，从而，孩子也会约束规范自己的行为。有的孩子也会为了让父母在家长会上听到自己的优异表现而在平时就去努力。尤其是在取得了进步之后，孩子特别希望家长能去参加家长会，特别希望父母能为自己而感到骄傲。

为了取得更好的教育效果，建议每次家长会之后，参会的家长在家里再开一次全体成员的家庭会议，就自己在家长会中得到的老师反馈与孩子进行一次深度沟通。肯定进步，反思问题，寻找解决方案并制定出下一步的目标和计划。

小天的爸爸是一位很智慧、很用心的家长。每次家长会后，他都按我的建议回家再开家庭会议，而且家庭成员邀请得非常全面。会议之前，他会做充分的准备，而且会议非常正式，有主持人，有固定的会议流程，有爸爸以PPT的形式向大家介绍小天一个学期在各方面取得的成绩，大力强调在家长会上老师对小天的表扬，当然有些表扬也是爸爸杜撰出来的，但是他也会讲得有理有据。接下来，还会有小天个人的总结，其他家庭成员对小天的祝福和期望，妈妈的祝福在最后，妈妈的祝福中也包含对小天在学习和生活中存在的一些问题的建议。经过前面的那些环节，小天兴致高昂，自信满满，此时对于妈妈给出的建议也会虚心接受。

我也曾经受邀参加过一次小天的家庭会议。这样有爱的家庭，这样智慧的父母，孩子没有理由不优秀。我还特意带了我家孩子爸爸一起来观摩，从那次之后，他再也没有过不愿意参加家长会的想法，每次回来也学着和女儿去交流。

按时参加孩子的家长会，通过每次的家长会进行一次深刻的自我反思，向老师学习，向其他优秀家长学习，从而更加理解孩子，与孩子保持顺畅的沟通。你会慢慢感受到，就是在一次次的家长会后，在一次次的亲子沟通之后，自己的教育能力也在不断提升，孩子也在不断成长和进步。

后记 · 敢问路在何方

——我们要把孩子培养成什么样的人

从教二十年，为母十五载，教师和母亲的双重身份，让我上班是教育，下班亦是教育，教育成了我生活的全部。脑子里却时常萦绕这样一个问题：我要把孩子培养成什么样的人？

刚工作的时候，不放弃每一个孩子是我的教育信条。然而女儿入学后，已有十年教龄的我却是前所未有地焦虑、迷茫、无助，以至于盲从，她差点就成了第一个被我放弃的教育对象。在我那些优秀的学生的光环之下，黯淡的她却让我切身体会到了每个孩子之间的大不同，教育真的要因材施教。从此，我明白了人类不是大自然中的异类，植物有的喜干旱，有的喜湿润；小动物有的食肉，有的食草。我们的孩子更是如此啊，我开始观察学生，观察他们的不同。在家长会上，我也告诉家长，教育需要发现，需要我们去发现孩子的优势，虽然我们如何努力都无法培养出完美的孩子，但是我们可以扬长避短。实在不适合学习的孩子，就去发现他的其他专长；实在找不到其他专长的，就培养孩子的情商；实在无法提升情商的，就教会他吃苦耐劳。

孩子和孩子不一样，同一个孩子在不同的成长时期也是不一样的。随着孩子的成长，我们要不断调整自己的教育方式，从陪伴养成良好习惯到放手让孩子自我成长。我们还要不断调整自己在孩子身边的站位，不能一直在孩子前面为他冲锋陷阵。从小时候的前方引领，到大一点的并肩前行，最后，我们要默默地站在孩子的身后，做他的后方支持。

家庭教育不是无师自通的，我们需要不断学习提升自己的教育能力和认知水平。同时，我们还要有对生命、对教育、对成长存敬畏之心，不能自以为是。二十年，我送走了一届又一届的毕业生，有的学生已经工作了，他们有些长成了我曾经预想的样子，大多数却都远远超出了我的预期，长成了我从未想到的样子。我很喜欢天马行空地展望他们的未来，想象着关于他们的未来的N种可能，然而他们却长成了N+1。曾经腼腆的小男孩如今大方得体，侃侃而谈；曾经写不完作业的小男孩，已经自己做了老板；曾经天天惹事的淘小子，如今戴着眼镜做起了科研……不是我这个算命先生算得不准，而是因为我的N就是我的认知范围。所以，在教育中，我们不能自以为是，因为我们坚持的未必就是对的，孩子坚持的未必就是错的。今年，我的女儿——曾经的一枚小学渣——考入了东北育才高中部。九年，陪她走过了小升初，初升高，经历了她的青春期的洗礼。一路过关斩将之后，我也如同涅槃重生，这让我再一次思考教育：我要把孩子培养成什么样的人？我们每个家庭对孩子倾注了大量的人力、物力、财力，就是为了把孩子送进“清北复交”吗？然后呢，又怎样？天津的“七连跳”有没有让我们做家长的都心有余悸？我想教育中不止有“鸡娃”和“躺平”两条路。我们每个家庭都要不断去摸索适合自己家庭和孩子的教育目标、教育路径。虽然每个家庭的具体目标和路径不同，但是我们也有共性的内容，那就是我们的培养目标。我们要给孩子的成长指明大方向——做一个幸福的好人。我们要为孩子的生命填充上善良的底色，筑牢坚固的道德底线，然后给他们足够的成长空间。这个过程中，我们一直在做的其实就是帮助孩子找到自己，成为他自己。

2022年4月，教育部印发《义务教育课程方案和课程标准》，此次修订由从两院院士到骨干教师组成的近300人的修订组，历时3年完成。后又组织15省近6万学生进行课程标准测试，并广泛征求各级专家学者、教师意见建议，进行修改完善。最后，为保证其思想性、科学性，又进行多次审议审核。作为一线教师，作为家长，当我第一次看到《义务教育课程方案和课程标准》的时候，我的内心非常激动。因为它对于我关于孩子的培养目标的困惑，给出了非常明确、非常清晰的解答。

《义务教育课程方案（2022版）》的“培养目标”中明确指出，“义务教育要在坚定理想信念、厚植爱国主义情怀、加强品德修养、增长知识见识、培养奋斗精神、增强综合素质上下功夫，使学生有理想、有本领、有担当，培养德智体美劳全面发展的社会主义建设者和接班人”。这就是在告诉我们要把孩子培养成什么样的人啊！还指出“为落实培养目标，义务教育课程应遵循以下基本原则：坚持全面发展，育人为本；面向全体学生，因材施教；聚焦核心素养，面向未来；加强课程综合，注重关联；变革育人方式，突出实践”。这就是在告诉我们应该如何培养人啊！并明确了“核心素养”的内涵，“核心素养是学生通过课程学习逐步形成的正确价值观、必备品格和关键能力”。这就是我们希望孩子具备的能力啊！

我们教育孩子也要与时俱进，紧跟时代步伐，不能闭门造车，因为我们的孩子不是自产自销。当今世界，科技进步日新月异，网络新媒体迅速普及，人工智能的发展，ChatGPT的发布，这一切都使得人们的生活、学习、工作方式不断改变，孩子的成长环境也在发生巨大变化。所以，社会所需要的人才标准也是我们培养孩子的具体目标。南辕北辙，不如原地不动；方向对了，路虽远，行则将至。敢问路在何方？路在脚下。